METHODE
POUR FAIRE UNE INFINITÉ DE DESSEINS DIFFERENS,

AVEC DES CARREAUX MI-PARTIS DE DEUX COULEURS par une ligne diagonale :

OU

OBSERVATIONS
DU PERE DOMINIQUE DOUAT,

Religieux Carme de la Province de Toulouse,

Sur un Memoire inseré dans l'Histoire de l'Academie Royale des Sciences de Paris l'année 1704, présenté par le REVEREND PERE SEBASTIEN TRUCHET, *Religieux du même Ordre, Academicien Honoraire.*

A PARIS,

Chez { FLORENTIN DE LAULNE, rue Saint Jacques.
CLAUDE JOMBERT, rue Saint Jacques.
ANDRÉ CAILLEAU, à la Place Sorbonne.

M. DCC. XXII.

AVEC APPROBATIONS ET PRIVILEGE DU ROY.

A MONSEIGNEUR

FRANÇOIS-XAVIER BON,

CHEVALIER, CONSEILLER DU ROY en tous ses Conseils, Marquis de Saint Hilaire, Baron de Fourques, Soles & Latour, Seigneur de Celleneuve, Terrade, Saint Quintin, & autres Places, Premier President en la Cour des Comptes, Aydes & Finances de Montpellier ; Honoraire & President de l'Academie Royale des Sciences de la même Ville.

ONSEIGNEUR,

Vous avez jetté les yeux avec tant de complaisance sur le petit Ouvrage que j'ai osé vous presenter, que j'ai crû que vous ne trouveriez pas mauvais que je prisse la liberté de le mettre sous votre protection ; né pour les grandes choses vous ne dédaignez pas les petites, votre Grandeur se donne aux premieres par inclination & se presente aux autres par bonté. Je n'ai pas besoin, MONSEIGNEUR, *de recourir à l'illustre source de vos Ancêtres, pour y trouver de quoi relever l'éclat qui vous environne, vous êtes vous-même votre Eloge parfait, & on voit en vous chaque jour quelque chose qui éblouit, & que l'éloquence la plus rafinée ne peut exprimer.*

Aisé dans la conversation, grave dans les affaires, aussi moderé que fort dans vos discours, vous présidez également sur les cœurs & sur les esprits, & vous prenez sur les deux un ascendant que la seule raison & le seul merite vous donne. Vos yeux, MONSEIGNEUR, *sont ouverts sur tous les états, vos regards y établissent la regle, la discipline, le concert, l'esprit de justice ; & si quelquefois les cas extraordinaires vous obligent de suppléer à la prévoyance des Loix, vous prenez toujours leur esprit, & vous ne sortez jamais de la regle qu'en suivant un fil qui tient, pour ainsi dire, à la regle même. Consulté de toutes parts, vous donnez des réponses courtes, mais décisives, pleines de sagesse & de dignité ; & le langage des Loix préside toujours à vos discours.*

Ménageant tout avec une sage politique, ne reglant rien que par religion, établissant le bon ordre par la douceur, & ne perdant jamais cette douceur que par le zele du bon ordre, & de la justice ; vous gouvernez, MONSEIGNEUR, *une des plus grandes Cours du Royaume aussi aisément que votre propre famille. La source de vos Conseils est en vous-même, & ce que vous pensez n'a pas moins de grandeur, que ce que vous faites.*

Connoître tout ce qui merite d'être sçû, avoir cette connoissance presque infinie des principes de la Jurisprudence, de la diversité des Loix, des differens usages, des regles immenses du Droit commun, des exemptions délicates, des privileges des Princes, des interests des devoirs des Sujets, des diverses natures des expeditions pour juger des justices des autres: pénétrer d'un coup d'œil dans les affaires les plus embrouillées, & redresser par la lumiere & par l'équité ce que les plus sages têtes n'ont point vû, c'est-là, MONSEIGNEUR, *le caractere naturel de la vaste étendue de votre esprit.*

Tout ce qu'il y a de tenebres répandues sur les Arts & sur les Sciences les plus obscures, cede, MONSEIGNEUR, *à la pénétration de vôtre sublime genie, & vous n'êtes pas moins l'Oracle de toutes les belles disciplines, que celui des Loix: les choses, même les plus communes, deviennent précieuses entre vos mains, les plus petites y trouvent un air de grandeur qui les rend merveilleuses, & vous avez sçû faire servir à l'utilité publique jusqu'aux Insectes les plus inutiles.*

Oubliez, MONSEIGNEUR, *pour quelques instans ce que vous êtes; pensez ce que je voudrois être à votre Grandeur, & jettant quelquefois les yeux sur ce petit Ouvrage que j'ose lui presenter, & que vous avez eu la bonté d'honorer de l'approbation de l'Illustre & Royale Academie à laquelle vous présidez : souffrez que je dise qu'il n'est personne qui soit avec un plus profond respect, & une plus parfaite reconnoissance que moi,*

MONSEIGNEUR,

De votre Grandeur,

Le très-humble & très-obéïssant serviteur Fr DOMINIQUE DOÜAT, Religieux Carme.

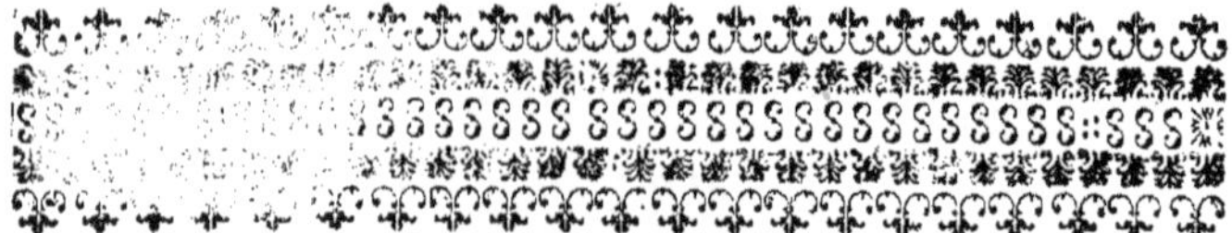

PREFACE.

ON ſera peut-être ſurpris qu'avec une figure auſſi ſimple qu'eſt un carreau mi-parti de deux couleurs par une ligne diagonale, je veuille donner une Methode pour faire des compartimens à l'infini & des deſſeins tous differens. Mais l'on reviendra de ſon étonnement, ſi l'on fait attention que les Sciences, quelque étendue qu'elles ayent, ont toutes des principes très-ſimples.

La baſe & le fondement des Mathematiques n'eſt qu'un *point*, que cette ſcience ſuppoſe *indiviſible*. Par le mouvement du *point*, elle conçoit la ligne; par le mouvement tranſverſal des lignes, elle trace les *ſurfaces*; par le mouvement tranſverſal des *ſur-faces*, elle forme les *corps* ou *ſolides*; & s'élevant ainſi par degrez, elle parvient aux plus hautes connoiſſances. L'Arithmetique, ſi utile dans toutes les parties de Mathematique, n'employe que *neuf chifres ſignificatifs*, pour exprimer & repreſenter tous les nombres imaginables, obſervant l'ordre, le rang ou lieu de leur poſition. La Muſique n'a beſoin que de *ſept notes* pour faire tous les divers chants.

Cette Methode n'admet qu'un carreau mi-parti de deux couleurs par une diagonale, qui diverſement placé & apperçû d'un même côté, peut être conſideré & regardé comme quatre differens carreaux; or quatre differens carreaux, mi-partis de deux couleurs par une ligne diagonale, repetez & permutez, formant deux cens cinquante-six figures differentes, il n'est pas surprenant, avec ce nombre de figures, qu'elle n'enseigne à faire des compartimens & des desseins à l'infini. Sur-tout, puisqu'avec *les vingt-quatre lettres de l'alphabet* * on peut faire un si grand nombre de mots, que quand même toutes les minutes des temps, compris depuis la création du monde, jusqu'à plus de deux cens mille ans d'ici, seroient changées chacune en mille millions de fois cent mille millions de siecles, il y auroit encore moins de siecles dans toute cette affreuse durée, qu'il n'y auroit de mots avec les vingt-quatre lettres.

Ce seroit peu en Mathematique, & sur-tout en la Mechanique de donner des regles, si l'on n'en rendoit la pratique aisée & facile; c'est à quoi je me suis appliqué dans cet Ouvrage, en sorte que l'ordre & la précision des idées m'ont dispensé d'employer cette foule de regles qui accablent les plus consommez dans ces Sciences, & me suis attaché à la brieveté & netteté qui font toujours les delices de l'esprit. Aussi les plus simples trouveront ici une methode courte, aisée, & facile pour figurer tous les desseins qui y sont gravez, n'étant necessaire que de connoître les quatre lettres A, B, C, D; & quand ils ignoreroient la valeur de ces lettres, ils pourroient également executer & pratiquer tous ces desseins (sans même jetter les yeux sur les planches) observant seu-

* R. P. Prestet dans ses Elemens de Mathematique.

lement

lement les quatre differens mouvemens du carreau mi parti de deux couleurs par une diagonale, ſçavoir en bas à gauche, en haut à gauche, en haut à droite, en bas à droite.

Ce qui a fait que pluſieurs Sçavans ont jugé que cet Ouvrage étoit auſſi curieux qu'utile, non ſeulement pour la perfection de l'Architecture, mais encore de pluſieurs autres Arts. En effet de tous ceux qui ont écrit de l'Architecture, très peu ont parlé du pavé ou carrelage, ou s'ils ont traité cette matiere, ç'a été fort ſuccintement. Dans ce Livre vous trouverez une ſource intariſſable pour paver les Egliſes & autres Edifices, carreler les planchers, & y faire de très beaux compartimens. Le Peintre y puiſera des idées, les Ouvriers en marqueterie, les Ebeniſtes, les Menuiſiers, les Vitriers, les Marbriers, les Tailleurs de pierre, & autres Ouvriers s'en ſerviront très utilement; les Brodeurs, les Tapiſſiers, les Tiſſerands, ceux qui travaillent ſur le canevas, en un mot tous ceux qui ſe ſervent de l'aiguille, y apprendront à faire de très beaux ouurages : & les Doctes Curieux qui s'adonnent à la Phyſique pourront auſſi en tirer un grand avantage pour arriver à la connoiſſance de cette varieté incomprehenſible qu'on voit dans les effets de la nature.

Ce Livre eſt diviſé en quatre parties; dans la premiere je donne les principes pour faire des compartimens & des deſſeins à l'infini; la ſeconde contient ſoixante-douze deſſeins tous differens (quoique figurez, conſtruits, ou compoſez avec les mêmes pieces.) Les explications deſdits deſſeins ſont la troiſiéme

é

partie ; & la quatriéme partie comprend la pratique pour executer tous ces desseins, sans qu'il soit necessaire de recourir aux tables des permutations, ni d'avoir devant les yeux les desseins qu'on veut figurer; comme aussi la pratique pour executer les desseins *horisontalement, perpendiculairement & diagonalement* opposez à ceux qui sont gravez, avec une table qui fournit 256 desseins encore tous differens, de sorte que l'on trouve dans cette pratique 544 desseins sans étude, que le Lecteur curieux peut executer & pratiquer en se jouant, ayant fait un certain nombre de carreaux de carton, ou autre matiere, & mi-partis de deux couleurs par une diagonale.

Le sçavant Reverend Pere Sebastien Truchet, l'un des Honoraires de l'Academie Royale des Sciences de Paris, l'ornement de mon Ordre par sa pieté & par son rare genie, avoit eu le premier l'idée de cet Ouvrage, & l'auroit mieux remplie que moi, si de plus serieuses occupations auprès de LOUIS LE GRAND, *de glorieuse memoire*, pour qui il a eu l'honneur de faire quantité d'ouvrages tous dignes d'un si grand Roy, lui avoient permis de poursuivre sa découverte, ayant été goûté du plus grand & du plus connoisseur des Monarques ; un travail a succedé à un autre, ce qui a fait que cet excellent Mecanicien n'a pû retoucher son Memoire inseré dans l'histoire de l'Academie.

Approbation de l'Academie Royale des Sciences de la Ville de Montpellier.

LE R. P. Dominique Doüat Religieux Carme de la Province de Toulouse a lû à l'Academie une Methode raisonnée, pour faire une infinité de Desseins differens avec des carreaux mi-partis de deux couleurs par une Diagonale, ou Observations sur le Memoire du P. Sebastien Truchet, presenté à l'Academie Royale de Paris l'année 1704.

Cette Methode est un tissu de consequences tirées de principes clairs & évidens, où l'on voit un ordre & une netteté qui sont l'effet de l'esprit geometrique qui regne dans tout cet Ouvrage. En un mot le P. Doüat a épuisé l'art des Combinaisons & Permutations, & l'on n'aura plus rien à desirer sur cette matiere, si cet Ouvrage devient un jour public. Donné à Montpellier le quatorziéme Decembre mil sept cens dix-neuf. *Signé*, GAUTERON, Secretaire perpetuel de la Societé Royale des Sciences.

Approbation de Monsieur Niquet.

NOUS soussigné Chevalier de l'Ordre Militaire de S. Louis, Lieutenant de Roy au Gouvernement d'Antibes, Directeur des Fortifications de Languedoc, certifions avoir lû & examiné les Ecrits & les Desseins du R. P. Doüat Religieux Carme de la Province de Toulouse, où nous avons vû avec plaisir sa Methode très ingenieuse, & fort aisée à pratiquer, pour carreler les planchers avec des carreaux mi-partis de deux couleurs par une Diagonale en une infinité de dispositions differentes, si agréables à la vûe, que nous croyons que les planchers d'un Palais carrelez differemment suivant cette maniere seroit ce qu'il y auroit de plus curieux à y voir. A Narbonne le 17 Juin 1720.

Signé, NIQUET.

Approbation de Monsieur Mirabel.

NOUS Comte de Mirabel de Gourdon, Ingenieur en chef, Chevalier de l'Ordre Militaire de S. Louis, &c. Avons lû avec une singuliere attention l'art de combiner & permuter les quatre carreaux mi-partis de deux couleurs par une ligne diagonale du R. Pere Dominique Doüat Religieux Carme de la Province de Toulouse. Après quoi nous avons reconnu que cette matiere n'a jamais été, & ne peut être traitée plus profondement, plus methodiquement, & plus utilement, tant pour les Sçavans, que pour les Ouvriers & le Public qui en retirera un grand avantage, quand cet Ouvrage paroîtra au jour; & nous sommes persuadez que le R. P. Sebastien qui a fait naître l'envie au P. Dominique Doüat d'alonger & d'éclaicir quelques essais qu'il a donné au Public, approuvera infiniment cet Ouvrage. Fait à Narbonne le 23 Aoust 1720. *Signé*, DE MIRABEL.

Approbation du R. P. Saguens de l'Ordre des Minimes.

J'AI lû avec attention & satisfaction l'Ouvrage que le R. P. Dominique Doüat Religieux Carme de la Province de Toulouse a composé sur la multitude des differentes Combinaisons qui se peuvent faire avec des carreaux mi-partis de deux couleurs, & divisez par leurs lignes diagonales. L'Ouvrage est rempli de speculations fort élevées & de tout autant de démonstrations très solides : les Ouvriers en marqueterie y pourront apprendre toute la perfection de leur art : & les Doctes Curieux qui s'adonnent à la Physique pourront aussi en tirer un grand avantage pour arriver à la connoissance de cette varieté incomprehensible qu'on voit dans les effets de la nature; c'est pourquoi il est à desirer que ce Livre soit donné bien tôt au Public. A Toulouse ce 31 Aoust 1720. *Signé*, F. JEAN SAGUENS Religieux Minime & Exprovincial.

Approbation du R. P. Durranc Jesuite.

J'AI vû avec beaucoup de plaisir un Ouvrage du R. P. Dominique Doüat Religieux de l'Ordre des Carmes, sur les divers Desseins qui se peuvent faire avec des carreaux diagonalement mi-partis de deux couleurs. Il m'a paru que l'impression de cet Ouvrage ne pouvoit être que très utile pour la perfection, non seulement de l'Architecture, mais encore de plusieurs autres Arts. On n'en a point encore donné de cette nature, de si complet, ni de si exact. La matiere y est entierement épuisée, & expliquée avec tout l'ordre, toute la justesse & toute la clarté qu'on peut desirer. L'invention & l'execution de tous les Desseins possibles y sont réduites à la derniere facilité : on pourra desormais tout trouver & tout executer presqu'en se joüant. C'est le témoignage que je me sens obligé d'en rendre ; & que je rends d'autant plus volontiers, qu'à mesure que je parcourois le Manuscrit, j'en ai fait le même jugement que j'ai sçû ensuite en avoir été fait par bien d'autres gens plus habiles que moi. Fait à Toulouse le 14 Septembre 1720.

Signé, DURRANC Jesuite, Professeur Royal des Mathematiques dans l'Université de Toulouse.

Extrait des Registres de l'Academie Royale des Sciences.

Du 14 *Mai* 1721.

MESSIEURS de Lagni & Saurin qui avoient été nommez pour examiner les Observations du P. Dominique Doüat Religieux Carme de la Province de Toulouse sur le Memoire du P. Sebastien Truchet, inseré dans l'Histoire de l'Academie de l'année 1704, en ayant fait leur rapport à la Compagnie ; elle a jugé que l'Auteur avoit appliqué la Methode des Combinaisons & des Permutations avec beaucoup d'ordre & de netteté aux differens arrangemens qu'on peut donner à des carreaux mi-partis de deux couleurs par une Diagonale pour en former des compartimens agréables, & qu'il avoit perfectionné, & poussé aussi loin qu'il étoit possible l'idée du P. Sebastien, en foi de quoi j'ai signé le present Certificat. A Paris ce 17 Mai 1721.

Signé, FONTENELLE, Secretaire perpetuel de l'Academie Royale des Sciences.

Approbation de Monsieur l'Abbé Varignon de l'Academie Royale des Sciences de Paris, d'Angleterre, de Prusse, & Professeur Royal des Mathematiques au College Mazarin.

J'AI lû avec plaisir par l'ordre de Monseigneur le Chancelier le present Manuscrit intitulé, *Methode pour faire une infinité de Desseins differens avec des Carreaux mi-partis de deux couleurs par une Diagonale, ou Observations, &c.* L'Auteur de cette Methode, nommé le *P. Dominique Doüat Religieux Carme de la Province de Toulouse*, reconnoît la devoir aux Observations qu'il a faites sur un Memoire touchant le même sujet, presenté en 1704 à l'Academie Royale des Sciences par le P. Sebastien Truchet, aussi Carme, & de la même Academie. Mais le P. Doüat a poussé cette idée beaucoup plus loin par le moyen de la doctrine des Combinaisons & des Permutations, qui l'a conduit dans un plus grand détail des differens arrangemens & dispositions que peuvent avoir entr'eux les Carreaux mi-partis de deux couleurs, destinez aux compartimens qu'on en veut faire. Il en donne ici plusieurs Desseins differens, très agréables à la vûe, & enseigne une maniere facile d'en construire tant d'autres qu'on voudra, tout differens encore, & également curieux. Ce qui me persuade que cet Ouvrage fera plaisir au Public. Fait à Paris le premier Aoust 1721. *Signé*, VARIGNON.

PRIVILEGE DU ROY.

LOUIS par la grace de Dieu, Roy de France & de Navarre : A nos amez & feaux Conseillers les Gens tenans nos Cours de Parlement ; Maîtres des Requestes ordinaires de notre Hôtel, grand Conseil, Prevôt de Paris, Baillifs, Senechaux, leurs Lieutenans Civils & autres Justiciers qu'il appartiendra, Salut. Notre bien amé *le P. Dominique Doüat Religieux Carme* nous ayant fait remontrer qu'il souhaiteroit faire imprimer & donner au Public un Ouvrage de sa composition intitulé, *Methode pour faire une infinité de Desseins differens avec des Carreaux mi-partis de deux couleurs par une Diagonale* ; mais craignant que d'autres personnes ne s'ingerassent à lui contrefaire ledit Ouvrage, ce qui lui feroit un tort très considerable ; il nous auroit en consequence très humblement supplié de lui vouloir accorder nos Lettres de Privilege sur ce necessaires. A CES CAUSES voulant favorablement traiter l'Exposant, nous avons permis & permettons par ces Presentes de faire imprimer ledit Livre en tels volumes, forme, marge, caractere, conjointement ou separement, & autant de fois que bon lui semblera, & de le vendre, faire vendre & debiter par tout notre Royaume pendant le temps de sept années consecutives, à compter du jour de la datte desdites Presentes. Faisons défenses à toutes sortes de personnes de quelque qualité & condition qu'elles soient, d'en introduire d'impression étrangere dans aucun lieu de notre obéissance ; comme aussi à tous Libraires, Imprimeurs & autres, d'imprimer, faire imprimer, vendre, faire vendre, debiter, ni contrefaire ledit Livre en tout, ni en partie, ni d'en faire aucuns Extraits sous quelque prétexte que ce soit, d'augmentation, correction, changement de titre, ou autrement, sans la permission expresse & par écrit dudit Exposant, ou de ceux qui auront droit de lui, à peine de confiscation des Exemplaires contrefaits, de quinze cens livres d'amende contre chacun des Contrevenans, dont un tiers à nous, un tiers à l'Hôtel-Dieu de Paris, l'autre tiers audit Exposant, & de tous dépens, dommages & interests ; à la charge que ces Presentes seront enregistrées tout au long sur le Registre de la Communauté des Libraires & Imprimeurs de Paris, & ce dans trois mois de la date d'icelles ; que l'impression de ce Livre sera faite dans notre Royaume, & non ailleurs, en bon papier & en beaux caracteres, conformément aux Reglemens de la Librairie ; & qu'avant que de l'exposer en vente le Manuscrit ou Imprimé qui aura servi de copie à l'impression dudit Livre, sera remis dans le même état où l'approbation y aura été donnée, ès mains de notre très cher & feal Chevalier Chancelier de France le sieur Daguesseau, & qu'il en sera ensuite remis deux Exemplaires dans notre Bibliotheque publique, un dans celle de notre Château du Louvre, & un dans celle de notredit trés cher & feal Chevalier Chancelier de France le sieur Daguesseau, le tout à peine de nullité des Presentes : Du contenu desquelles vous mandons & enjoignons de faire jouir l'Exposant ou ses ayant cause pleinement & paisiblement, sans souffrir qu'il leur soit fait aucun trouble, ni empêchement. Voulons que la copie desdites Presentes qui sera imprimée tout au long au commencement ou à la fin dudit Livre, soit tenue pour dûement signifiée, & qu'aux copies collationnées par l'un de nos amez & feaux Conseillers & Secretaires foi soit ajoûtée comme à l'Original. Commandons au premier notre Huissier ou Sergent de faire pour l'execution d'icelles tous Actes requis & necessaires, sans demander autre permission, nonobstant Clameur de Haro, Charte Normande & Lettres à ce contraires : Car tel est notre plaisir. Donné à Paris le vingt-deux jour du mois de Septembre l'an de grace mil sept cens vingt-un, & de notre Regne le septiéme. Par le Roy en son Conseil, CARPOT. Et scellé.

Il est ordonné par l'Edit du Roy du mois d'Aoust 1686, & Arrests de son Conseil que les Livres dont l'impression se permet par privilege de

Sa Majesté, ne pourront être vendus que par un Libraire ou un Imprimeur.

Registré sur le Registre IV de la Coummunauté des Libraires & Imprimeurs de Paris, page 781, *N°* 848, *conformément aux Reglemens, & notamment à l'Arrest du Conseil du* 13 *Aoust* 1703. *A Paris le* 24 *Septembre* 1721.

DELAULNE, Syndic.

OBSERVATIONS

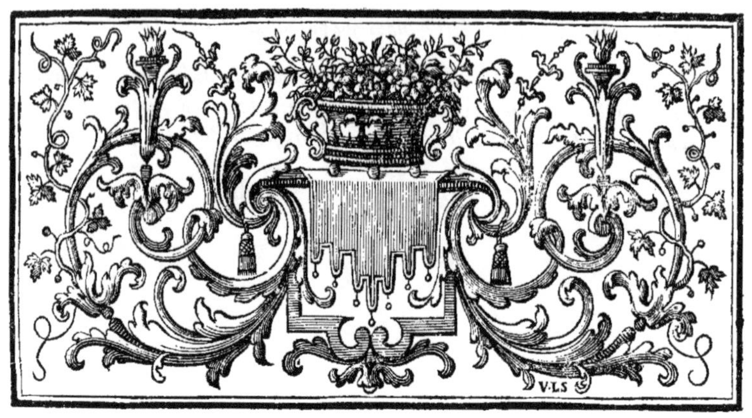

OBSERVATIONS
DU P. DOMINIQUE DOÜAT, RELIGIEUX CARME DE LA PROVINCE DE TOULOUSE,

Sur un Memoire inseré dans l'Histoire de l'Academie Royale des Sciences de Paris, l'année 1704, & presenté par le R. P. SEBASTIEN TRUCHET, *Religieux du même Ordre, & Academicien honoraire.*

PREMIERE OBSERVATION.

UN Carreau mi-parti de deux couleurs par une diagonale peut, par rapport au même aspect, recevoir quatre differentes dispositions.

DEMONSTRATION.

Un carreau a quatre angles, par consequent un carreau mi-parti de deux couleurs par une diagonale peut recevoir quatre differentes dispositions; l'angle coloré peut être placé en bas à main gauche, en haut à main gauche, en haut à main droite, & en bas à main droite. Il apert par l'aſpect des Figures, Planche premiere, Figure 1.

II. OBSERVATION.

Le même carreau A, étant diverſement placé, & aperçû d'un même côté, peut être regardé comme quatre differens carreaux : cela eſt clair.

Nous appellerons carreau A, celui qui a l'angle coloré en bas à main gauche ; carreau B, celui qui a l'angle coloré en haut à main gauche ; carreau C, celui qui a l'angle coloré en haut à main droite ; & carreau D, celui qui a l'angle coloré en bas à main droite. Voyez la Planche premiere, Figure 2.

III. OBSERVATION.

Les carreaux A, B, C, D, étant comparez entr'eux, ſont oppoſez en trois façons differentes ; ſçavoir diagonalement, horiſontalement, & perpendiculairement.

Les carreaux A & C, ou C & A, B & D, ou D & B, ſont oppoſez diagonalement, c'eſt-à-dire du blanc au noir, ou du noir au blanc.

Les carreaux A & D, ou D & A, B & C, ou C & B, ſont oppoſez horiſontalement, c'eſt-à-dire de droite à gauche, ou de gauche à droite.

Les carreaux A & B, ou B & A, C & D, ou D & C, ſont oppoſez perpendiculairement ; c'eſt-à-dire de haut en bas, ou de bas en haut. Il eſt clair par le ſeul aſpect des quatre carreaux figurez ci-après, Planche 1, Figure 2.

IV. OBSERVATION.

Les carreaux A, B, C, & D, étant pris un à un, reçoivent quatre permutations.

DEMONSTRATION.

Chacun des quatre carreaux A, B, C, D, peut occuper une fois la premiere place, une fois la ſeconde, une fois la troiſiéme, & une fois la quatriéme ; & l'on aura les quatre permutations des quatre differens carreaux, pris un à un.

A B C D
B C D A
C D A B
D A B C

V. OBSERVATION.

Les carreaux A, B, C, D, étant pris deux à deux, reçoivent six combinaisons, & douze permutations.

DEMONSTRATION.

Si l'on écrit A avant B, avant C, avant D; B avant C, avant D; & D avant C, l'on aura les six combinaisons des quatre carreaux A, B, C, D.

Et si renversant l'ordre, l'on écrit B, C, D avant A; C, D avant B; & C avant D, l'on aura les douze permutations des quatre differens carreaux A, B, C, D, pris deux à deux

AB BA
AC CA
AD DA
BC CB
BD DB
DC CD

VI. OBSERVATION.

Les carreaux A, B, C, & D, pris trois à trois, reçoivent douze combinaisons, & vingt-quatre permutations.

DEMONSTRATION.

Si l'on place A avant BC, avant BD, avant CB, avant CD, avant DB, avant DC; B avant AC, avant AD, avant DC; C avant AD, avant BD; & D avant CB, l'on aura les douze combinaisons des quatre carreaux A, B, C, D, pris trois à trois.

Et si renversant l'ordre, l'on place CB, DB, BC, DC, BD, CD avant A; CA, DA, CD avant B; DA, DB avant C; & BC avant D, l'on aura les vingt-quatre permutations des quatre differens carreaux A, B, C, D, pris trois à trois.

ABC CBA
ABD DBA
ACB BCA
ACD DCA
ADB BDA
ADC CDA
BAC CAB
BAD DAB
BDC CDB
CAD DAC
CBD DBC
DCB BCD

VII. OBSERVATION.

Les carreaux A, B, C, & D, pris quatre à quatre, reçoivent aussi douze combinaisons, & vingt-quatre permutations.

DEMONSTRATION.

Si l'on pose A avant BCD, BDC, CDB, CBD, DBC, DCB ; B avant CAD, ADC, DAC ; C avant ABD, BAD ; & D avant CAB, l'on aura les douze combinaisons des quatre carreaux A, B, C, D, pris quatre à quatre.

Et si renversant l'ordre, l'on pose DCB, CDB, BDC, DBC, CBD, BCD avant A ; DAC, CDA, CAD avant B ; DBA, DAB, avant C ; & BAC avant D, l'on aura les vingt-quatre permutations des quatre differens carreaux A, B, C, D, pris quatre à quatre.

ABCD DCBA
ABDC CDBA
ACBD DBCA
ACDB BDCA
ADBC CBDA
ADCB BCDA
BCAD DACB
BADC CDAB
BDAC CADB
CABD DBAC
CBAD DABC
DCAB BACD

Remarquez que nous appellons combinaisons, tous les differens assemblages, ou tous les divers choix que l'on peut faire des carreaux A, B, C, & D, en les prenant en diverses manieres, un à un, deux à deux, trois à trois & quatre à quatre, pourvû que l'ordre n'y soit point observé.

Mais si l'ordre y est observé, nous donnons à tous les divers choix des carreaux A, B, C, D, le nom de permutations.

VIII. OBSERVATION.

Les carreaux A, B, C, D, pris un à un, deux à deux, trois à trois & quatre à quatre, reçoivent en tout soixante-quatre permutations. Cela est démontré.

IX. OBSERVATION.

Les carreaux A, B, C, & D, pris deux à deux, & repetez, reçoivent au juste seize permutations.

DEMONSTRATION.

Chacun des quatre differens carreaux A, B, C, D, peut occuper quatre fois la premiere place, & quatte fois la seconde ; or quatre fois quatre font seize.

AA BB CC DD
AB BA CA DA
AC BC CB DB
AD BD CD DC

X. OBSERVATION.

Les carreaux A, B, C, D, pris trois à trois, & repetez, reçoivent au juste soixante-quatre permutations.

DEMONSTRATION.

Chacun des quatre differens carreaux A, B, C, D, peut occuper seize fois la premiere place, & quatre fois la seconde & troisiéme place ; or quatre fois seize font soixante-quatre.

AAA BBB CCC DDD
AAB BBA CCA DDA
AAC BBC CCB DDB
AAD BBD CCD DDC

ABA BAB CAC DAD
ACA BCB CBC DBD
ADA BDB CDC DCD
ABB BAA CAA DAA
ACC BCC CBB DBB
ADD BDD CDD DCC
ABC BAC CAB DAB
ABD BAD CAD DAC
ACB BCA CBA DBA
ACD BCD CBD DBC
ADB BDA CDA DCA
ADC BDC CDB DCB

XI. OBSERVATION.

Les carreaux A, B, C, & D, pris quatre à quatre, & repetez, reçoivent au juste deux cens cinquante-six permutations.

DEMONSTRATION.

Un même carreau, par exemple A, occupant soixante-quatre fois la premiere place, il occupera seize fois la seconde, troisiéme & quatriéme place, & ainsi des autres carreaux B, C & D; or quatre fois soixante-quatre font 256 permutations.

AAAA ABBA ACBA ABCC
AAAB ACCA ABDA ADCC
AAAC ADDA ADBA ABDD
AAAD AABC ACDA ACDD
AABA AACB ADCA ABCB
AACA AABD ABBB ABDB
AADA AADB ACCC ACBC
ABAA AACD ADDD ACDC
ACAA AADC ABBC ADCD
ADAA ABAC ABBD ADBD
AABB ACAB ACCB ABCD
AACC ABAD ACCD ADBC
AADD ADAB ADDB ADCB
ABAB ACAD ADDC ACBD
ACAC ADAC ACBB ABDC
ADAD ABCA ADBB ACDB

BBBB	BDDD	CBCB	CADA
BBBA	BAAC	CDCD	CBAB
BBBC	BAAD	CAAC	CBDB
BBBD	BCCA	CBBC	CDAD
BBAB	BCCD	CDDC	CDBD
BBCB	BDDA	CCAB	CABD
BBDB	BDDC	CCBA	CDAB
BABB	BCAA	CCAD	CDBA
BCBB	BDAA	CCDA	CBAD
BDBB	BACC	CCBD	CADB
BBAA	BDCC	CCDB	CBDA
BBCC	BADD	CACB	DDDD
BBDD	BCDD	CBCA	DDDA
BABA	BACA	CACD	DDDB
BCBC	BADA	CDCA	DDDC
BDBD	BCAC	CBCD	DDAD
BAAB	BCDC	CDCB	DDBD
BCCB	BDAD	CABC	DDCD
BDDB	BDCD	CBAC	DADD
BBAC	BACD	CADC	DBDD
BBCA	BDAC	CDAC	DCDD
BBAD	BDCA	CBDC	DDAA
BBDA	BCAD	CDBC	DDBB
BBCD	BADC	CAAA	DDCC
BBDC	BCDA	CDDD	DADA
BABC	CCCC	CBBB	DBDB
BCBA	CCCA	CAAB	DCDC
BABD	CCCB	CAAD	DAAD
BDBA	CCCD	CBBA	DBBD
BCBD	CCAC	CBBD	DCCD
BDBC	CCBC	CDDA	DDAB
BACB	CCDC	CDDB	DDBA
BCAB	CACC	CBAA	DDAC
BADB	CBCC	CDAA	DDCA
BDAB	CDCC	CABB	DDBC
BCDB	CCAA	CDBB	DDCB
BDCB	CCBB	CADD	DADB
BAAA	CCDD	CBDD	DBDA
BCCC	CACA	CABA	DADC

DCDA DAAA DBAA DBCB
DBDC DBBB DCAA DCAC
DCDB DCCC DABB DCBC
DABD DAAB DCBB DABC
DBAD DAAC DACC DCAB
DACD DBBA DBCC DCBA
DCAD DBBC DABA DBAC
DBCD DCCA DACA DACB
DCBD DCCB DBAB DBCA

XII. OBSERVATION.

Les carreaux A, B, C, & D, pris un à un, deux à deux, trois à trois, quatre à quatre, & repetez, reçoivent en tout trois cens quarante permutations: ce qui eſt démontré.

Nous repreſenterons ces 340 permutations en quatre Tables, avec des carreaux figurez, & avec des lettres.

PREMIERE TABLE,

Contenant quatre permutations. Voyez la premiere Planche.

A 1	B 2	C 3	D 4

SECONDE TABLE.

Contenant ſeize permutations. Voyez la premiere Planche.

AA 1	BB 2	CC 3	DD 4
AB 5	BA 6	CA 7	DA 8
AC 9	BC 10	CB 11	DB 12
AD 13	BD 14	CD 15	DC 16

TROISIE'ME

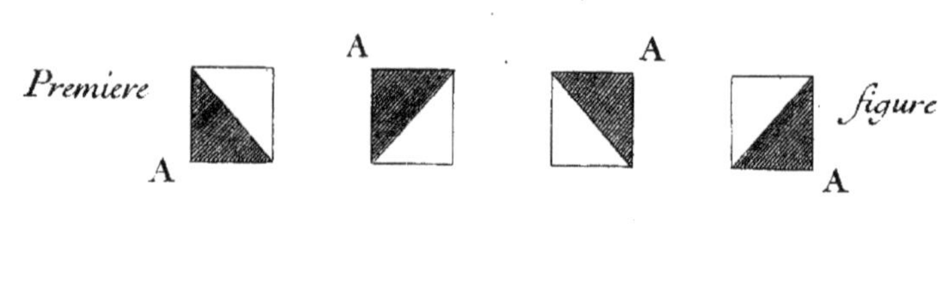

B
C
Seconde
figure
A
D

Premiere Table

Contenant quatre Permutations

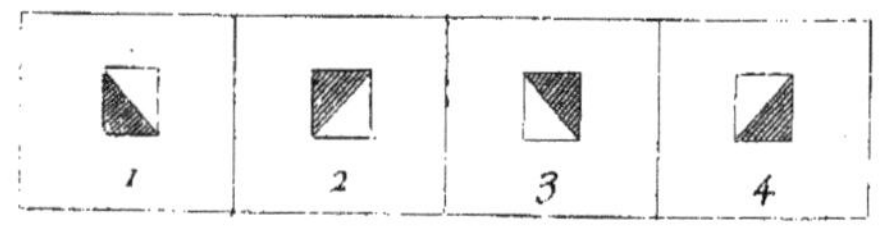

Seconde Table

Contenant Seize Permutations.

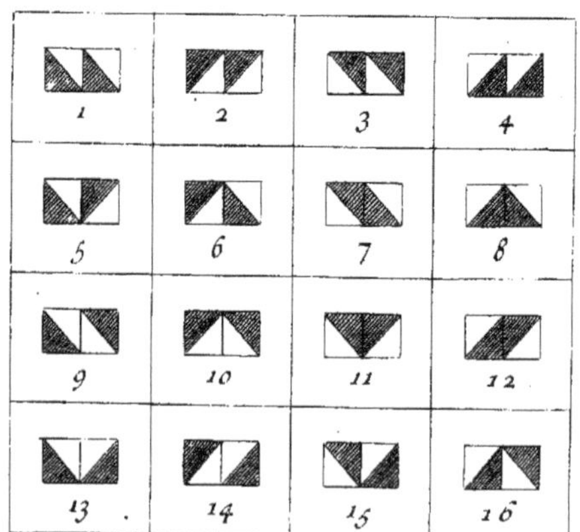

Troisieme Table
Contenant 64 Permutations.

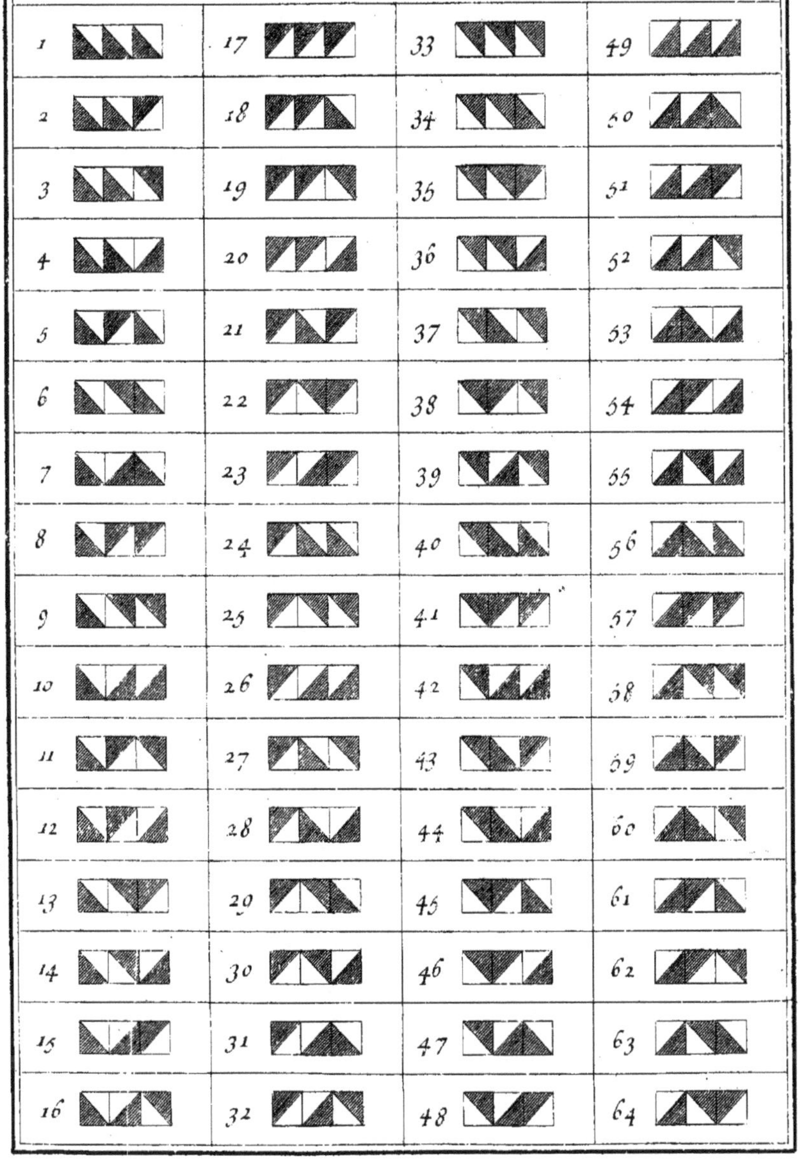

1	17	33	49
2	18	34	50
3	19	35	51
4	20	36	52
5	21	37	53
6	22	38	54
7	23	39	55
8	24	40	56
9	25	41	57
10	26	42	58
11	27	43	59
12	28	44	60
13	29	45	61
14	30	46	62
15	31	47	63
16	32	48	64

TROISIE'ME TABLE,

Contenant 64 Permutations.

1 AAA	2 BBB	33 CCC	34 DDD
3 AAB	4 BBA	35 CCA	36 DDA
5 AAC	6 BBC	37 CCB	38 DDB
7 AAD	8 BBD	39 CCD	40 DDC
9 ABA	10 BAB	41 CAC	42 DAD
11 ACA	12 BCB	43 CBC	44 DBD
13 ADA	14 BDB	45 CDC	46 DCD
15 ABB	16 BAA	47 CAA	48 DAA
17 ACC	18 BCC	49 CBB	50 DBB
19 ADD	20 BDD	51 CDD	52 DCC
21 ABC	22 BAC	53 CAB	54 DAB
23 ABD	24 BAD	55 CAD	56 DAC
25 ACB	26 BCA	57 CBA	58 DBA
27 ACD	28 BCD	59 CBD	60 DBC
29 ADB	30 BDA	61 CDA	62 DCA
31 ADC	32 BDC	63 CDB	64 DCB

QUATRIE'ME TABLE,
Contenant 256 Permutations.

1 AAAA	17 ABBA	33 ACBA	49 ABCC
2 AAAB	18 ACCA.	34 ABDA	50 ADCC
3 AAAC	19 ADDA	35 ADBA	51 ABDD
4 AAAD	20 AABC	36 ACDA	52 ACDD
5 AABA	21 AACB	37 ADCA	53 ABCB
6 AACA	22 AABD	38 ABBB	54 ABDB
7 AADA	23 AADB	39 ACCC	55 ACBC
8 ABAA	24 AACD	40 ADDD	56 ACDC
9 ACAA	25 AADC	41 ABBC	57 ADBD
10 ADAA	26 ABAC	42 ABBD	58 ADCD
11 AABB	27 ACAB	43 ACCB	59 ABCD
12 AACC	28 ABAD	44 ACCD	60 ADBC
13 AADD	29 ADAB	45 ADDB	61 ADCB
14 ABAB	30 ACAD	46 ADDC	62 ACBD
15 ACAC	31 ADAC	47 ACBB	63 ABDC
16 ADAD	32 ABCA	48 ADBB	64 ACDB

Quatrieme Table
Contenant 256 Permutations.

1	17	33	49
2	18	34	50
3	19	35	51
4	20	36	52
5	21	37	52
6	22	38	54
7	23	39	55
8	24	40	56
9	25	41	57
10	26	42	58
11	27	43	59
12	28	44	60
13	29	45	61
14	30	46	62
15	31	47	63
16	32	48	64.

Continuation de la Table de 256 Permutations.

65	81	97	113
66	82	98	114
67	83	99	115
68	84	100	116
69	85	101	117
70	86	102	118
71	87	103	119
72	88	104	120
73	89	105	121
74	90	106	122
75	91	107	123
76	92	108	124
77	93	109	125
78	94	110	126
79	95	111	127
80	96	112	128

CONTINUATION DE LA TABLE
de 256 Permutations.

65 BBBB	81 BAAB	97 BCAB	113 BACC
66 BBBA	82 BCCB	98 BADB	114 BDCC
67 BBBC	83 BDDB	99 BDAB	115 BADD
68 BBBD	84 BBAC	100 BCDB	116 BCDD
69 BBAB	85 BBCA	101 BDCB	117 BACA
70 BBCB	86 BBAD	102 BAAA	118 BADA
71 BBDB	87 BBDA	103 BCCC	119 BCAC
72 BABB	88 BBCD	104 BDDD	120 BCDC
73 BCBB	89 BBDC	105 BAAC	121 BDAD
74 BDBB	90 BABC	106 BAAD	122 BDCD
75 BBAA	91 BCBA	107 BCCA	123 BACD
76 BBCC	92 BABD	108 BCCD	124 BDAC
77 BBDD	93 BDBA	109 BDDA	125 BDCA
78 BABA	94 BCBD	110 BDDC	126 BCAD
79 BCBC	95 BDBC	111 BCAA	127 BADC
80 BDBD	96 BACB	112 BDAA	128 BCDA

CONTINUATION DE LA TABLE de 256 Permutations.

129 CCCC	145 CAAC	161 CBAC	177 CABB
130 CCCA	146 CBBC	162 CADC	178 CDBB
131 CCCB	147 CDDC	163 CDAC	179 CADD
132 CCCD	148 CCAB	164 CBDC	180 CBDD
133 CCAC	149 CCBA	165 CDBC	181 CABA
134 CCBC	150 CCAD	166 CAAA	182 CADA
135 CCDC	151 CCDA	167 CBBB	183 CBAB
136 CACC	152 CCBD	168 CDDD	184 CBDB
137 CBCC	153 CCDB	169 CAAB	185 CDAD
138 CDCC	154 CACB	170 CAAD	186 CDBD
139 CCAA	155 CBCA	171 CBBA	187 CABD
140 CCBB	156 CACD	172 CBBD	188 CDAB
141 CCDD	157 CDCA	173 CDDA	189 CDBA
142 CACA	158 CBCD	174 CDDB	190 CBAD
143 CBCB	159 CDCB	175 CBAA	191 CADB
144 CDCD	160 CABC	176 CDAA	192 CBDA

Continuation de la Table de 256 Permutations.

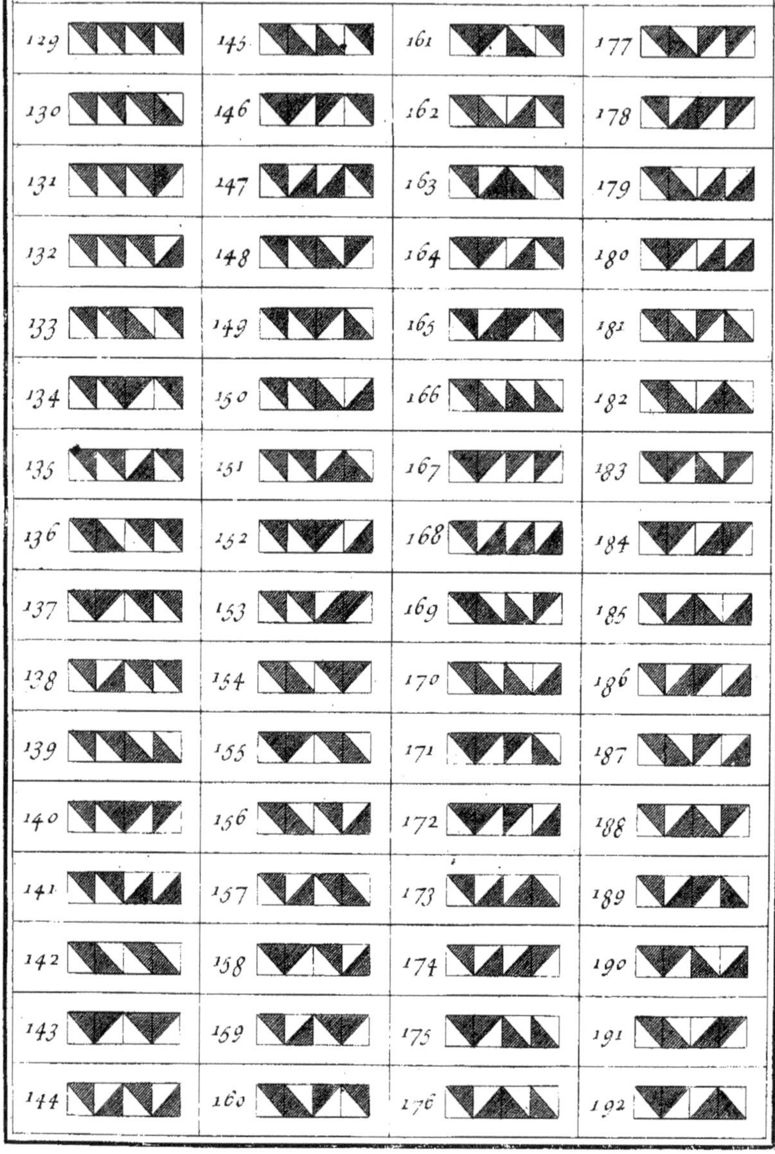

129	145	161	177
130	146	162	178
131	147	163	179
132	148	164	180
133	149	165	181
134	150	166	182
135	151	167	183
136	152	168	184
137	153	169	185
138	154	170	186
139	155	171	187
140	156	172	188
141	157	173	189
142	158	174	190
143	159	175	191
144	160	176	192

Continuation de la Table de 256 Permutations.

193	209	225	241
194	210	226	242
195	211	227	243
196	212	228	244
197	213	229	245
198	214	230	246
199	215	231	247
200	216	232	248
201	217	233	249
202	218	234	250
203	219	235	251
204	220	236	252
205	221	237	253
206	222	238	254
207	223	239	255
208	224	240	256

CONTINUATION DE LA TABLE
de 256 Permutations.

193 DDDD	209 DAAD	225 DBAD	241 DABB
194 DDDA	210 DBBD	226 DACD	242 DCBB
195 DDDB	211 DCCD	227 DCAD	243 DACC
196 DDDC	212 DDAB	228 DBCD	244 DBCC
197 DDAD	213 DDBA	229 DCBD	245 DABA
198 DDBD	214 DDBC	230 DAAA	246 DACA
199 DDCD	215 DDCB	231 DBBB	247 DBAB
200 DADD	216 DDAC	232 DCCC	248 DBCB
201 DBDD	217 DDCA	233 DAAB	249 DCAC
202 DCDD	218 DADB	234 DAAC	250 DCBC
203 DDAA	219 DBDA	235 DBBA	251 DABC
204 DDBB	220 DADC	236 DBBC	252 DCAB
205 DDCC	221 DCDA	237 DCCA	253 DCBA
206 DADA	222 DBDC	238 DCCB	254 DBAC
207 DBDB	223 DCDB	239 DBAA	255 DACB
208 DCDC	224 DABD	240 DCAA	256 DBCA

XIII. OBSERVATION.

Tous les divers changemens, ou differentes positions des carreaux A, B, C, D, sont prévûs & marquez dans les Tables précedentes ; de sorte que de quelque maniere qu'on range un certain nombre de carreaux mi-partis de deux couleurs par une ligne diagonale, l'on y trouvera leur situation ou disposition figurée & representée, soit qu'on les y rapporte ou un à un, ou deux à deux, ou trois à trois, ou enfin quatre à quatre.

XIV. OBSERVATION.

Le different arrangement des carreaux A, B, C, D, formant des figures agréables, l'on peut avec les deux cens cinquante-six permutations des mêmes carreaux, repetées de suite, ou alternativement, ou de quelqu'autre façon qu'on voudra, faire un très grand nombre de desseins differens.

XV. OBSERVATION.

En repetant de suite deux, ou trois, ou quatre fois, &c. chaque permutation (selon qu'on veut faire le dessein petit ou grand) à chaque rangée, il est évident qu'on figurera 256 desseins tous differens ; c'est-à-dire qu'en prenant les permutations de la 4me Table une à une, l'on peut figurer 256 desseins.

XVI. OBSERVATION.

En prenant deux à deux les deux cens cinquante-six permutations figurées dans la quatriéme Table, l'on peut faire . . . . 65280 desseins differens.

XVII. OBSERVATION.

En prenant trois à trois les deux cens cinquante-six permutations, l'on peut faire . . . . . 16581120 desseins differens.

XVIII. OBSERVATION.

En prenant quatre à quatre les deux cens cinquante-six permutations, l'on peut faire . . . . 4195023360 desseins differens.

XIX. OBSERVATION.

En prenant cinq à cinq les deux cens cinquante-six permutations, l'on peut faire . . . 105714588672o desseins differens.

XX. OBSERVATION.

En prenant six à six les deux cens cinquante-six permutations, l'on peut faire . . . 265343617566720 desseins differens.

Continuant à prendre ces permutations sept à sept, huit à huit, neuf à neuf, dix à dix, & ainsi de suite jusqu'à deux cens cinquante-six, l'on trouveroit un nombre prodigieux, (encore que nous ayons supposé jusqu'ici qu'elles ne soient pas repetées ;) que si nous supposons qu'elles soient repetées autant de fois qu'on voudra, l'on pourroit figurer des desseins, pour ainsi dire, à l'infini.

Ce qui paroîtra incroyable, sur-tout à ceux qui ignorent les regles de Combinaisons & Permutations ; pour être décillez, ils n'ont qu'à les étudier dans les Elemens de Mathematique du R. P. Prestet, en attendant que mon Arithmetique speculative & pratique paroisse au jour.

Dans ces Elemens ils apprendront que les huit mots latins de ce Vers fait à la louange de la très Sainte Vierge Mere de Dieu,

Tot tibi sunt dotes Virgo, quot sidera cœlo,

pris tous ensemble, ou huit à huit, peuvent recevoir 40320 permutations, si l'on n'a pas égard à la mesure d'un Vers hexametre, & 3276 permutations en gardant les regles de la Poësie ; & qu'avec les vingt-quatre lettres de l'alphabet repetées & prises deux à deux, trois à trois, quatre à quatre, & ainsi de suite jusqu'à vingt-quatre, l'on peut faire ce grand nombre 1391724288887252999425128493402200 de mots differens ; les uns composez de deux lettres, les autres de trois, les autres de quatre, & ainsi de suite, & les derniers de vingt-quatre.

Après cette étude, sans doute, qu'ils tireront cette consequence naturelle, que puisque huit mots peuvent recevoir tant de changemens, & qu'avec les lettres de l'alphabet l'on peut composer tant de differens mots ; il n'est pas impossible avec les deux cens cinquante-six permutations des carreaux A, B, C, D, de faire une infinité de desseins differens.

PROBLEME.

Fixer le nombre de desseins differens qui peuvent être faits avec les deux cens cinquante-six permutations repetées, & prises une à une, deux à deux, trois à trois, quatre à quatre, cinq à cinq, six à six, sept à sept, huit à huit, neuf à neuf, dix à dix, & ainsi de suite jusqu'à deux cens cinquante-six.

TABLE

Contenant le nombre des Desseins qui peuvent être faits avec les 256 Permutations prises dans le sens du Probleme.

AVERTISSEMENT.

POUR éviter cette multitude de chiffres que je serois obligé d'écrire pour dresser cette Table, j'aurai recours à l'Algebre, qui par le moyen des lettres de l'alphabet, & des signes qu'elle employe, fait qu'on s'énonce d'une maniere courte & claire, & on exprime par une ou plusieurs lettres un grand nombre.

Nous supposerons que A est égal au nombre 256.

Pour marquer le signe d'égalité, nous userons de cette note = ; ainsi pour designer que le nombre 256 est égal à A, nous écrirons seulement . . . . $A=256$.

Pour dénoter la seconde puissance du nombre 256, nous écrirons AA, au lieu de 65536 ; pour dénoter la troisiéme puissance, qui devroit être designée par AAA, nous écrirons seulement A^3, pour la quatriéme puissance A^4, & ainsi de suite.

AVEC

AVEC 256 PERMUTATIONS

Priſes	l'on peut faire
Une à une	A = 256
Deux à deux	AA
Trois à trois	A^3
Quatre à quatre	A^4
Cinq à cinq	A^5
Six à ſix	A^6
Sept à ſept	A^7
Huit à huit	A^8
Neuf à neuf	A^9
Dix à dix	A^{10}
Onze à onze.	A^{11}
Douze à douze	A^{12}
Treize à treize	A^{13}
Quatorze à quatorze	A^{14}
Quinze à quinze	A^{15}
Seize à ſeize	A^{16}
Dix-ſept à dix-ſept	A^{17}
Dix-huit à dix-huit	A^{18}
Dix-neuf à dix-neuf	A^{19}
Vingt à vingt	A^{20}

Deſſeins differens.

Et ainſi de ſuite juſqu'à la 256me puiſſance.

Cette Table étant ainſi continuée juſqu'au nombre de 256 à 256, pour connoître tout d'un coup le nombre des deſſeins qui peuvent être faits avec ces permutations ; il faut remarquer que A A vaut 256 fois davantage que A ; que A^3 vaut 256 fois davantage A A ; que A^4 vaut 256 fois davantage que A^3 ; & ainſi de ſuite chaque nombre ſuivant, étant 256 fois plus grand que celui qui le précede immédiatement.

Or une progreſſion étant donnée, connoiſſant le premier terme, & la raiſon qui regne, il eſt facile de connoître quelqu'autre de ſes termes qui ſoit propoſé, & la ſomme de tous les termes.

XXI. OBSERVATION.

Parmi ce nombre prodigieux de deſſeins, l'on peut endiſtinguer de quatre ſortes, ſçavoir de ſimples, de moins ſimples, de compoſez, & de plus compoſez.

Nous appellerons deſſeins ſimples ceux qui ſeront faits avec une ſeule permutation, repetée de ſuite de gauche à droite dans toutes les rangées.

Nous dirons que les deſſeins moins ſimples ſont ceux qui ſeront faits avec deux permutations repetées de ſuite, ou alternativement dans les rangs, toujours de gauche à droite.

Nous nommerons deſſeins compoſez ceux qui ſeront faits avec quatre differentes permutations oppoſées perpendiculairement entr'elles, ou pour le moins quatre permutations, dont les deux premieres ſeront ſemblables; & les autres deux, leurs permutations oppoſées perpendiculairement.

Enfin les deſſeins plus compoſez ſeront ceux, dont la premiere partie ſera conſtruite avec une, ou deux, ou trois, ou quatre, ou cinq, &c. permutations; & les trois autres parties, ſeront leurs permutations oppoſées.

Les exemples donneront mieux à connoître la difference qu'il y a entre ces quatre ſortes de deſſeins.

AVIS GENERAL

POUR LA CONSTRUCTION DES DESSEINS.

POUR conſtruire tous les deſſeins poſſibles, il faut avoir recours à la grande Table, Planche 3me, qui ſert comme de Dictionnaire pour trouver toutes les permutations des carreaux A, B, C, D, pris quatre à quatre, & repetez.

De la conſtruction des Deſſeins ſimples.

Pour conſtruire un deſſein, il faut prendre une ſeule permutation, & la poſer toujours de gauche à droite dans toutes les rangées, en la repetant autant de fois qu'il ſera neceſſaire, ſelon qu'on voudra le deſſein grand ou petit.

En repetant, par exemple, trois fois à chaque rangée la premiere permutation, qui repreſente quatre fois le carreau A,

& faiſant douze rangées ſemblables, l'on aura le premier deſſein gravé dans le Memoire du R. Pere Sebaſtien Truchet.

De la conſtruction des Deſſeins moins ſimples.

Pour figurer un deſſein moins ſimple, il faut prendre deux permutations, poſant l'une de ſuite à la premiere rangée, & l'autre auſſi de ſuite à la ſeconde rangée, & ainſi alternativement dans toutes les rangées. Le premier, ſecond & troiſiéme de mes deſſeins ſont de ce genre.

De la conſtruction des Deſſeins compoſez.

Pour former un deſſein compoſé, il faut choiſir quatre permutations oppoſées perpendiculairement entr'elles, & les poſer alternativement à chaque rangée, les plaçant de telle maniere, que la quatriéme permutation ſoit oppoſée perpendiculairement à la premiere, & la troiſiéme à la ſeconde. Tels ſont le quatriéme, cinquiéme, ſixiéme, ſeptiéme, huitiéme & neuviéme de mes deſſeins.

De la conſtruction des Deſſeins plus compoſez.

Pour faire un deſſein plus compoſé, il faut choiſir une, ou deux, ou trois, ou quatre, ou cinq, ou ſix, &c. permutations ſemblables, ou differentes en partie, ou toutes differentes, & en former la premiere partie du deſſein, obſervant que les permutations de la ſeconde partie doivent être leurs permutations oppoſées horiſontalement; celles de la troiſiéme, leurs permutations oppoſées perpendiculairement; & celles de la quatriéme, leurs permutations oppoſées diagonalement. Tous les autres deſſeins figurez dans ce Livre ſont de cette eſpece.

La Table que vous trouverez à la fin du Livre, fournira deux cens cinquante-ſix deſſeins compoſez tous differens, & ſera d'un grand uſage pour trouver les centres & les angles des deſſeins plus compoſez.

XXII. OBSERVATION.

Les permutations des carreaux A, B, C, D, ſont oppoſées entr'elles en trois façons differentes, ſçavoir diagonalement, horiſontalement & perpendiculairement. Nous avons expliqué les termes au commencement.

Des oppoſitions entre les Permutations des carreaux A, B, C, D.

La 1re & la 129me Permutation ſont oppoſées diagonalement.
La 1re & la 193me ſont oppoſées horiſontalement.
La 1re & la 65me ſont oppoſées perpendiculairement.

La 2 & la 132me Permutation ſont oppoſées diagonalement.
La 2 & la 196me ſont oppoſées horiſontalement.
La 2 & la 66me ſont oppoſées perpendiculairement.

La 3 & la 130me Permutation ſont oppoſées diagonalement.
La 3 & la 195me ſont oppoſées horiſontalement.
La 3 & la 68me ſont oppoſées perpendiculairement.

La 4 & la 131me Permutation ſont oppoſées diagonalement.
La 4 & la 194me ſont oppoſées horiſontalement.
La 4 & la 67me ſont oppoſées perpendiculairement.

La 5 & la 135me Permutation ſont oppoſées diagonalement.
La 5 & la 199me ſont oppoſées horiſontalement.
La 5 & la 69me ſont oppoſées perpendiculairement.

La 6 & la 133me Permutation ſont oppoſées diagonalement.
La 6 & la 198me ſont oppoſées horiſontalement.
La 6 & la 71me ſont oppoſées perpendiculairement.

La 7 & la 134me Permutation ſont oppoſées diagonalement.
La 7 & la 197me ſont oppoſées horiſontalement.
La 7 & 70me ſont oppoſées perpendiculairement.

La 8 & la 138me Permutation ſont oppoſées diagonalement.
La 8 & la 202me ſont oppoſées horiſontalement.
La 8 & la 72me ſont oppoſées perpendiculairement.

La 9 & la 136me Permutation ſont oppoſées diagonalement.
La 9 & la 201me ſont oppoſées horiſontalement.
La 9 & la 74me ſont oppoſées perpendiculairement.

La 10 & la 137me Permutation ſont oppoſées diagonalement.
La 10 & la 200me ſont oppoſées horiſontalement.
La 10 & la 73me ſont oppoſées perpendiculairement.

La 11 & la 141me Permutation ſont oppoſées diagonalement.
La 11 & la 205me ſont oppoſées horiſontalement.
La 11 & la 75me ſont oppoſées perpendiculairement.

La 12 & la 139me Permutation ſont oppoſées diagonalement.
La 12 & la 204me ſont oppoſées horiſontalement.
La 12 & la 77me ſont oppoſées perpendiculairement.

La 13 & la 140me Permutation ſont oppoſées diagonalement.
La 13 & la 203me ſont oppoſées horiſontalement.
La 13 & la 76me ſont oppoſées perpendiculairement.

La 14 & la 144me Permutation ſont oppoſées diagonalement.
La 14 & la 208me ſont oppoſées horiſontalement.
La 14 & la 78me ſont oppoſées perpendiculairement.

La 15 & la 142me Permutation ſont oppoſées diagonalement.
La 15 & la 207me ſont oppoſées horiſontalement.
La 15 & la 80me ſont oppoſées perpendiculairement.

La 16 & la 143me Permutation ſont oppoſées diagonalement.
La 16 & la 206me ſont oppoſées horiſontalement.
La 16 & la 79me ſont oppoſées perpendiculairement.

La 17 & la 147me Permutation ſont oppoſées diagonalement.
La 17 & la 211me ſont oppoſées horiſontalement.
La 17 & la 81me ſont oppoſées perpendiculairement.

La 18 & la 145me Permutation ſont oppoſées diagonalement.
La 18 & la 210me ſont oppoſées horiſontalement.
La 18 & la 83me ſont oppoſées perpendiculairement.

La 19 & la 146me Permutation ſont oppoſées diagonalement.
La 19 & la 209me ſont oppoſées horiſontalement.
La 19 & la 82me ſont oppoſées perpendiculairement.

La 20 & la 151me Permutation ſont oppoſées diagonalement.
La 20 & la 215me ſont oppoſées horiſontalement.
La 20 & la 86me ſont oppoſées perpendiculairement.

La 21 & la 150me Permutation ſont oppoſées diagonalement.
La 21 & la 214me ſont oppoſées horiſontalement.
La 21 & la 87me ſont oppoſées perpendiculairement.

La 22 & la 153me Permutation ſont oppoſées diagonalement.
La 12 & la 217^{ue} ſont oppoſées horiſontalement.
La 22 & la 84me ſont oppoſées perpendiculairement.

La 23 & la 152me Permutation ſont oppoſées diagonalement.
La 23 & la 216me ſont oppoſées horiſontalement.
La 23 & la 85me ſont oppoſées perpendiculairement.

La 24 & la 148me Permutation ſont oppoſées diagonalement.
La 24 & la 213me ſont oppoſées horiſontalement.
La 24 & la 89me ſont oppoſées perpendiculairement.

La 25 & la 149me Permutation ſont oppoſées diagonalement.
La 25 & la 212me ſont oppoſées horiſontalement.
La 25 & la 88me ſont oppoſées perpendiculairement.

La 26 & la 157me Permutation ſont oppoſées diagonalement.
La 26 & la 223me ſont oppoſées horiſontalement.
La 26 & la 92me ſont oppoſées perpendiculairement.

La 27 & la 156me Permutation ſont oppoſées diagonalement.
La 27 & la 222me ſont oppoſées horiſontalement.
La 27 & la 93me ſont oppoſées perpendiculairement.

La 28 & la 159me Permutation ſont oppoſées diagonalement.
La 28 & la 221me ſont oppoſées horiſontalement.
La 28 & la 90me ſont oppoſées perpendiculairement.

La 29 & la 158me Permutation ſont oppoſées diagonalement.
La 29 & la 220me ſont oppoſées horiſontalement.
La 29 & la 91me ſont oppoſées perpendiculairement.

La 30 & la 154me Permutation ſont oppoſées diagonalement.
La 30 & la 219me ſont oppoſées horiſontalement.
La 30 & la 95me ſont oppoſées perpendiculairement.

La 31 & la 155me Permutation ſont oppoſées diagonalement.
La 31 & la 218me ſont oppoſées horiſontalement.
La 31 & la 94me ſont oppoſées perpendiculairement.

La 32 & la 163me Permutation sont opposées diagonalement.
La 32 & la 229me sont opposées horisontalement.
La 32 & la 98me sont opposées perpendiculairement.

La 33 & la 162me Permutation sont opposées diagonalement.
La 33 & la 228me sont opposées horisontalement.
La 33 & la 99me sont opposées perpendiculairement.

La 34 & la 165me Permutation sont opposées diagonalement.
La 34 & la 227me sont opposées horisontalement.
La 34 & la 96me sont opposées perpendiculairement.

La 35 & la 164me Permutation sont opposées diagonalement.
La 35 & la 226me sont opposées horisontalement.
La 35 & la 97me sont opposées perpendiculairement.

La 36 & la 160me Permutation sont opposées diagonalement.
La 36 & la 225me sont opposées horisontalement.
La 36 & la 101me sont opposées perpendiculairement.

La 37 & la 161me Permutation sont opposées diagonalement.
La 37 & la 224me sont opposées horisontalement.
La 37 & 100me sont opposées perpendiculairement.

La 38 & la 168me Permutation sont opposées diagonalement.
La 38 & la 232me sont opposées horisontalement.
La 38 & la 102me sont opposées perpendiculairement.

La 39 & la 166me Permutation sont opposées diagonalement.
La 39 & la 231me sont opposées horisontalement.
La 39 & la 104me sont opposées perpendiculairement.

La

La 40 & la 167me Permutation sont opposées diagonalement.
La 40 & la 230me sont opposées horisontalement.
La 40 & la 103me sont opposées perpendiculairement.

La 41 & la 173me Permutation sont opposées diagonalement.
La 41 & la 238me sont opposées horisontalement.
La 41 & la 106me sont opposées perpendiculairement.

La 42 & la 174me Permutation sont opposées diagonalement.
La 42 & la 237me sont opposées horisontalement.
La 42 & la 105me sont opposées perpendiculairement.

La 43 & la 170me Permutation sont opposées diagonalement.
La 43 & la 236me sont opposées horisontalement.
La 43 & la 109me sont opposées perpendiculairement.

La 44 & la 169me Permutation sont opposées diagonalement.
La 44 & la 235me sont opposées horisontalement.
La 44 & la 110me sont opposées perpendiculairement.

La 45 & la 172me Permutation sont opposées diagonalement.
La 45 & la 234me sont opposées horisontalement.
La 45 & la 107me sont opposées perpendiculairement.

La 46 & la 171me Permutation sont opposées diagonalement.
La 46 & la 233me sont opposées horisontalement.
La 46 & la 108me sont opposées perpendiculairement.

La 47 & la 179me Permutation sont opposées diagonalement.
La 47 & la 244me sont opposées horisontalement.
La 47 & 112me sont opposées perpendiculairement.

La 48 & la 180me Permutation sont opposées diagonalement.
La 48 & la 243me sont opposées horisontalement.
La 48 & la 111me sont opposées perpendiculairement.

La 49 & la 176me Permutation sont opposées diagonalement.
La 49 & la 242me sont opposées horisontalement.
La 49 & la 115me sont opposées perpendiculairement.

La 50 & la 175me Permutation sont opposées diagonalement.
La 50 & la 241me sont opposées horisontalement.
La 50 & la 116me sont opposées perpendiculairement.

La 51 & la 178me Permutation sont opposées diagonalement.
La 51 & la 240me sont opposées horisontalement.
La 51 & la 113me sont opposées perpendiculairement.

La 52 & la 177me Permutation sont opposées diagonalement.
La 52 & la 239me sont opposées horisontalement.
La 52 & la 114me sont opposées perpendiculairement.

La 53 & la 185me Permutation sont opposées diagonalement.
La 53 & la 250me sont opposées horisontalement.
La 53 & la 118me sont opposées perpendiculairement.

La 54 & la 186me Permutation sont opposées diagonalement.
La 54 & la 249me sont opposées horisontalement.
La 54 & la 117me sont opposées perpendiculairement.

La 55 & la 182me Permutation sont opposées diagonalement.
La 55 & la 248me sont opposées horisontalement.
La 55 & la 121me sont opposées perpendiculairement.

La 56 & la 181me Permutation sont opposées diagonalement.
La 56 & la 247me sont opposées horisontalement.
La 56 & la 122me sont opposées perpendiculairement.

La 57 & la 184me Permutation sont opposées diagonalement.
La 57 & la 246me sont opposées horisontalement.
La 57 & 119me sont opposées perpendiculairement.

La 58 & la 183me Permutation sont opposées diagonalement.
La 58 & la 245me sont opposées horisontalement.
La 58 & la 120me sont opposées perpendiculairement.

La 59 & la 188me Permutation sont opposées diagonalement.
La 59 & la 253me sont opposées horisontalement.
La 59 & la 127me sont opposées perpendiculairement.

La 60 & la 192me Permutation sont opposées diagonalement.
La 60 & la 255me sont opposées horisontalement.
La 60 & la 126me sont opposées perpendiculairement.

La 61 & la 190me Permutation sont opposées diagonalement.
La 61 & la 251me sont opposées horisontalement.
La 61 & la 128me sont opposées perpendiculairement.

La 62 & la 191me Permutation sont opposées diagonalement.
La 62 & la 256me sont opposées horisontalement.
La 62 & la 124me sont opposées perpendiculairement.

La 63 & la 189me Permutation sont opposées diagonalement.
La 63 & la 252me sont opposées horisontalement.
La 63 & la 123me sont opposées perpendiculairement.

La 64 & la 187me Permutation sont opposées diagonalement.
La 64 & la 254me sont opposées horisontalement.
La 64 & la 125me sont opposées perpendiculairement.

XXIII. OBSERVATION.

Par le moyen de ces oppositions sur un dessein gravé, on en aura facilement trois autres desseins. Par exemple.

Supposons un dessein gravé, construit avec la 16me permutation, repetée de suite de gauche à droite dans toutes les rangées : si l'on repete de suite de gauche à droite la 143me, qui est sa permutation opposée diagonalement, l'on aura un second dessein different du premier, du blanc au noir : si encore l'on repete de suite, & toujours de gauche à droite la 206me permutation, l'on aura un troisiéme dessein horisontalement opposé au premier, c'est-à-dire de droite à gauche : enfin si l'on repete de suite de gauche à droite la 79me permutation, l'on aura un quatriéme dessein, different du premier de haut en bas, c'est à dire perpendiculairement opposé au premier.

XXIV. OBSERVATION.

Ayant appellé A la premiere disposition du carreau miparti de deux couleurs par une diagonale ; B, la seconde ; C, la troisiéme ; & D, la quatriéme, l'on peut, par le moyen de ces quatre lettres, executer tous les desseins possibles, encore qu'on ne les voye pas figurez.

EXPLICATION

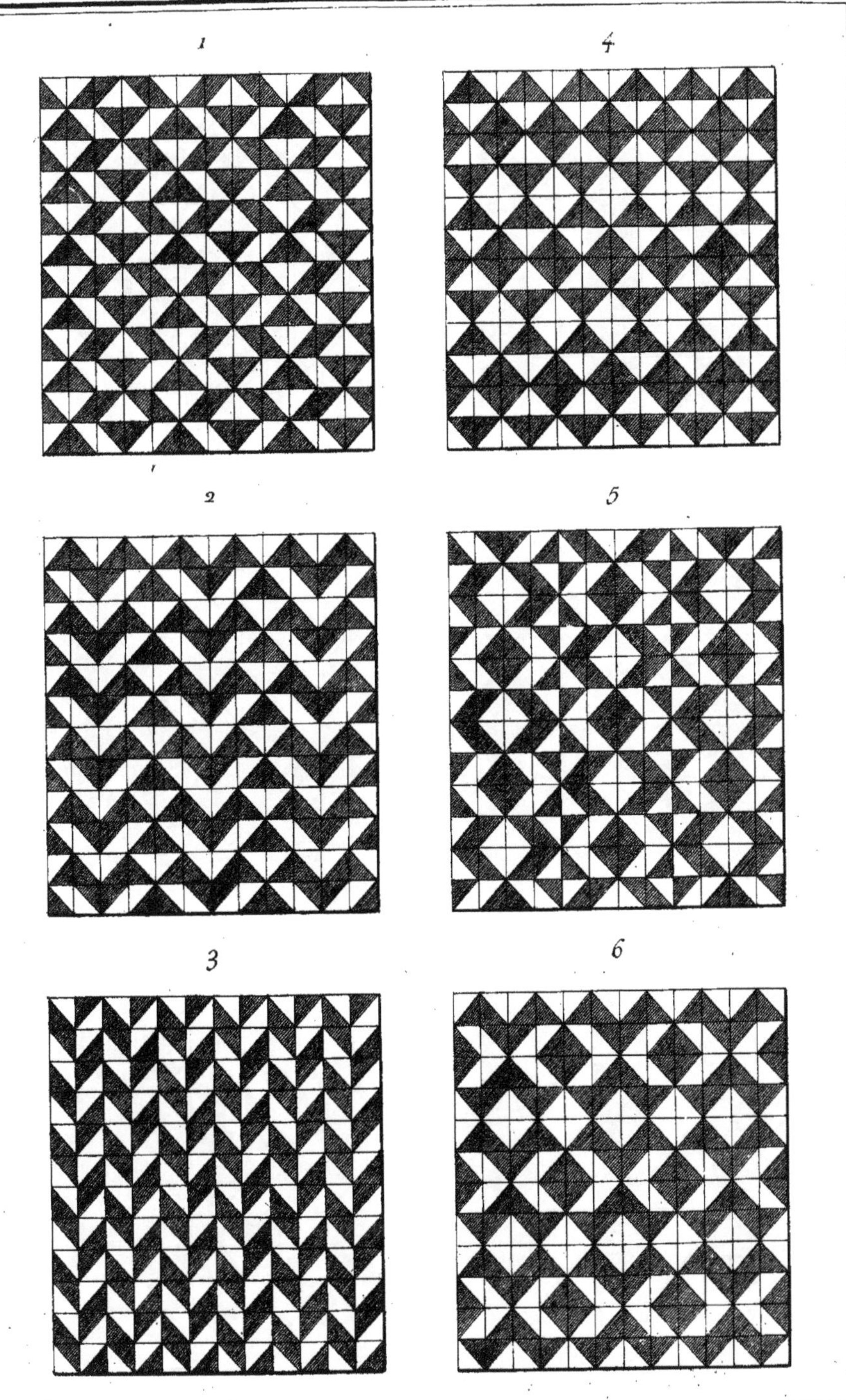

Lucas Sculp.

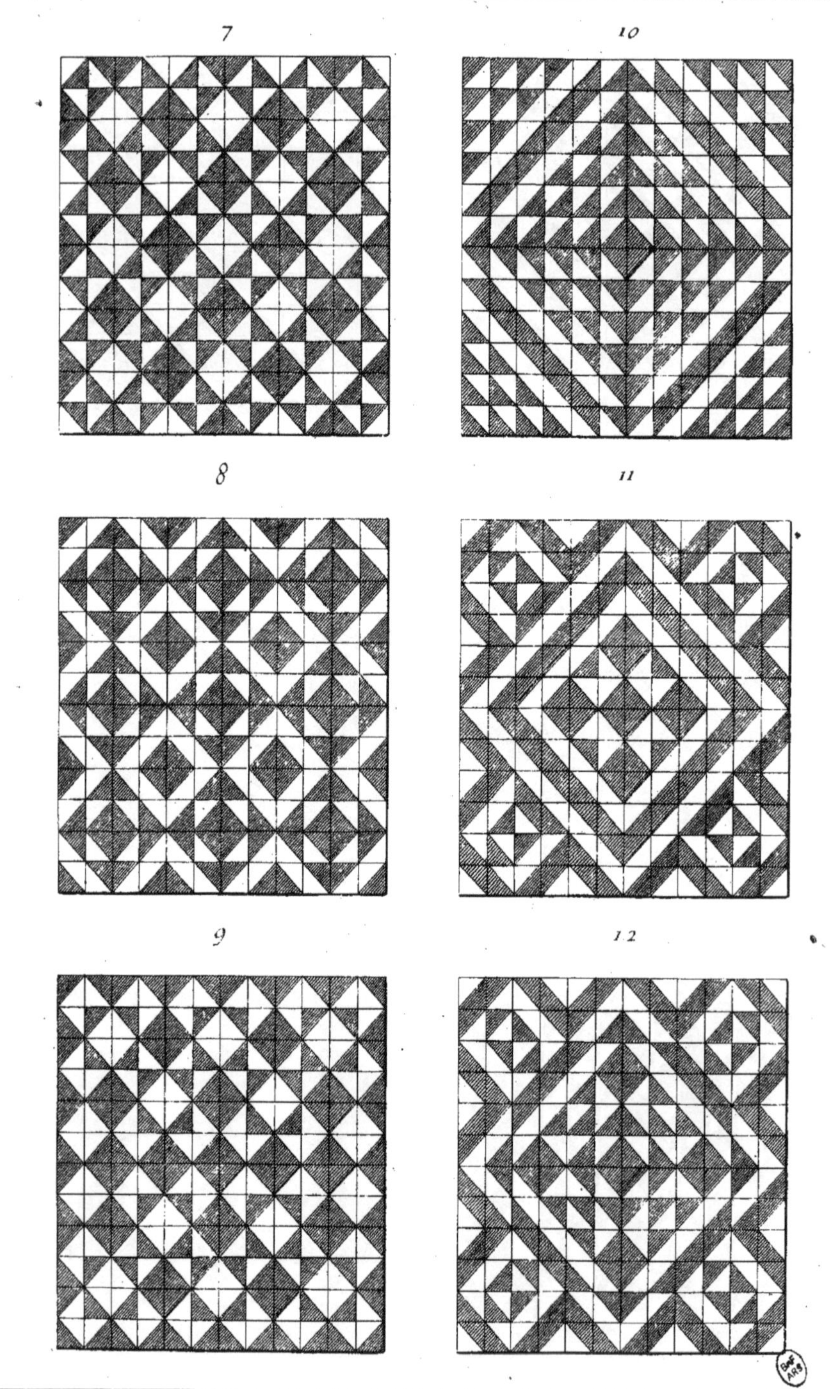
7
10
8
11
9
12

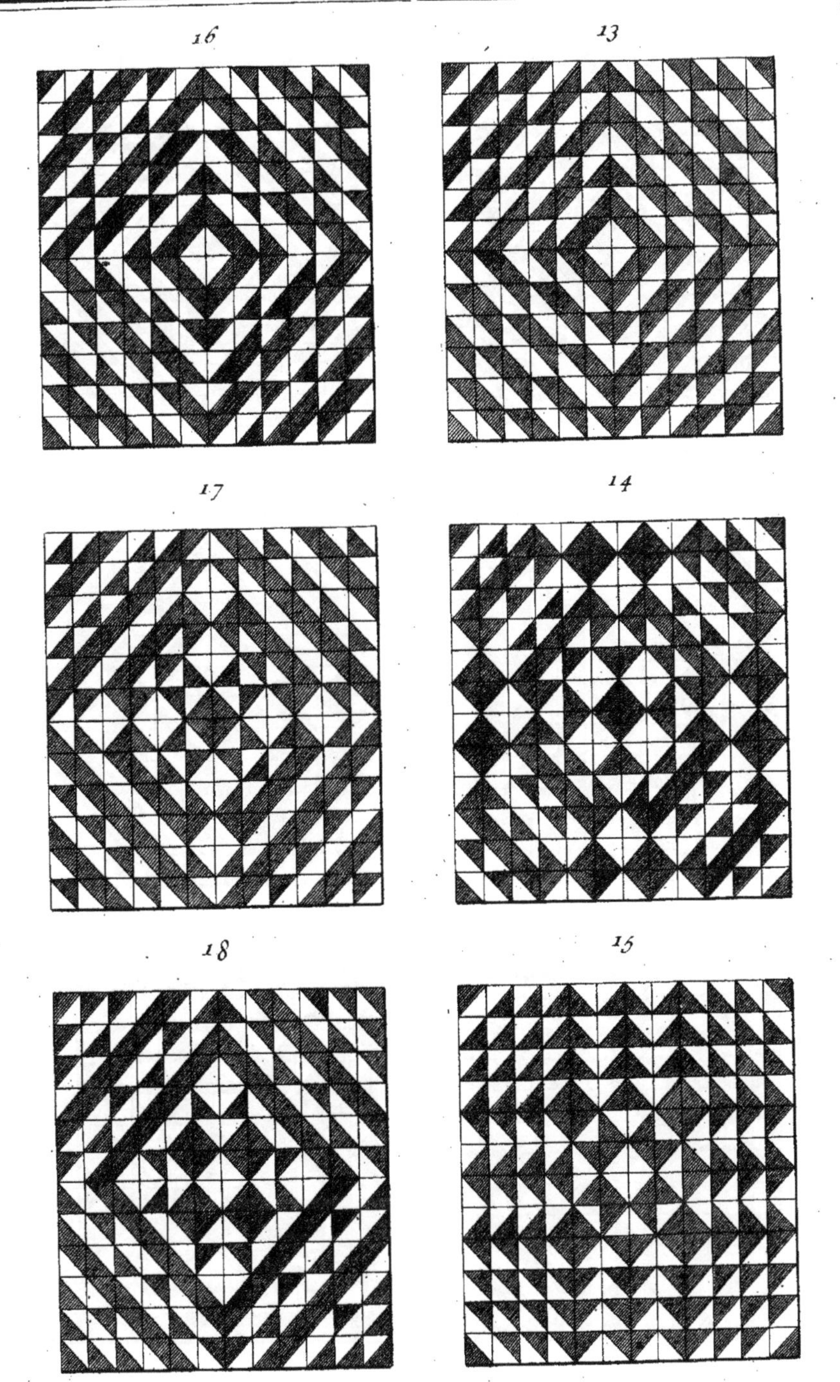
16
13
17
14
18
15

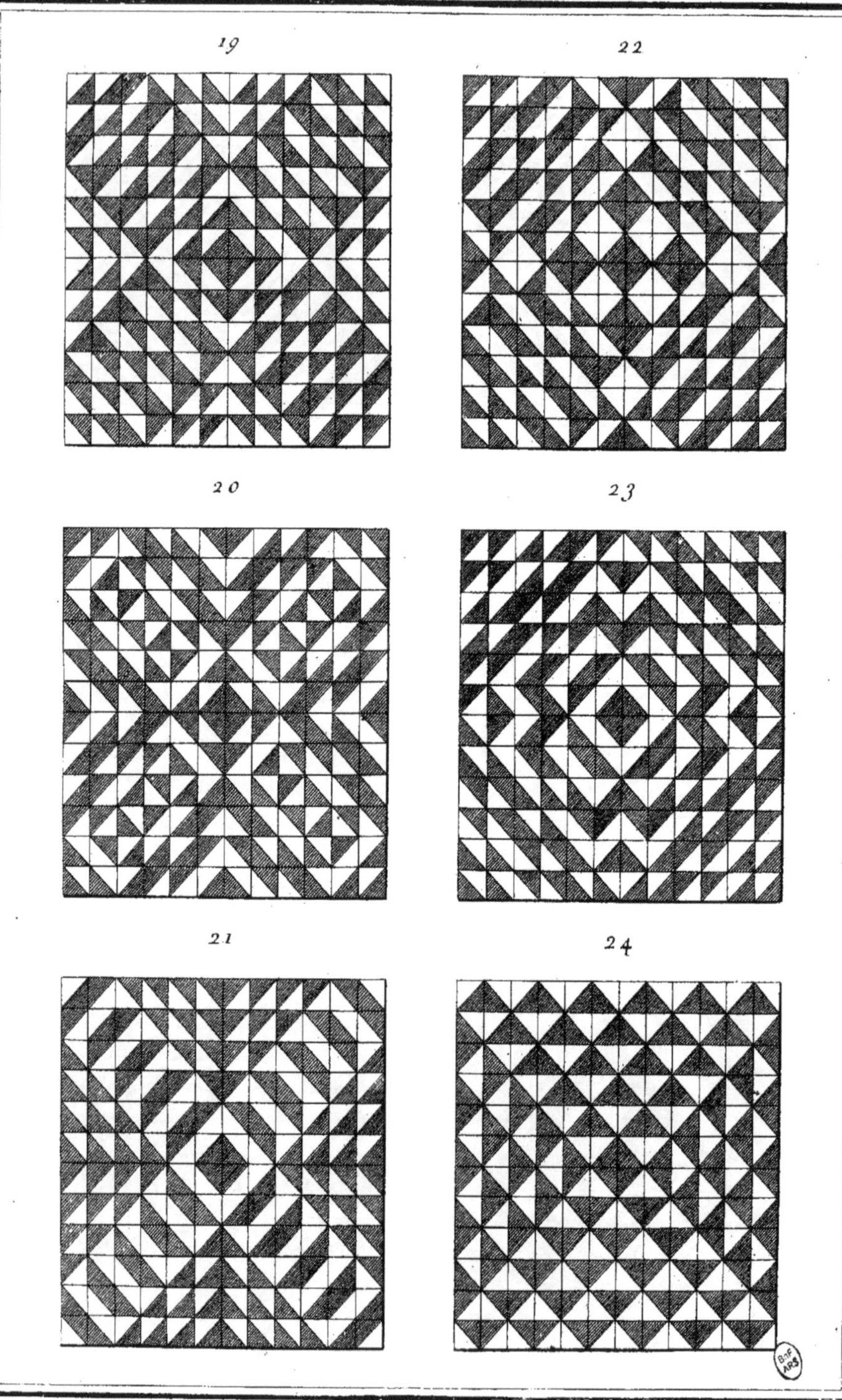
19
22
20
23
21
24

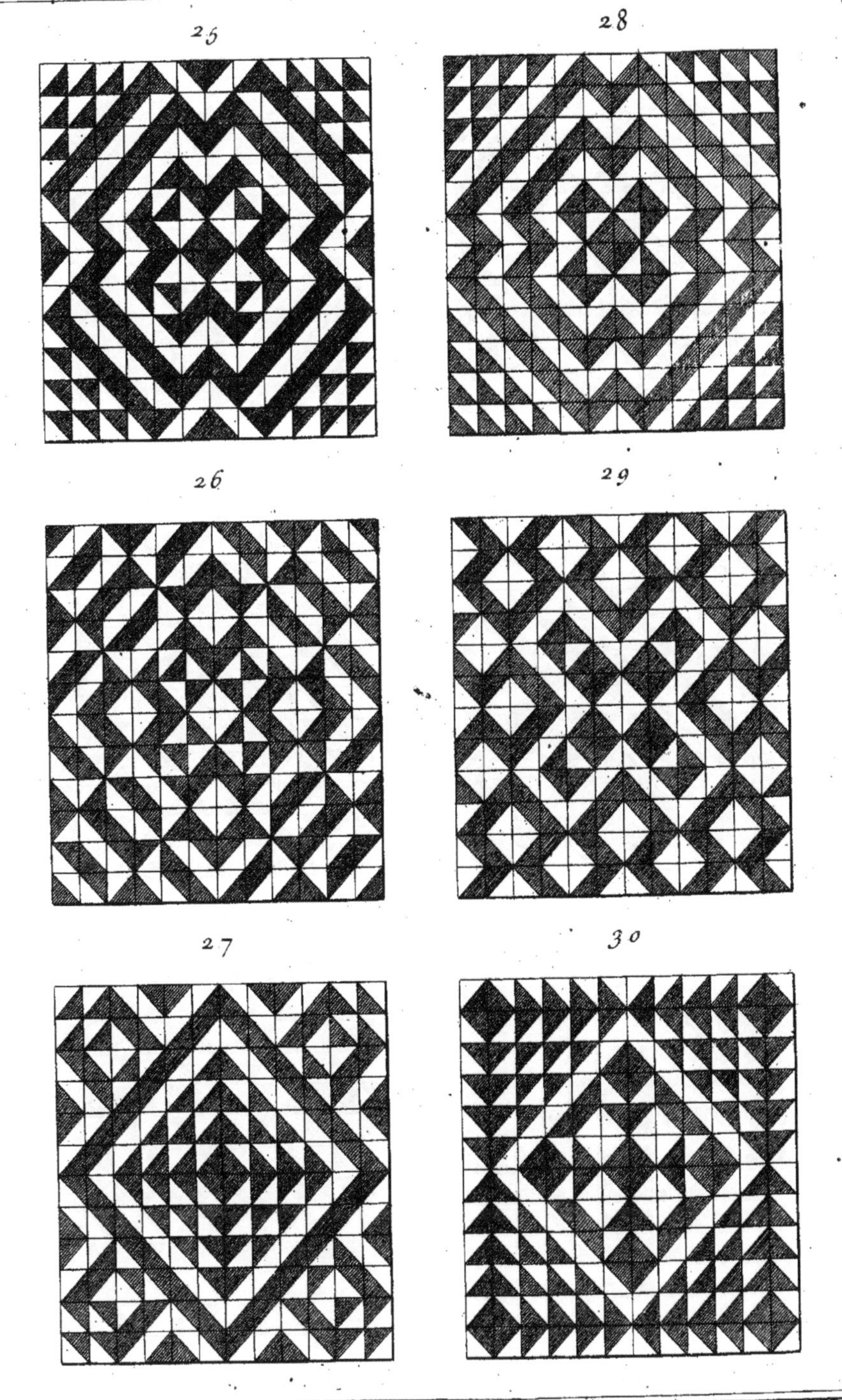
25
28
26
29
27
30

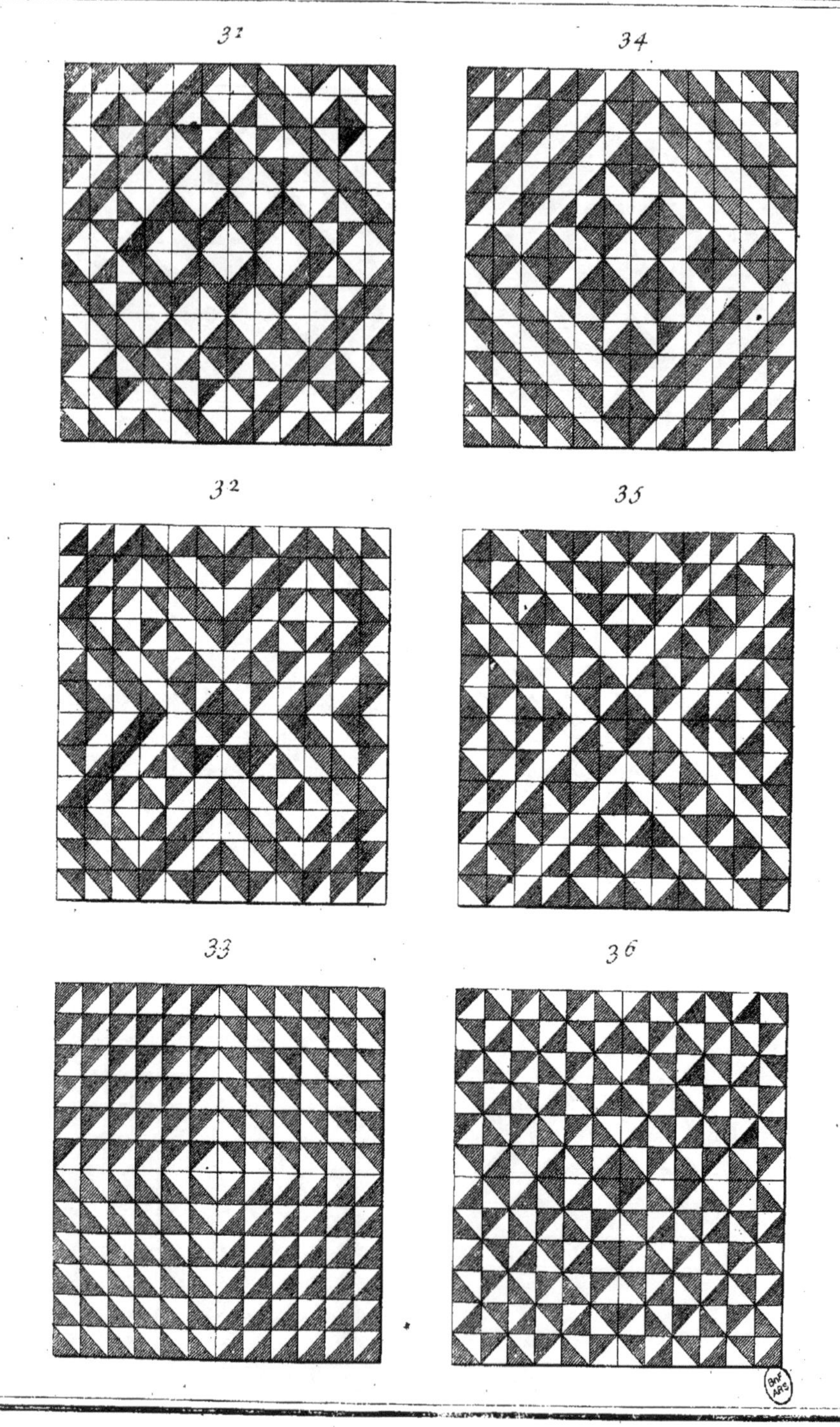
31
34
32
35
33
36

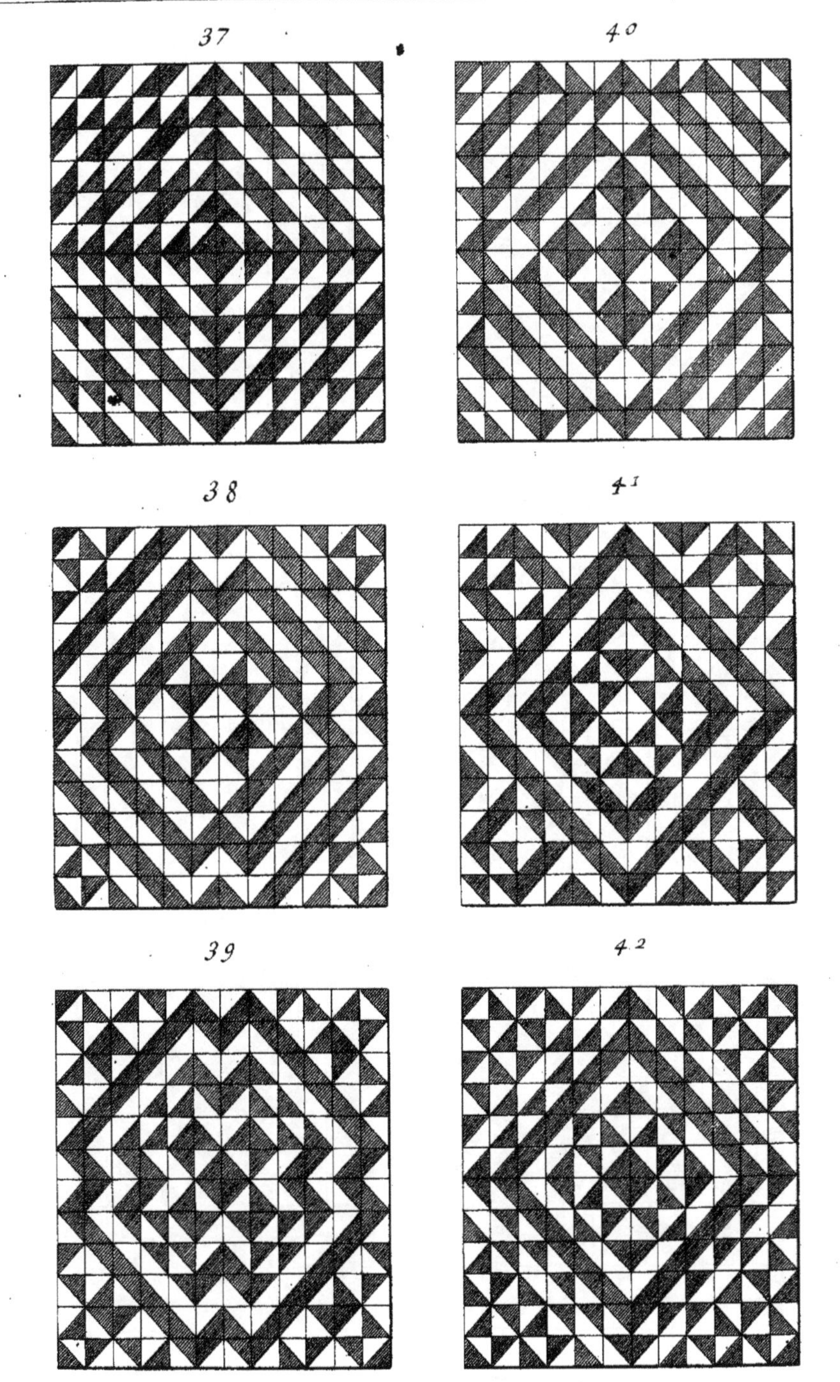
37
40
38
41
39
42

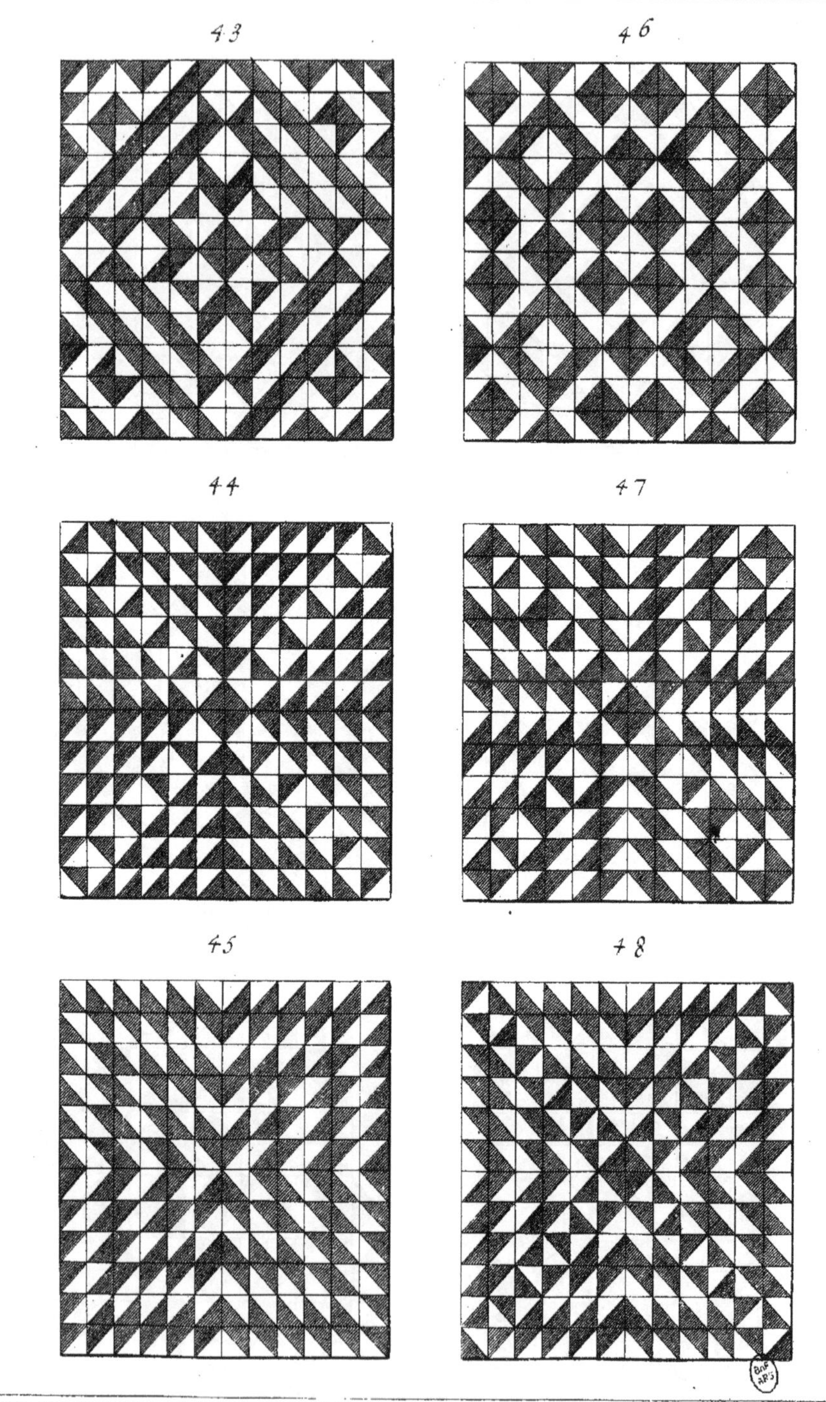
43
46
44
47
45
48

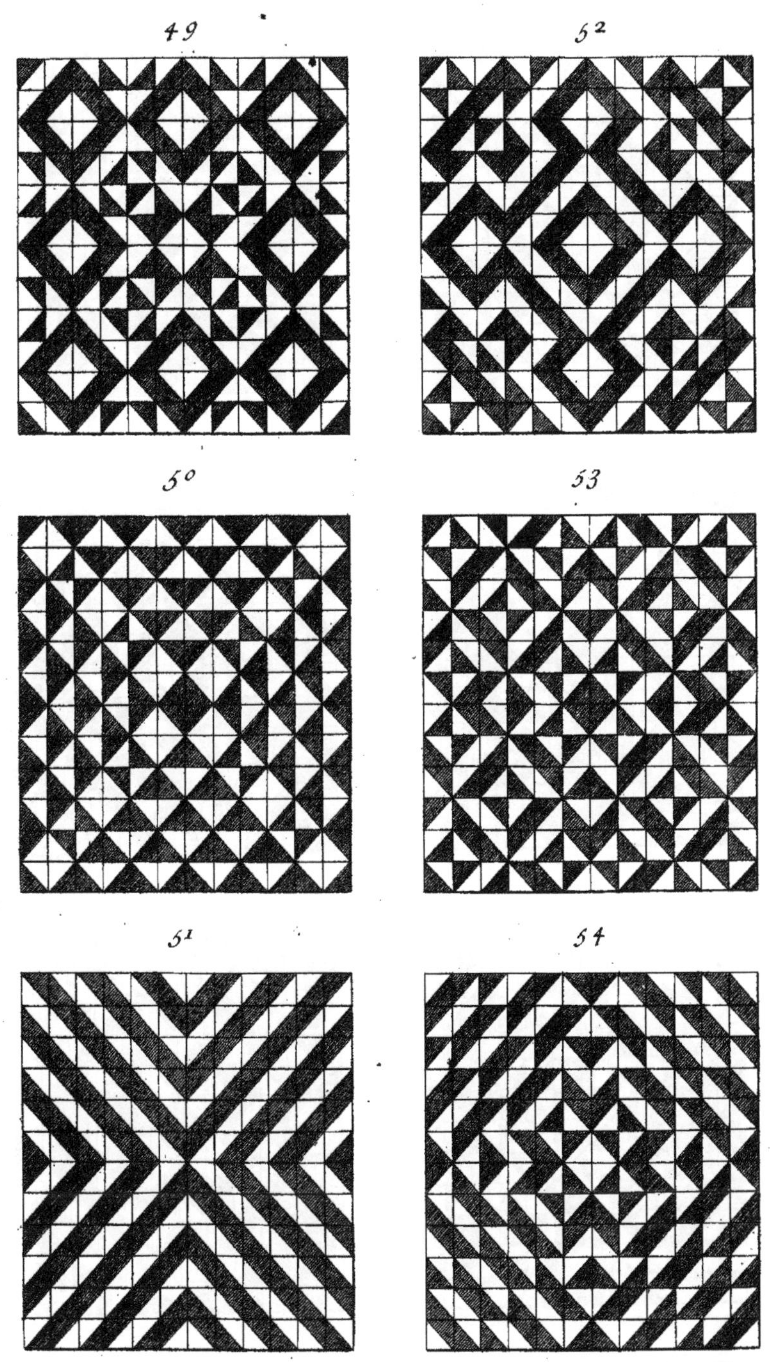
49
52
50
53
51
54

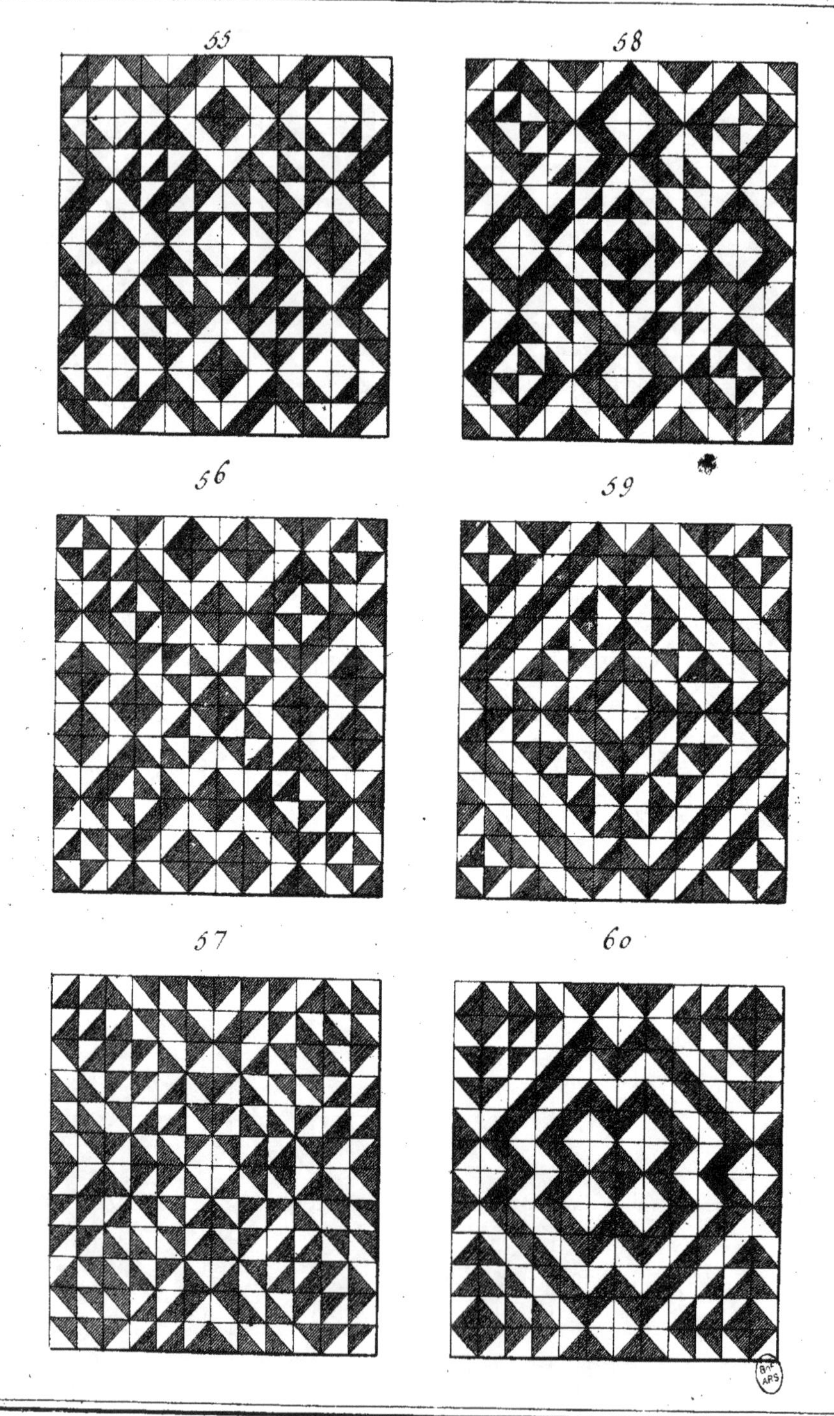
55
58
56
59
57
60

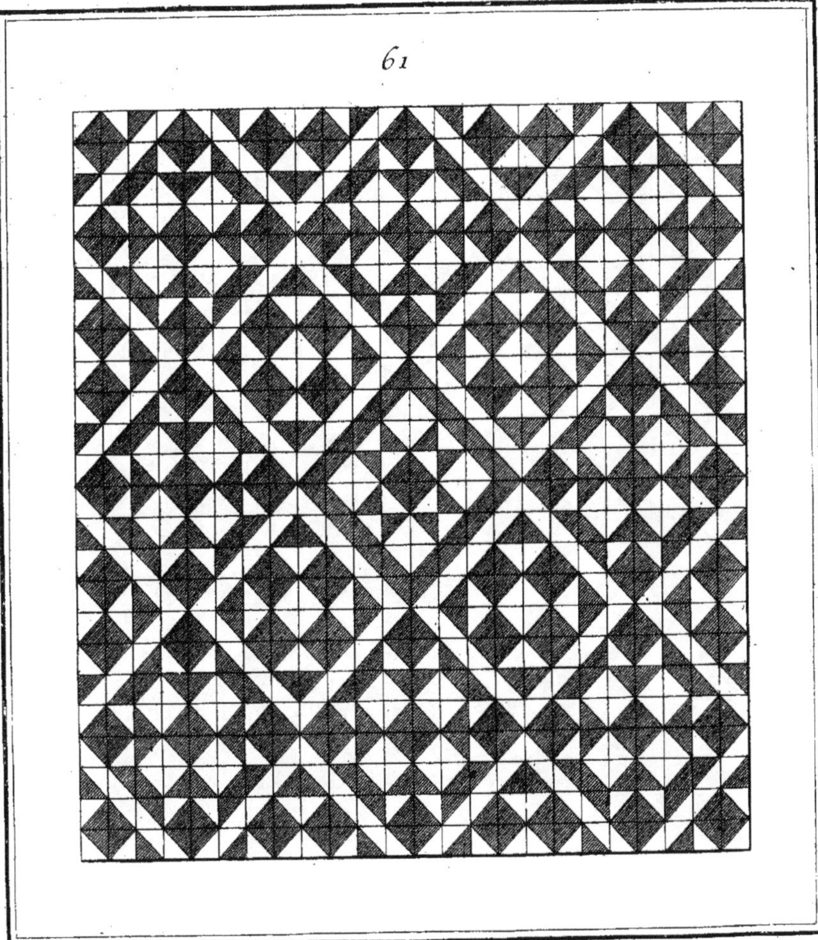
61

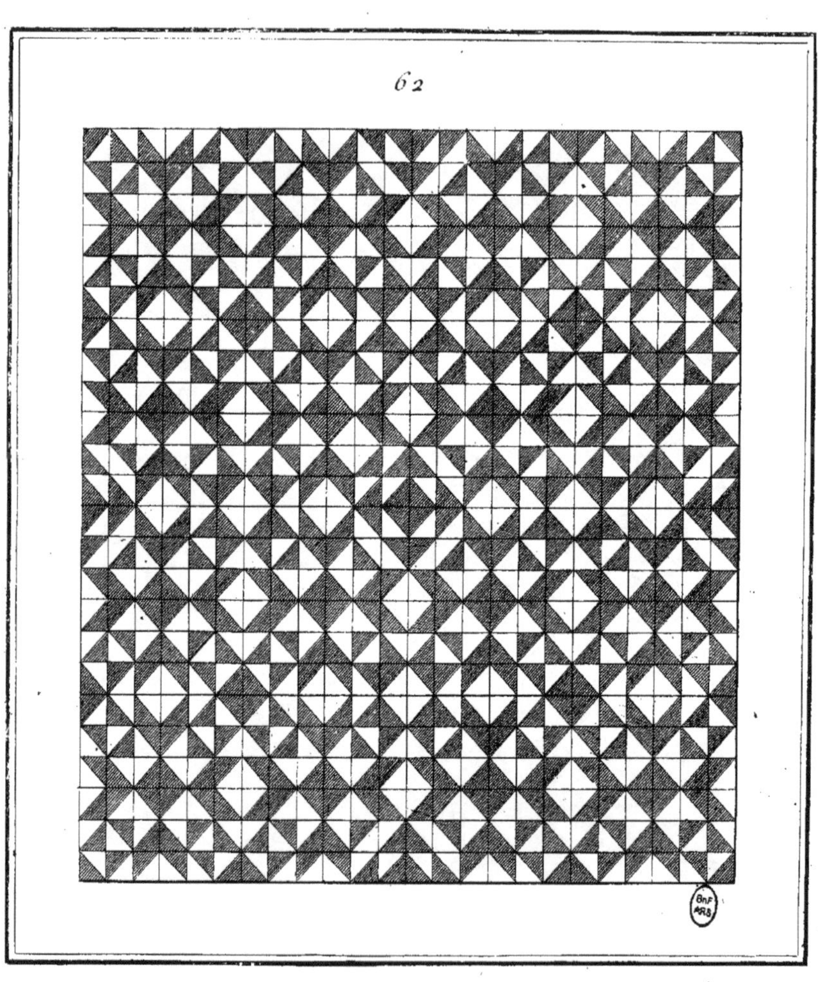
62

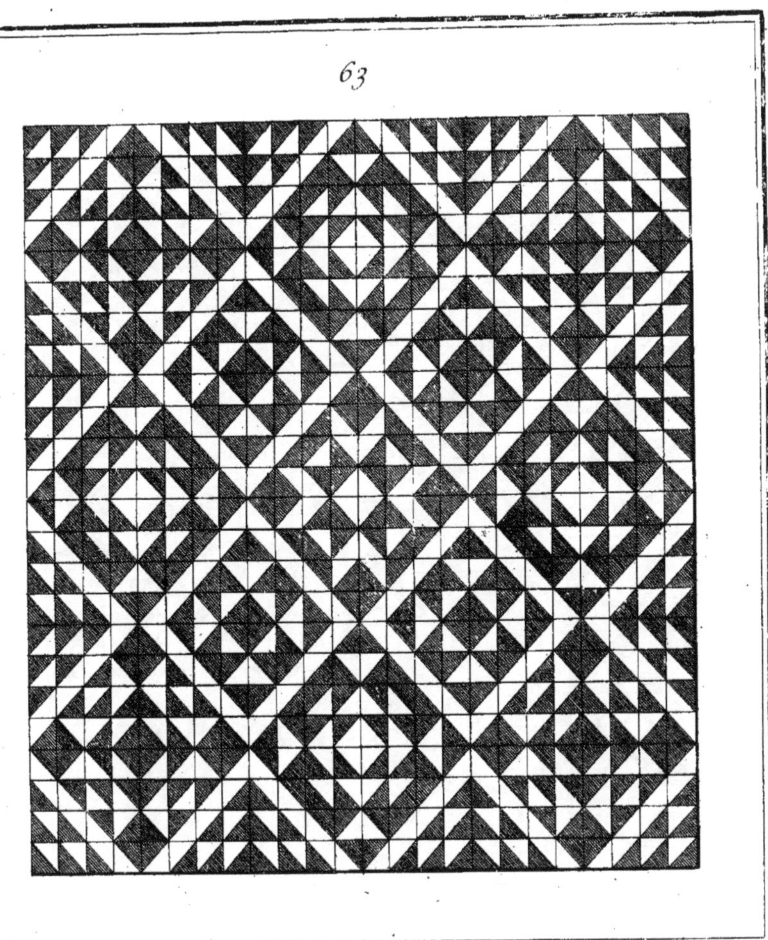
63

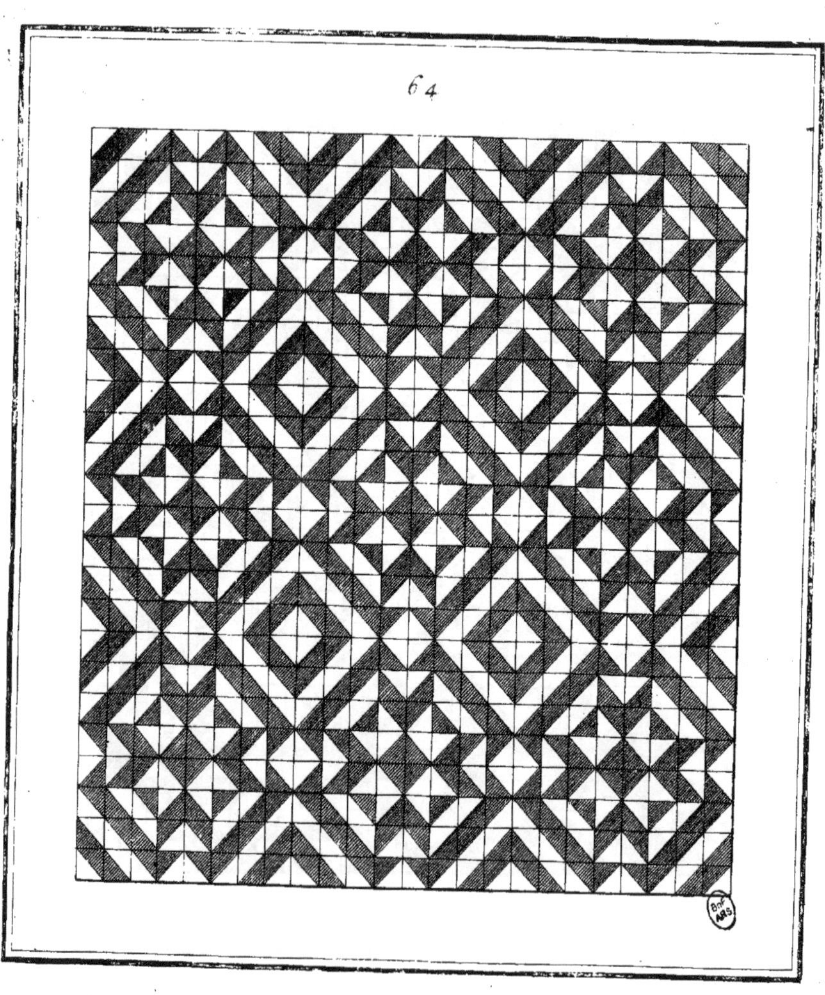
64

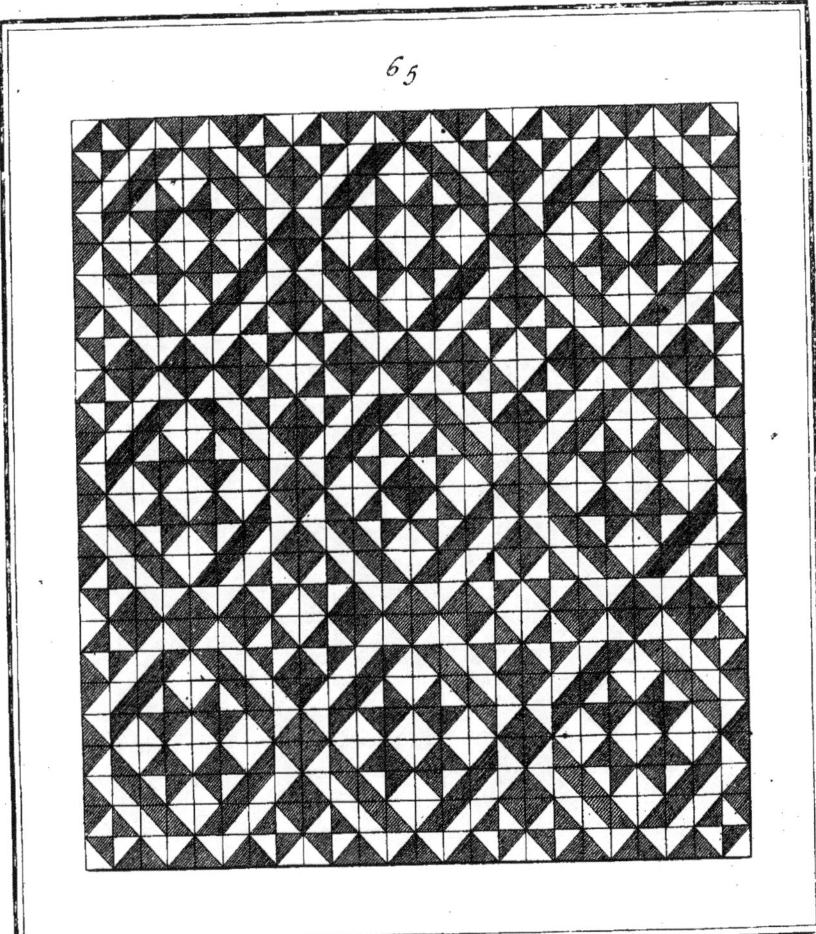
65

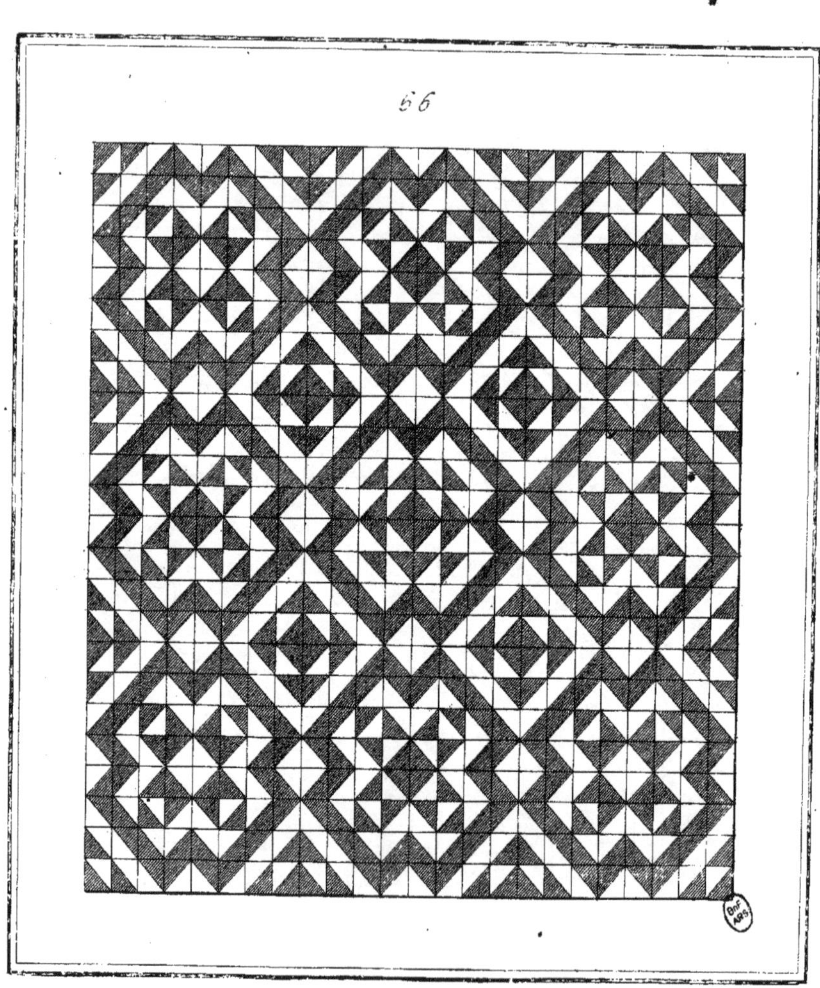
56

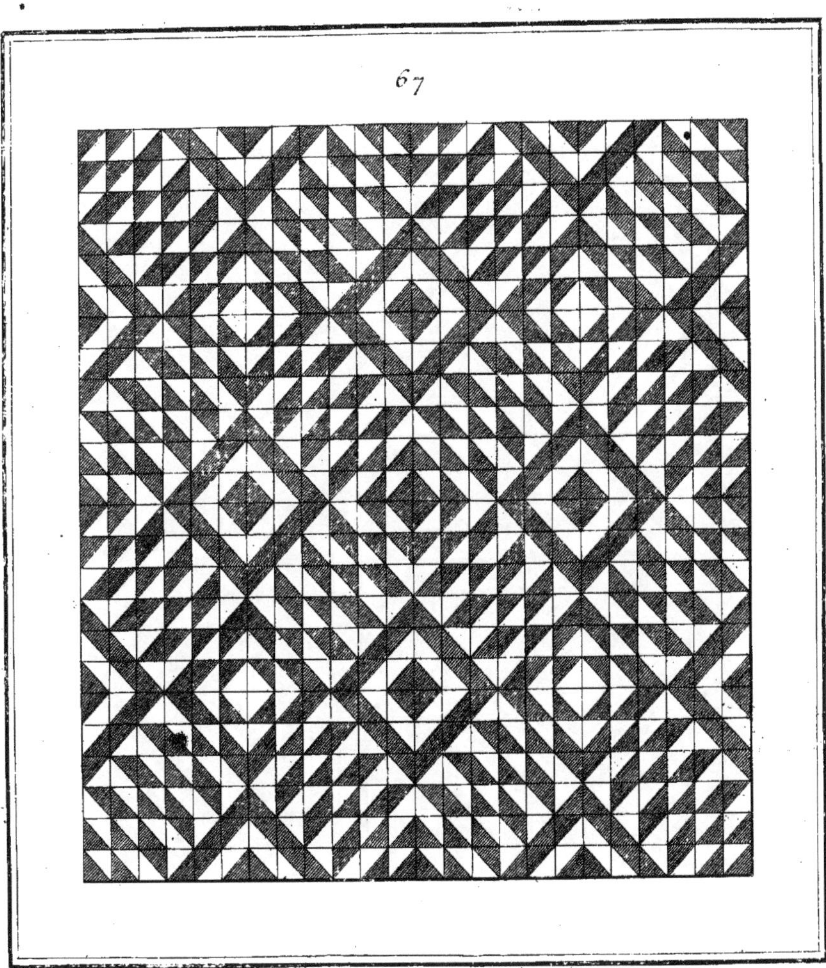
67

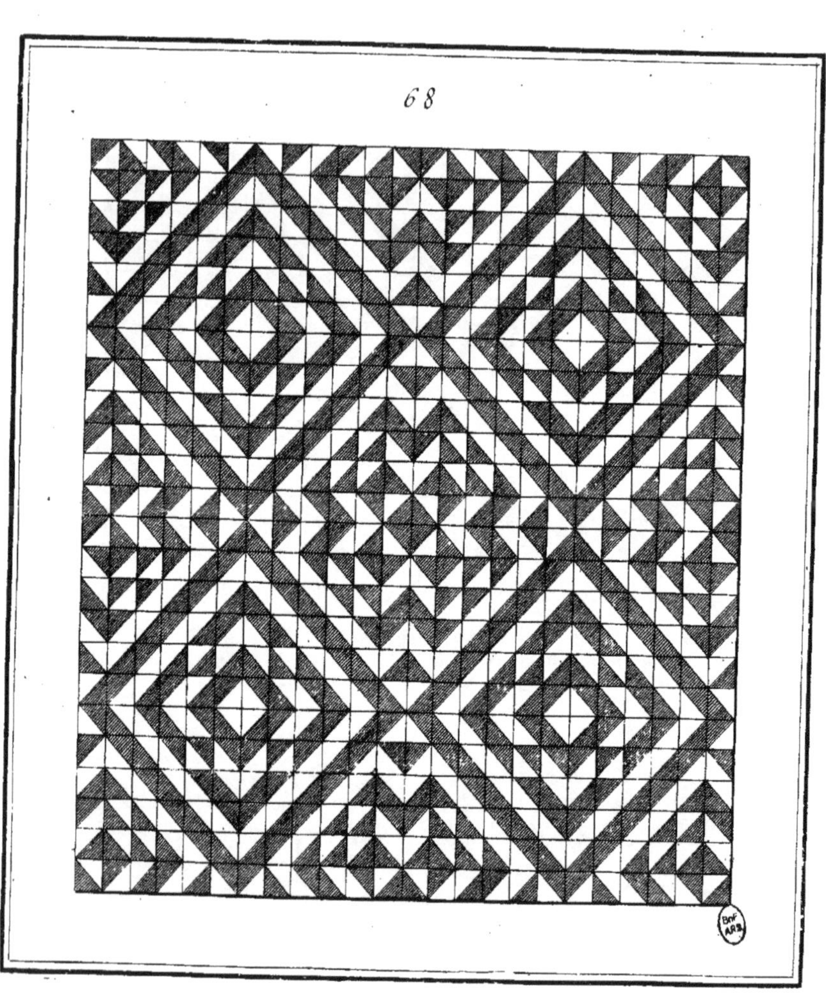
68

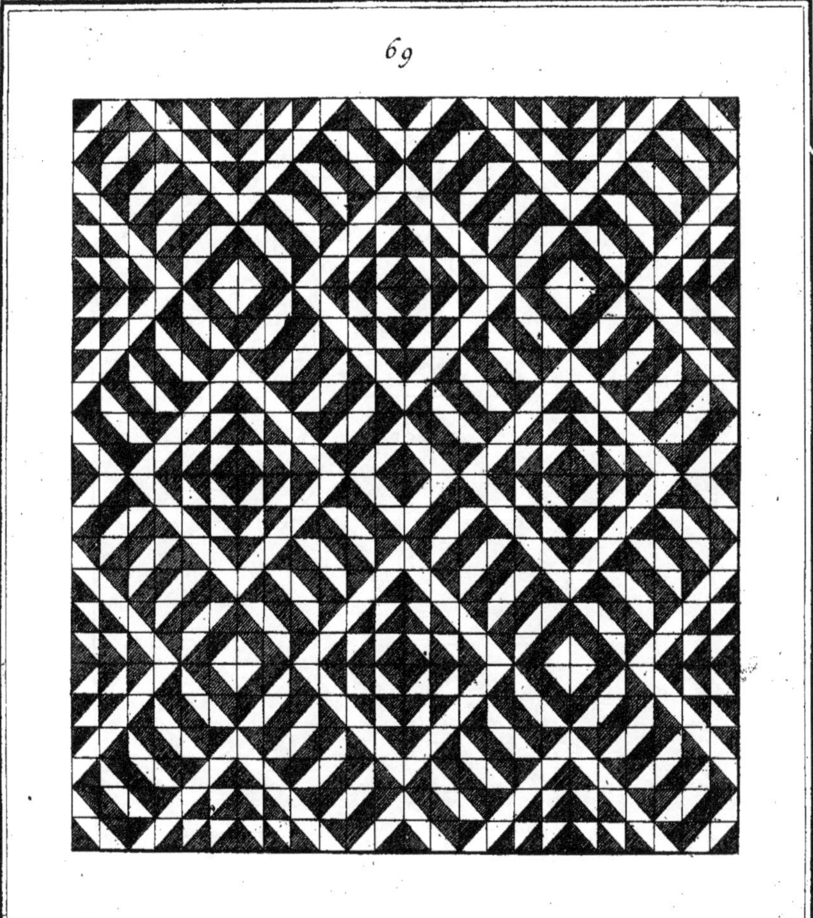
69

70

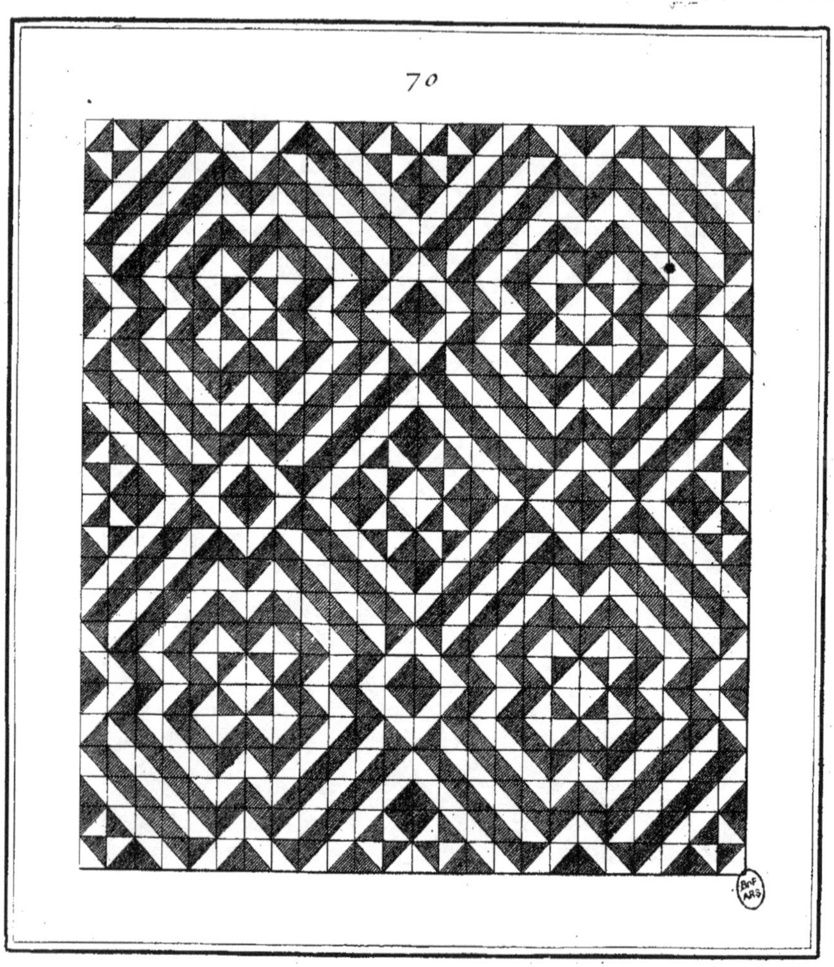

71

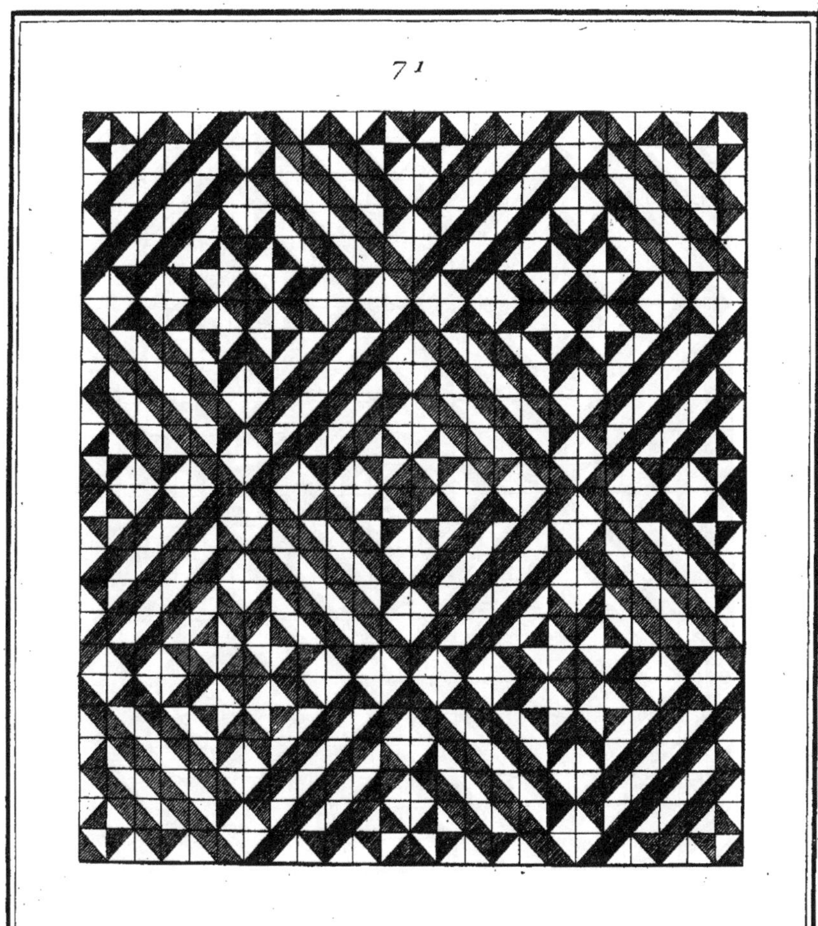

72

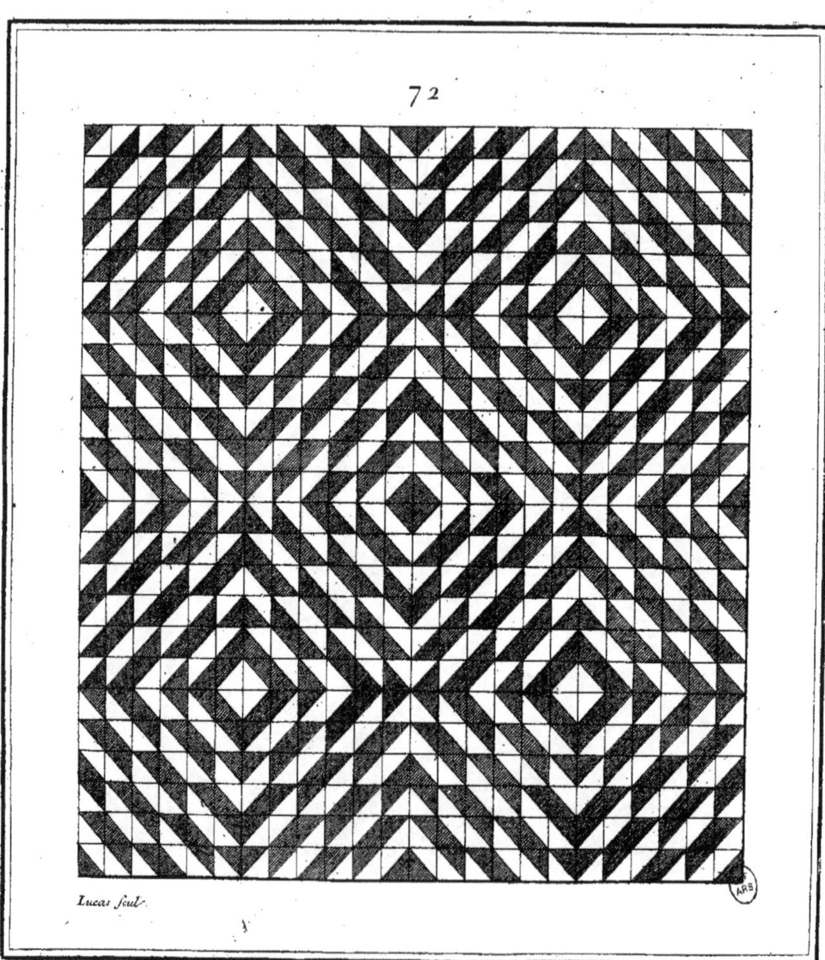

Lucas sculp.

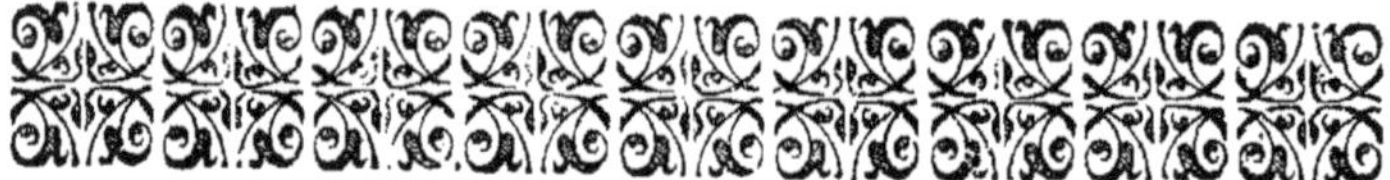

EXPLICATION
DES DESSEINS CI-DESSUS FIGUREZ.

AVERTISSEMENT.

TOUS les Desseins figurez, ou à figurer peuvent être expliquez en prenant les carreaux A, B, C, D, un à un, ou deux à deux, ou trois à trois, ou quatre à quatre; ainsi chaque Table en particulier peut servir pour expliquer tous les desseins possibles. Si l'on prend les carreaux un à un, l'on aura recours à la premiere Table, fol. 8. Si deux à deux, à la seconde, aussi fol. 8. Si trois à trois, à la troisiéme, fol. 9. Si quatre à quatre, à la quatriéme, qui commence fol. 10, & finit à fol. 13.

Nous prendrons les carreaux A, B, C, D, quatre à quatre, partant nous expliquerons tous les desseins avec les permutations marquées & figurées dans la quatriéme Table, qui commence fol. 10, & finit à fol. 13.

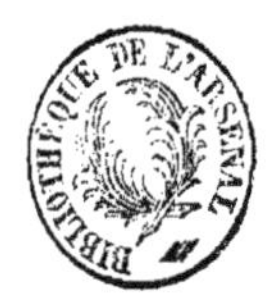

LE PREMIER DESSEIN

Est fait avec la cent vingt-sixiéme permutation, repetée de suite à la premiere rangée; & avec la cent quatre-vingts-douzieme, repetée aussi de suite à la seconde rangée; & ainsi de suite posant alternativement l'une & l'autre permutation à chaque rangée.

LE SECOND DESSEIN

Est construit avec la deux cens sixiéme permutation, repetée de suite à la premiere rangée; & avec la soixante-deuxiéme, repetée aussi de suite à la seconde rangée; & ainsi de suite mettant alternativement dans chaque rangée ces deux permutations.

LE TROISIE'ME DESSEIN

Eſt figuré avec la cent quarante-quatriéme permutation, repetée de ſuite à la premiere rangée; & avec la quatorziéme, repetée auſſi de ſuite à la ſeconde rangée, & ainſi de ſuite alternant ces mêmes permutations.

LE QUATRIE'ME DESSEIN

Eſt formé avec la deux cens ſixiéme permutation, repetée de ſuite à la premiere rangée: avec la ſeiziéme, repetée de ſuite à la ſeconde rangée: avec la ſoixante-dix-neuviéme, repetée de ſuite à la troiſiéme rangée: & avec la cent quarante-troiſiéme, repetée de ſuite à la quatriéme rangée, & ainſi de ſuite prenant alternativement ces quatre permutations.

LE CINQUIE'ME DESSEIN

Eſt fait avec la ſoixante-deuxiéme & la cent quatre-vingts-onziéme, alternées à la premiere rangée: avec la deux cens cinquante-ſixiéme, & la cent vingt-quatriéme permutations alternées à la ſeconde rangée: avec la cent quatre-vingts-onziéme & la ſoixante-deuxiéme, alternées à la troiſiéme rangée: & avec la cent vingt-quatriéme & la deux cens cinquante-ſixiéme, alternées à la quatriéme rangée, & ainſi de ſuite.

LE SIXIE'ME DESSEIN

Eſt conſtruit avec la deux cens ſixiéme permutation, repetée de ſuite à la premiere rangée: avec la ſoixante-deuxiéme, repetée de ſuite à la ſeconde rangée: avec la cent vingt-quatriéme, repetée de ſuite à la troiſiéme rangée; & avec la cent quarante-troiſiéme, repetée de même à la quatriéme rangée, & ainſi de ſuite repetant ces mêmes permutations.

LE SEPTIE'ME DESSEIN

Eſt figuré avec la deux cens cinquante-troiſiéme permutation, repetée de ſuite à la premiere rangée: avec la cinquante-neuviéme permutation, repetée de même à la ſeconde rangée: avec la cent vingt-ſeptiéme permutation, repetée de ſuite à la troiſiéme rangée; & avec la cent quatre-vingt-huitiéme, auſſi repetée de ſuite à la quatriéme rangée, & ainſi de ſuite, repetant les mêmes permutations.

LE HUITIE'ME DESSEIN

Eſt formé avec la cent vingt-quatriéme permutation, repetée de ſuite à la premiere rangée: avec la deux cens troiſiéme, repetée de même à la ſeconde rangée: avec la cent quarantiéme, repetée de ſuite à la troiſiéme rangée, & avec la ſoixante-deuxiéme, repetée de ſuite à la quatriéme rangée ; & ainſi de ſuite repetant alternativement les mêmes permutations.

LE NEUVIE'ME DESSEIN

Eſt conſtruit avec la ſoixante-dix-neuviéme permutation, repetée de ſuite à la premiere rangée : avec la cinquante-neuviéme, repetée de même à la ſeconde rangée : avec la cent vingt-ſeptiéme, repetée de ſuite à la troiſiéme rangée : avec la vingt-neuviéme permutation, la cent quatre-vingts-huitiéme & la cent quatre-vingts-cinquiéme, miſes à la quatriéme rangée : avec la quatre-vingts-onziéme permutation, la deux cens cinquante-troiſiéme & la deux cens cinquantiéme, placées à la cinquiéme rangée : avec la ſeiziéme permutation, repetée de ſuite à la ſixieme rangée : avec la ſoixante-dix-neuviéme permutation, repetée de même à la ſeptiéme rangée : avec la vingt-neuviéme permutation, la cent quatre-vingts-huitiéme & la cent quatre vingts-cinquiéme, poſées à la huitiéme rangée : avec la quatre-vingts-onziéme permutation, la deux cens cinquante-troiſiéme & la deux cens cinquantiéme, poſées à la neuviéme rangée ; la dixiéme rangée eſt ſemblable à la ſeconde, la onziéme à la troiſiéme, & la douziéme à la ſixiéme.

LE DIXIE'ME DESSEIN

Eſt fait avec la ſoixante-cinquiéme, la deux cens troiſiéme & la cent vingt-neuviéme permutation, miſes à la premiere rangée : avec la ſoixante-huitiéme, la cent vingt-quatriéme & la trente-neuviéme permutation, poſées à la ſeconde rangée : avec la ſoixante-onziéme, la deux cens troiſiéme & la cent trente-ſixiéme permutation, placées à la troiſiéme rangée : avec la quatre-vingtiéme, la deux cens troisiéme & la quinziéme permutation, mises à la quatriéme rangée : avec la deux cens-uniéme, la deux cens troisiéme & la sixiéme permutation, posées à la cinquiéme rangée : avec la cent quatre-vingts-treiziéme, la deux cens troisiéme & la premiere permutation, placées à la sixiéme rangée : avec la cent vingt-neuviéme, la cent quarantiéme & la soixante-cinquiéme, mises à la septiéme rangée : avec la cent trente sixiéme, la cent quarantiéme & la soixante-onziéme, posées à la huitiéme rangée : avec la quinziéme, la cent quarantiéme & la quatre-vingtiéme, placées à la neuviéme rangée : avec la sixiéme, la cent quarantiéme & deux cens-uniéme, mises à la dixiéme rangée : avec la troisiéme, la cent quarantiéme & la cent quatriéme, posées à l'onziéme rangée : enfin avec la premiere, la cent quarantiéme & la cent quatre-vingts-treiziéme, placées à la douziéme rangée.

LE ONZIE'ME DESSEIN

Est formé avec la deux cens cinquante-sixiéme permutation, repetée de suite à la premiere rangée : avec la quatre-vingts-quatriéme, la cent vingt-quatriéme & la cent quatorziéme permutation, mises à la seconde rangée : avec la soixante-quatriéme permutation, la deux cens cinquante-sixiéme & la cent quatre-vingts-septiéme, posées à la troisiéme rangée : avec la cent quatre-vingts-septiéme permutation, la cent vingt-quatriéme & la soixante-quatriéme, placées à la quatriéme rangée : avec la deux cens septiéme permutation, la deux cens cinquante-troisiéme & la cent quarante-deuxiéme, mises à la cinquiéme rangée : avec la quatre-vingtiéme permutation, la seiziéme & la quinziéme, posées à la sixiéme rangée : avec la quinziéme permutation, la soixante-dix-neuviéme & la quatre-vingtiéme, placées à la septiéme rangée : avec la cent quarante-deuxiéme permutation, la cent quatre-vingts-huitiéme & la deux cens septiéme, posées à la huitiéme rangée : avec la deux cens cinquante-quatriéme permutation, la soixante-deuxiéme & la cent vingt-cinquiéme, mises à la neuviéme rangée : avec la cent vingt-cinquiéme permutation, la cent quatre-vingts-onziéme & la deux cens cinquante-quatriéme, posées à ladixiéme rangée : avec la vingt-deuxiéme permutation, la soixante-deuxiéme & la cinquante-deuxiéme, placées à l'onziéme rangée : enfin avec la cent quatre-vingts-onziéme permutation, repetée de suite à la douziéme rangée.

LE DOUZIE'ME DESSEIN

Est figuré avec la deux cens cinquante-sixiéme permutation, repetée de suite à la premiere rangée : avec la quatre-vingts-quatriéme, la cent vingt-quatriéme & la cent quatorziéme permutation, mises à la seconde rangée : avec la cinquante-deuxiéme permutation, la cent vingt-quatriéme & la vingt-deuxiéme, placées à la troisiéme rangée : avec la cent quatre-vingts-onziéme permutation, la deux cens-cinquante-troisiéme & la cent quatre-vingts onziéme, encore posées à la quatriéme rangée : avec la deux cens dixiéme permutation, la deux cens troisiéme & la dix-huitiéme, mises à la cinquiéme rangée : avec la cent neuviéme permutation, la deux cens troisiéme & la deux cens trente-quatriéme, placées à la sixiéme rangée : avec la quarante-troisiéme, la cent quarantiéme & la cent soixante-douziéme permutation, posées à la septiéme rangée : avec la cent quarante-cinquiéme, la cent quarantiéme & la quatre-vingts-troisiéme permutation, mises à la huitiéme rangée : avec la deux cens cinquante sixiéme, la cent quatre-vingts-huitiéme & la deux cens cinquante-sixiéme, encore posées à la neuviéme rangée : avec la cent quatorziéme, la soixante-deuxiéme & la quatre-vingts-quatriéme permutation, placées à la dixiéme rangée : avec la vingt-deuxiéme, la soixante-deuxiéme & la cinquante-deuxiéme permutation, mises à l'onziéme rangée : enfin avec la cent quatre-vingts-onziéme permutation, repetée de suite à la douziéme & derniere rangée.

LE TREIZIE'ME DESSEIN

Est fait avec la quatre-vingts-troisiéme, la deux cens troisiéme & la cent quarante-cinquiéme permutation, mises à la premiere rangée : avec la deux cens uniéme, la cent vingt-quatriéme & la sixiéme permutation, placées à la seconde rangée : avec la cent quatre-vingts-dix-huitiéme, la deux cens cinquante-sixiéme & la neuviéme permutation, posées à la troisiéme rangée : avec la quatre-vingts-troisiéme, la deux cens troisiéme & la cent quarante-cinquiéme permutation, mises à la quatriéme rangée : la cinquiéme rangée est semblable à la seconde : & la sixiéme à la troisiéme rangée : avec la cent trente-troisiéme, la cent quatre-vingt-onziéme & la soixante-quatorziéme permutation, posées à la septiéme rangée : avec la cent trente-sixiéme, la soixante-deuxiéme & la soixante-onziéme permutation, placées à la huitiéme rangée : avec la dix-huitiéme, la cent quarantiéme & la deux cens dixiéme permutation, mises à la neuviéme rangée : la dixiéme rangée est semblable à la septiéme : la onziéme est semblable à la huitiéme : & la douziéme rangée est semblable à la neuviéme.

LE QUATORZIE'ME DESSEIN

Est construit avec la cent neuviéme, la deux cens sixiéme & la deux cens trente-quatriéme permutation, mises à la premiere rangée : avec la deux cens quatriéme, la cent quarante-troisiéme & la cent trente-neuviéme permutation, posées à la seconde rangée : avec la deux cens dixiéme, la deux cens sixiéme & la dix-huitiéme permutation, placées à la troisiéme rangée : avec la cent quatre-vingtiéme, la soixante-seiziéme & la vingt-uniéme permutation, mises à la quatriéme rangée : avec la deux cens dix-huitiéme, la soixante-dix-neuviéme & la cent quatre-vingt-deuxiéme, posées à la cinquiéme rangée ; avec la cent quarante-troisiéme, la seiziéme & la cent quarante-troisiéme, encore placées à la sixiéme rangée : avec la deux cens sixiéme, la soixante dix-neuviéme, & la deux cens sixiéme, encore mises à la septiéme rangée : avec la cent cinquante-cinquiéme, la seiziéme & la deux cens quarante-huitiéme permutation, posées à la huitiéme rangée : avec la deux cens quarante-troisiéme, la treiziéme & la quatre-vingts-septiéme, placées à la neuviéme rangée : avec la cent quarante-cinquiéme, la cent quarante-troisiéme & la quatre-vingts-troisiéme, mises à la dixiéme rangée : avec la cent trente neuviéme, la deux cens sixiéme & la deux cens quatriéme, posées à l'onziéme rangée : avec la quarante-troisiéme, la cent-quarante-troisiéme & la cent soixante-douziéme, placées à la douziéme rangée.

LE QUINZIE'ME DESSEIN

Eſt figuré avec la cent quatriéme, la ſeiziéme & la troiſiéme permutation, miſes à la premiere rangée : avec la cent quatre-vingts-treziéme, la ſeiziéme & la premiere permutation, placées à la ſeconde, troiſiéme & quatriéme rangée : avec la cent vingt-neuviéme, la cent vingt-ſeptiéme & la ſoixante-cinquiéme, poſées à la cinquiéme rangée : avec la cent quatre-vingts-treiziéme, la cent quarante-troiſiéme & la premiere permutation, placées à la ſixiéme rangée : avec la cent vingt-neuviéme, la deux cens ſixiéme & la ſoixante-cinquiéme, miſes à la ſeptiéme rangée : avec la cent quatre vingts-treiziéme, la cinquante-neuviéme & la premiere permutation, miſes à la huitiéme rangée : avec la cent vingt-neuviéme, la ſoixante-dix-neuviéme & la ſoixante-cinquiéme permutation, placées à la neuviéme, dixiéme & onziéme rangée : avec la trente-neuviéme, la ſoixante-dix-neuviéme & la ſoixante-huitiéme permutation, poſées à la douziéme rangée.

LE SEIZIE'ME DESSEIN.

Eſt formé avec la quatre-vingts-troiſiéme, la cent vingt-quatriéme & la cent quarante-cinquiéme permutation, miſes à la premiere, quatriéme & cinquiéme rangée : avec la deux cens dixiéme, la deux cens cinquante-ſixiéme & la dix-huitiéme permutation, placées à la ſeconde, troiſiéme & ſixiéme rangée : avec la quarante-cinquiéme, la cent quatre-vingts-onziéme & la quatre-vingts-troiſiéme, poſées à la ſeptiéme, dixiéme & onziéme rangée : avec la dix-huitiéme, la ſoixante-deuxiéme & la deux cens dixiéme permutation, miſes à la huitiéme, neuviéme & douziéme rangée.

LE DIX-SEPTIE'ME DESSEIN

Eſt fait avec la cent quatre-vingts-dix-huitiéme, la deux cens cinquante-ſixiéme & la neuviéme permutation, miſes à la premiere rangée : avec la deux cens uniéme, la ſoixante-ſeiziéme & la ſixiéme permutation, placées à la ſeconde rangée : avec la quatre-vingts-troiſiéme, la deux cens ſixiéme & la cent quarante-cinquiéme permutation, poſées à la troisiéme rangée : avec la cent quatre-vingts-dix-huitiéme, la soixante-seiziéme & la neuviéme permutation, mises à la quatriéme rangée : avec la deux cens septiéme, la cent vingt-septiéme & la cent quarante-deuxiéme permutation, placées à la cinquiéme rangée : avec la soixante-dixiéme, la cent quatre-vingts-huitiéme & la cent trente-septiéme permutation, posées à la sixiéme rangée : avec la septiéme, la deux cens cinquante-troisiéme & la deux centiéme permutation, mises à la septiéme rangée : avec la cent quarante-deuxiéme, la cinquante-neuviéme & la deux cens septiéme permutation, posées à la huitiéme rangée : avec la cent trente-troisiéme, la treiziéme & la soixante-quatorziéme permutation, placées à la neuviéme rangée : avec la dix-huitiéme, la cent quarante-troisiémé & la deux cens dixiéme permutation, mises à la dixiéme rangée : avec la cent trente-sixiéme, la treiziéme & la soixante-onziéme permutation, placées à l'onziéme rangée : avec la cent trente-troisiéme, la cent quatre-vingts-onziéme & la soixante-quatorziéme permutation, posées à la douziéme rangée.

LE DIX-HUITIE'ME DESSEIN

Est figuré avec la soixante-huitiéme, la cent vingt-quatriéme & la trente-neuviéme permutation, mises à la premiere rangée : avec la quatre-vingts-troisiéme & la cent vingt-quatriéme & la cent quarante-cinquiéme permutation, posées à la seconde rangée : avec la quatre-vingtiéme, la deux cens cinquante-sixiéme & la quinziéme permutation, placées à la troisiéme rangée : avec la deux cens dixiéme, la cent vingt-septiéme & la dix-huitiéme permutation, mises à la quatriéme rangée : avec la quatre-vingts-troisiéme, la deux cens sixiéme & la cent quarante-cinquiéme permutation, posées à la cinquiéme rangée : avec la quatre-vingts-quinziéme, la cent quarante-troisiéme & la cent dix-neuviéme permutation, placées à la sixiéme rangée : avec la trentiéme, la deux cens sixiéme & la cinquante-septiéme permutation, mises à la septiéme rangée : avec la dix-huitiéme, la cent quarante-troisiéme & la deux cens dixiéme permutation, placées à la huitiéme rangée : avec la cent quarante-cinquiéme, la cinquante-neuviéme & la quatre-vingts-troisiéme permutation,

mutation, posées à la neuviéme rangée : avec la quinziéme, la cent quatre-vingt-onziéme, & la quatre-vingtiéme permutation, mises à la dixiéme rangée, avec la dix-huitiéme, la soixante-deuxiéme & la deux cens dixiéme permutation, posées à l'onziéme rangée : & enfin avec la troisiéme, la soixante-deuxiéme & la cent quatriéme permutation, placées à la douziéme rangée.

LE DIX-NEUVIE'ME DESSEIN

Est formé avec la deux cens treiziéme, la treiziéme & la deux cens quarantiéme permutation, mises à la premiere rangée : avec la cent quatre-vingts-quinziéme, la treiziéme & la cent soixante-sixiéme permutation, placées à la seconde rangée : avec la cent quatriéme, la cent vingt-septiéme & la troisiéme permutation, posées à la troisiéme rangée : avec la cent quatre-vingtiéme, la deux cens cinquante-sixiéme & la vingt-uniéme, mises à la quatriéme rangée : avec la cent cinquante-deuxiéme, la deux cens troisiéme & la quarante-septiéme permutation, posées à la cinquiéme rangée : avec la cent trente-uniéme, la deux cens troisiéme & la cent soixante-septiéme permutation placées à la sixiéme rangée : avec la cent quatre-vingts-quatorziéme, la cent quarantiéme & la deux cens trentiéme permutation, mises à la septiéme rangée : avec la deux cens seiziéme, la cent quarantiéme & la cent douziéme permutation, placées à la huitiéme rangée, avec la deux cens quarante-troisiéme, la cent quatre-vingts-onziéme & la quatre-vingts-septiéme permutation, posées à la neuviéme rangée : avec la trente-neuviéme, la cinquante-neuviéme & la soixante-huitiéme permutation, mises à la dixiéme rangée : avec la cent trentiéme, la soixante-seiziéme & la deux cens trente-uniéme permutation, posées à l'onziéme rangée : enfin avec la cent quarante-huitiéme, la soixante-seiziéme & la cent soixante-dix-huitiéme permutation, placées à la douziéme rangée.

LE VINGTIE'ME DESSEIN

Est construit avec la quatre-vingts-cinquiéme, la soixante-deuxiéme & la deux cens quarante-quatriéme permutation, mises à la premiere rangée : avec la cent quatorziéme, la cent quatre-vingts-onziéme & la quatre-vingts-quatriéme permutation, poſées à la ſeconde rangée : avec la cinquiéme, la cent quatre-vingts-onziéme & la deux cens deuxiéme permutation, poſées à la troiſiéme rangée : avec la cent cinquante-ſixiéme, la cent quarantiéme & la cinquante-quatriéme permutation, miſes à la quatriéme rangée : avec la cent ſoixante-ſixiéme, la cent vingt-quatriéme & la cent quatre-vingts-quinziéme permutation, miſes à la cinquiéme rangée : avec la dix-huitiéme, la deux cens troiſiéme & la deux cens dixiéme permutation, poſées à la ſixiéme rangée : avec la quatre-vingts-troiſiéme, la cent quarantiéme & la cent quarante-cinquiéme permutation, placées à la ſeptiéme rangée : avec la deux cens trente-uniéme, la ſoixante-deuxiéme & la cent trentiéme permutation, miſes à la huitiéme rangée : avec la deux cens vingt-deuxiéme, la deux cens troiſiéme & la cent dix-ſeptiéme permutation, poſées à la neuviéme rangée : avec la ſoixante-neuviéme, la deux cens cinquante-ſixiéme & la cent trente-huitiéme permutation, placées à la dixiéme rangée : avec la cinquante-deuxiéme, la deux cens cinquante-ſixiéme, & la vingt-deuxiéme permutation, miſes à l'onziéme rangée : enfin avec la vingt-troiſiéme, la cent vingt-quatriéme & la cent ſoixante-dix-neuviéme permutation, placées à la douziéme rangée.

LE VINGT-UNIE'ME DESSEIN

Eſt fait avec la deux cens quarante-quatriéme, la cent quarantiéme & la quatre-vingts-cinquiéme permutation, miſes à la premiere rangée : avec la quatre-vingts-quinziéme, la cent quarantiéme & la cent dix-neuviéme permutation, poſées à la ſeconde rangée, avec la cinquante-quatriéme, la cent quarantiéme & la cent cinquante-ſixiéme permutation, placées à la troiſiéme rangée : avec la vingt-deuxiéme, la ſoixante-dix-neuviéme & la cinquante-deuxiéme permutation, miſes à la quatriéme rangée : avec la ſeconde, la deux cens cinquante-ſixiéme & la cent ſoixante-huitiéme permutation, poſées à la cinquiéme rangée : avec la premiere, la cent vingt-quatriéme & la cent quatre-vingts-treiziéme, placées à la ſixiéme rangée : avec la ſoixante-cinquiéme, la ſoixante-deuxiéme & la cent vingt-neuviéme, miſes à la ſeptiéme rangée : avec la ſoixante-ſixiéme, la cent quatre-vingts-onziéme & la deux cens trente-deuxiéme, poſées à la huitiéme rangée : avec la quatre-vingt-quatriéme, la ſeiziéme & la cent quatorziéme permutation, placées à la neuviéme rangée : avec la cent dix-ſeptiéme, la deux cens troiſiéme & la deux cens vingt-deuxiéme permutation, miſes à la dixiéme rangée : avec la trentiéme, la deux cens troiſiéme & la cinquante-ſeptiéme, poſées à l'onziéme rangée : avec la cent ſoixante-dix-neuviéme, la deux cens troiſiéme & la vingt-troiſiéme, poſées à la douziéme rangée.

LE VINGT-DEUXIE'ME DESSEIN

Eſt formé avec la ſoixante-onziéme, la ſoixante-deuxiéme & la cent trente-ſixiéme permutation, miſes à la premiere rangée : avec la ſoixante-huitiéme, la ſoixante-ſeiziéme & la trente-neuviéme permutation, poſées à la ſeconde rangée, avec la deux cens trente-uniéme, la deux cens ſixiéme & la cent trentiéme permutation, placées à la troiſiéme rangée : avec la ſoixante-quatorziéme, la cent vingt-quatriéme & la cent trente-troiſiéme permutation, miſes à la quatriéme rangée : avec la cent quatre-vingts-quatriéme, la ſoixante-dix-neuviéme & la cent cinquante-quatriéme, poſées à la cinquiéme rangée : avec la cinquante-neuviéme, la ſeiziéme & la cinquante-neuviéme encore placées à la ſixiéme rangée : avec la cent vingt-ſeptiéme & la ſoixante-dix-neuviéme, poſées alternativement à la ſeptiéme rangée : avec la deux cens quarante-ſixiéme, la ſeiziéme & la deux cens dix-neuviéme, miſes à la huitiéme rangée : avec la neuviéme, la ſoixante-deuxiéme & la cent quatre-vingts-dix-huitiéme, poſées à la neuviéme rangée : avec la cent ſoixante-ſixiéme, la cent quarante-troiſiéme, placées à la dixiéme rangée : avec la troiſiéme, la treiziéme & la quatre-vingts-troiſiéme, miſes à l'onziéme rangée : enfin avec la ſixiéme, la cent vingt-quatriéme & la deux cens uniéme, placées à la douziéme rangée.

LE VINGT-TROISIE'ME DESSEIN

Eſt figuré avec la ſoixante-dix-ſeptiéme, la ſoixante-ſeiziéme & la douziéme permutation, miſes à la premiere rangée : avec la ſoixante-dix-ſeptiéme, la ſoixante-dix-neuviéme & la douziéme permutation posées à la seconde rangée : avec la deux cens quatriéme, la deux cens sixiéme & la cent trente-neuviéme permutation, placées à la troisiéme rangée : avec la deux cens quatriéme, la soixante-dix-neuviéme & la cent trente-neuviéme permutation, mises à la quatriéme rangée : avec la soixante-onziéme, la deux cens cinquante-sixiéme & la cent trente-sixiéme, posées à la cinquiéme rangée : avec la cent dix-septiéme, la cent vingt-quatriéme & la deux cens vingt-deuxiéme permutation, placées à la sixiéme rangée : avec la cinquante-quatriéme, la soixante-deuxiéme & la cent cinquante-sixiéme, mises à la septiéme rangée : avec la sixiéme, la cent quatre-vingt-onziéme & la deux cens uniéme, posées à la huitiéme rangée : avec la cent trente-neuviéme, la seiziéme & deux cens quatriéme, placées à la neuviéme rangée : avec la cent trente-neuviéme, la cent quarante-troisiéme & la deux cens quatriéme, mises à la dixiéme rangée : avec la douziéme, la seiziéme & la soixante-dix-septiéme, posées à l'onziéme rangée : enfin avec la douziéme, la treiziéme & la soixante-dix-septiéme permutation, placées à la douziéme rangée.

LE VINGT-QUATRIE'ME DESSEIN

Est fait avec la deux cens sixiéme permutation, repetée de suite à la premiere rangée : avec la seiziéme, repetée de même à la seconde rangée : avec la cent dix-huitiéme, la deux cens sixiéme & la deux cens vingtiéme permutation mises à la troisiéme rangée : avec la vingt-huitiéme, la seiziéme & la cinquante-huitiéme permutation, placées à la quatriéme rangée : avec la soixante-dix-huitiéme, la deux cens sixiéme & la deux cens huitiéme permutation, posées à la cinquiéme rangée : avec la quatorziéme, la seiziéme & la cent quarante-quatriéme permutation, mises à la sixiéme rangée : avec la soixante-dix-huitiéme, la soixante-dix-neuviéme & la deux cens huitiéme permutation, posées à la septiéme rangée : avec la quatorziéme, la cent quarante-troisiéme & la cent quarante-quatriéme permutation, placées à la huitiéme rangée : avec la quatre-vingts-dixiéme, la soixante-dix-neuviéme & la cent vingtiéme permutation, mises à la neuviéme rangée : avec la cinquante-troisiéme, la cent quarante-troisiéme & la cent cinquante-huitiéme permutation, posées à la dixiéme rangée: avec la soixante-dix-neuviéme permutation, repetée de suite à l'onziéme rangée : & enfin avec la cent quarante-troisiéme, repetée de même à la douziéme rangée.

LE VINGT-CINQUIE'ME DESSEIN

Est construit avec la cent quatre-vingts-treiziéme, la soixante-deuxiéme & la premiere permutation, placées à la premiere rangée : avec la cent quatre-vingts-quinziéme, la deux cens sixiéme & la cent soixante-sixiéme permutation, posées à la seconde rangée: avec la cent quatre-vingts-dix-huitiéme, la soixante-dix-neuviéme & la neuviéme permutation, mises à la troisiéme rangée : avec la deux cens septiéme, la deux cens sixiéme & la cent quarante-deuxiéme permutation, placées à la quatriéme rangée : avec la cent quatre-vingts-sixiéme, la deux cens cinquante-troisiéme & la vingt-septiéme, permutation, posées à la cinquiéme rangée : avec la quinziéme, la seiziéme & la quatre-vingtiéme permutation, mises à la sixiéme rangée : avec la quatre-vingtiéme, la soixante-dix-neuviéme & la quinziéme, placées à la septiéme rangée: avec la deux cens quarante-neuviéme, la cent quatre-vingts-huitiéme & la quatre-vingts-treiziéme, posées à la huitiéme rangée: avec la cent quarante-deuxiéme, la cent quarante-troisiéme, & la deux cens septiéme, mises à la neuviéme rangée : avec la cent trente-troisiéme, la seiziéme & la soixante-quatorziéme, placées à la dixiéme rangée : avec la cent trentiéme, la cent quarante-troisiéme & la deux cens trente-uniéme, posées à l'onziéme rangée: enfin avec la cent vingt-neuviéme, la cent vingt-quatriéme & la soixante-cinquiéme, mises à la douziéme rangée.

LE VINGT-SIXIE'ME DESSEIN

Est formé avec la cent uniéme, la deux cens cinquante-sixiéme & la cent soixante-uniéme permutation, placées à la premiere rangée : avec la deux cens dix-neuviéme, la cent vingt-quatriéme & la deux cens quarante-sixiéme permutation, posées à la seconde rangée : avec la cinquante-septiéme, la cent quarante-troisiéme & la trentiéme permutation, mises à la troisiéme rangée : avec la centiéme, la deux cens sixiéme

& la cent soixantiéme permutation, placées à la quatriéme rangée : avec la deux cens vingt-cinquiéme, la deux cens cinquante-troisiéme & la trente-septiéme permutation, posées à la cinquiéme rangée : avec la quatre-vingts-quinziéme, la cinquante-neuviéme & la cent dix-neuviéme permutation, mises à la sixiéme rangée : avec la trentiéme, la cent vingt-septiéme & la cinquante-septiéme, placées à la septiéme rangée : avec la cent soixantiéme, la cent quatre-vingts-huitiéme & la centiéme, posées à la huitiéme rangée : avec la trente-septiéme, la cent quarante-troisiéme & la deux cens vingt-cinquiéme, placées à la neuviéme rangée : avec la cent dix-neuviéme, la deux cens sixieme & la quatre-vingts-quinziéme, posées à la dixiéme rangée : avec la cent cinquante-quatriéme, la soixante-deuxiéme & la cent quatre-vingts-quatriéme, placées à l'onziéme rangée : enfin avec la trente-sixiéme, la cent quatre-vingts-onziéme & la deux cens vingt-quatriéme permutation, mises à la douziéme rangée.

LE VINGT-SEPTIE'ME DESSEIN

Est figuré avec la deux cens seiziéme, la cent vingt-quatriéme & la cent douziéme permutation, mises à la premiere rangée : avec la deux cens dix-septiéme, la deux cens cinquante-sixiéme & la deux cens trente-neuviéme permutation, posées à la seconde rangée : avec la cent soixantedix-neuviéme, la cent vingt-quatriéme & la vingt-troisiéme permutation, placées à la troisiéme rangée : avec la soixante-quatriéme, la deux cens troisiéme & la cent quatre-vingts-septiéme permutation, posées à la quatriéme rangée : avec la quatre-vingtiéme, la deux cens-troisiéme & la quinziéme permutation, à la cinquiéme rangée : avec la deux cens uniéme, la deux cens troisiéme & la sixiéme permutation, à la sixiéme rangée : avec la cent trente-sixiéme, la cent quarantiéme & la soixante-onziéme, à la septiéme rangée : avec la quinziéme, la cent quarantiéme & la quatre-vingtiéme, à la huitiéme rangée : avec la cent vingt-cinquiéme, la cent quarantiéme & la deux cens cinquante-quatriéme, à la neuviéme rangée : avec la deux cens quarante-quatriéme, la soixante-deuxiéme & la quatre-vingts-cinquiéme, à la dixiéme rangée : avec la cent cinquante-troisiéme, la cent quatre-vingts-onziéme & la ſoixante-dix-ſeptiéme, à l'onziéme rangée : & avec la cent cinquante-deuxiéme, la ſoixante-deuxiéme & la quarante-ſeptiéme permutation, poſées au dernier rang.

LE VINGT-HUITIE'ME DESSEIN

Eſt conſtruit avec la ſoixante-cinquiéme, la deux cens ſixiéme & la cent vingt-neuviéme permutation, poſées à la premiere rangée : avec la ſoixante-huitiéme, la ſoixante-dix-neuviéme & la trente-neuviéme permutation, placées à la ſeconde rangée : avec la ſoixante-onziéme, la deux cens ſixiéme & la cent trente-ſixiéme permutation, poſées à la troiſiéme rangée : avec la quatre-vingtiéme, la ſoixante-dix-neuviéme & la quinziéme permutation, miſes à la quatriéme rangée : avec la deux cens ſeptiéme, la deux cens ſixiéme & la cent quarante-deuxiéme permutation, placées à la cinquiéme rangée : avec la cent quarante-deuxiéme, la cent quatre-vingts-huitiéme & la deux cens ſeptiéme permutation, poſées à la ſixiéme rangée : avec la deux cens ſeptiéme, la deux cens cinquante-troiſiéme & la cent quarante-deuxiéme permutation, miſes à la ſeptiéme rangée : avec la cent quarante-deuxiéme, la cent quarante-troiſiéme & la deux cens ſeptiéme permutation, placées à la huitiéme rangée : avec la quinziéme, la ſeiziéme & la quatre-vingtiéme permutation, poſées à la neuviéme rangée : avec la ſixiéme, la cent quarante-troiſiéme & la deux cens uniéme permutation, miſes à la dixiéme rangée : avec la troiſiéme, la ſeiziéme & la cent quatriéme permutation, placées à l'onziéme rangée : enfin avec la premiere, la cent quarante-troiſiéme & la cent quatre-vingts-treiziéme permutation, poſées à la douziéme rangée.

LE VINGT-NEUVIE'ME DESSEIN

Eſt fait avec la cent quatre-vingts-onziéme permutation, repetée de ſuite à la premiere, troiſiéme & onziéme rangée : avec la deux cens cinquante-ſixiéme permutation, repetée de ſuite à la ſeconde, dixiéme & douziéme rangée : avec la quatre-vingts-quatorziéme, la ſoixante-deuxiéme & la cinquante-cinquiéme permutation, miſes à la quatriéme rangée : avec la trente-uniéme, la deux cens ſixiéme & la cent vingt-uniéme permutation, poſées à la cinquiéme rangée : avec la cent cinquante-cinquiéme, la cent quarante-troisiéme & la deux cens quarante-huitiéme permutation, placées à la sixiéme rangée : avec la deux cens dix-huitiéme, la deux cens sixiéme & la cent quatre-vingts-deuxiéme, mises à la septiéme rangée : avec la quatre-vingts-quatorziéme, la cent-quarante-troisiéme & la cinquante-cinquiéme permutation, posées à la huitiéme rangée : avec la trente-uniéme, la cent vingt-quatriéme, & la cent vingt-uniéme permutation, placées à la neuviéme rangée : la dixiéme rangée est semblable à la seconde ; l'onziéme à la premiere ; la douziéme à la seconde.

LE TRENTIE'ME DESSEIN

Est formé avec la deux cens trentiéme, la treiziéme & la cent quatre-vingt quatorziéme permutation, mises à la premiere & onziéme rangée : avec la cent soixante-septiéme, la soixante-seiziéme & la cent trente-uniéme permutation, placées à la seconde & douziéme rangée : avec la cent soixante-septiéme, la cent vingt-quatriéme & la cent trente-uniéme permutation, posées à la troisiéme rangée:avec la cent soixante-septiéme, la deux cens cinquante-troisiéme & la cent trente-uniéme permutation, mises à la quatriéme rangée : avec la cent soixante-douziéme, la soixante-dix-neuviéme & la quarante-troisiéme permutation, placées à la cinquiéme rangée : avec la cent quatre-vingts-douziéme, la seiziéme, & la deux cens cinquante-cinquiéme permutation, posées à la sixiéme rangée : avec la deux cens cinquante-cinquiéme, la soixante-dix-neuviéme & la cent quatre-vingts-douziéme permutation, mises à la septiéme rangée : avec la deux cens trente-quatriéme, la seiziéme & la cent neuviéme permutation, posées à la huitiéme rangée: avec la deux cens trentiéme, la cent quatre-vingts-huitiéme & la cent quatre-vingts-quatorziéme, placées à la neuviéme rangée : enfin avec la deux cens trentiéme, la soixante-deuxiéme & la cent quatre-vingts-quatorziéme permutation, mises à la dixiéme rangée.

LE TRENTE-UNIE'ME DESSEIN

Est figuré avec la soixante-dixiéme, la deux cens cinquante-sixiéme & la cent trente-septiéme permutation, mises à la premiere rangée : avec la cent vingt-uniéme, la cent vingt-septiéme,

ſeptiéme & la trente-uniéme permutation, placées à la ſeconde rangée : avec la ſoixante-quatriéme, la cent quatre-vingts-huitiéme & la cent quatre-vingts-ſeptiéme permutation, poſées à la troiſiéme rangée : avec la quatre-vingts-quinziéme, la ſoixante-dix-neuviéme & la cent dix-neuviéme permutation, miſes à la quatriéme rangée : avec la deux cens-vingts-cinquiéme, la ſeiziéme & la trente-ſeptiéme permutation, placées à la cinquiéme rangée : avec la centiéme, la cent quarante-troiſiéme & la cent ſoixantiéme permutation, poſées à la ſixiéme rangée : avec la trente-ſeptiéme, la deux cens ſixiéme & la deux cens vingt-cinquiéme permutation, miſes à la ſeptiéme rangée : avec la cent ſoixantiéme, la ſoixante-dix-neuviéme & la centiéme permutation, poſées à la huitiéme rangée : avec la trentiéme, la ſeiziéme & la cinquante-ſeptiéme permutation placées à la neuviéme rangée : avec la cent vingt-cinquiéme, la deux cens cinquante-troiſiéme & la deux cens cinquante-quatriéme, miſes à la dixiéme rangée : avec la cinquante-cinquiéme, la cinquante-neuviéme & la quatre-vingts-quatorziéme permutation, poſées à l'onziéme rangée : enfin avec la ſeptiéme, la cent quatre-vingts-onziéme & la deux centiéme permutation, placées à la douziéme rangée.

LE TRENTE-DEUXIE'ME DESSEIN.

Eſt formé avec la cent quatre-vingts-quatorziéme, la deux cens ſixiéme & la deux cens trentiéme permutation, miſes à la premiere rangée : avec la deux cens trente-ſixiéme : la ſoixante-deuxiéme & la cent ſeptiéme permutation, poſées à la ſeconde rangée : avec la deux cens trente-ſixiéme, la cent quatre-vingts-onziéme & la cent ſeptiéme permutation, placées à la troiſiéme rangée : avec la cent ſoixante-neuviéme, la ſoixante-deuxiéme & la cent ſoixante-quatorziéme permutation, miſes à la quatriéme rangée : avec la deux cens quarante-neuviéme, la deux cens ſixiéme & la quatre-vingts-treiziéme permutation, poſées à la cinquiéme rangée : avec la cent quarante-deuxiéme, la cent quatre-vingts-huitiéme & la deux cens ſeptiéme permutation, placées à la ſixiéme rangée : avec la deux cens ſeptiéme, la deux cens cinquante-troiſiéme & la cent quarante-deuxiéme, miſes à la ſeptiéme rangée :

avec la cent quatre-vingts-ſixiéme, la cent quarante-troiſiéme & la vingt-ſeptiéme permutation, poſées à la huitiéme rangée : avec la deux cens trente-cinquiéme, la cent vingt-quatriéme & la deux cens trente-ſeptiéme permutation, placées à la neuviéme rangée : avec la cent ſoixante-dixiéme, la deux cens cinquante-ſixiéme & la quarante-cinquiéme permutation, miſes à la dixiéme rangée : avec la cent ſoixante-dixiéme, la cent vingt-quatriéme & la quarante-cinquiéme permutation, poſées à l'onziéme rangée : enfin avec la cent trente-uniéme, la cent quarante-troiſiéme & la cent ſoixante-ſeptiéme permutation, placées à la douziéme rangée.

LE TRENTE-TROISIE'ME DESSEIN

Eſt fait avec la ſoixante cinquiéme, la ſoixante-ſeiziéme & la cent vingt-neuviéme permutation, miſes à la premiere, ſeconde, troiſiéme, quatriéme, cinquiéme & ſixiéme rangée : avec la premiere, la treiziéme & la cent quatre-vingts-treiziéme permutation, placées à la ſeptieme, huitiéme neuviéme, dixiéme, onziéme & douziéme rangée.

LE TRENTE-QUATRIE'ME DESSEIN

Eſt conſtruit avec la ſoixante-dix-ſeptiéme, la cent vingt-quatriéme & la douziéme permutation, miſes à la premiere rangée : avec la ſoixante-onziéme, la deux cens cinquante-troiſiéme & la cent trente-ſixiéme permutation, poſées à la ſeconde rangée, avec la cent quatre-vingts-dix-huitiéme, la cent vingt-quatriéme & la neuviéme permutation, placées à la troiſiéme rangée : avec la deux cens ſeptiéme, la deux cens cinquante-troiſiéme & la cent quarante-deuxiéme permutation, miſes à la quatriéme rangée : avec la quatre-vingtiéme, la deux cens ſixiéme & la quinziéme permutation, placées à la cinquiéme rangée : avec la deux cens ſixiéme, la cent quarante-troiſiéme & la deux cens ſixiéme, encore placées à la ſixiéme rangée : avec la cent quarante-troiſiéme & la deux cens ſixiéme permutation, miſes alternativement à la ſeptiéme rangée : avec la quinziéme, la cent quarante-troiſiéme & la quatre-vingtiéme permutation, poſées à la huitiéme rangée : avec la cent quarante-deuxiéme, la cent quatre-vingts-huitiéme & la deux cens ſeptiéme permutation, placées à la neuviéme rangée : avec la cent trente-troisiéme, la soixante-deuxiéme & la soixante-quatorziéme permutation, mises à la dixiéme rangée : avec la sixiéme, la cent quatre-vingts-huitiéme & la deux cens uniéme posées à l'onziéme rangée : & avec la douziéme, la soixante-deuxiéme & la soixante-dix-septiéme permutation placées à la douziéme rangée.

LE TRENTE-CINQUIE'ME DESSEIN

Est figuré avec la deux cens quarante-troisiéme, la soixante-dix-neuviéme & la quatre-vingts-septiéme permutation, mises à la premiere rangée : avec la cent soixante-troisiéme, la cent quarante-troisiéme & la quatre-vingts-dix-neuviéme permutation, posées à la seconde rangée : avec la trente-sixiéme, la cent quarante-troisiéme & la deux cens vingt-quatriéme permutation, placées à la troisiéme rangée : avec la vingt-quatriéme, la soixante-deuxiéme & la cinquante-uniéme permutation, mises à la quatriéme rangée : avec la cent cinquiéme, la deux cens sixiéme & la cent dixiéme permutation, posées à la cinquiéme rangée : avec la huitiéme, la cent quatre-vingts-huitiéme & la cent quatre-vingts-dix-neuviéme permutation, placées à la sixiéme rangée : avec la soixante-douziéme, la deux cens cinquante-troisiéme & la cent trente-cinquiéme permutation, mises à la septiéme rangée : avec la quarante-deuxiéme, la cent quarante-troisiéme & la quarante-quatriéme permutation, posées à la huitiéme rangée : avec la quatre-vingts-neuviéme, la cent vingt-quatriéme & la cent treiziéme permutation, mises à la neuviéme rangée : avec la cent uniéme, la deux cens sixiéme, & la cent soixante-uniéme permutation, mises à la dixiéme rangée : avec la deux cens vingt-neuviéme, la deux cens sixiéme & la trente-troisiéme permutation, mises à l'onziéme rangée : enfin avec la cent quatre-vingtiéme, la seiziéme & la vingt-uniéme permutation, placées à la douziéme rangée.

LE TRENTE-SIXIE'ME DESSEIN

Est formé avec la soixante-dix-huitiéme, la cent vingt-septiéme & la deux cens huitiéme permutation, mises à la premie e, troisiéme & cinquiéme rangée : avec la cent quarante-quatriéme, la cent quatre-vingts-huitiéme & la quatorziéme, posées à la seconde, quatriéme & sixiéme rangée : avec la deux cens huitiéme, la deux cens cinquante-troisiéme & la soixante-dix-huitiéme, placées à la septiéme, neuviéme & onziéme rangée : enfin avec la quatorzieme, la cinquante-neuviéme & la cent quarante-quatriéme, à la huitiéme, dixiéme & douziéme rangée.

LE TRENTE-SEPTIE'ME DESSEIN

Est construit avec la quatre-vingtiéme, la cent vingt-quatriéme & la quinziéme permutation, posees à la premiere rangée : avec la cent quatre-vingts-treiziéme, la deux cens troisiéme & la premiere permutation, placées à la seconde rangée : la troisiéme & cinquiéme rangée sont semblables à. la premiere ; la quatriéme & sixiéme rangée sont comme la seconde : avec la cent vingt-neuviéme, la cent quarantiéme & la soixante-cinquiéme permutation, mises à la septiéme, neuviéme & onziéme rangée : enfin avec la quinziéme, la soixante-deuxiéme & la quatre-vingtiéme permutation, posées à la huitiéme, dixiéme & douzieme rangée.

LE TRENTE-HUITIE'ME DESSEIN

Est fait avec la quatre-vingts- douzieme, la soixante-dix-neuviéme & la cinquante-sixiéme permutation, mises à la premiere rangée : avec la cent soixante-quatorziéme, la deux cens sixiéme & la cent soixante-neuviéme permutation, posées à la seconde rangée : avec la quatre-vingtiéme, la soixante-dix-neuviéme & la quinziéme permutation, placées à la troisiéme rangée : avec la deux cens septiéme, la deux cens cinquante-sixiéme & la cent quarante-deuxiéme permutation, mises à la quatriéme rangée : avec la quatre-vingtiéme, la cent vingt-septiéme & la quinziéme permutation, placées à la cinquiéme rangée : avec la vingt-septiéme, la cent quarante-troisiéme & la cent quatre-vingts-sixiéme permutation, posées à la sixiéme rangée : avec la quatre-vingts-treizieme, la deux cens sixiéme & la deux cens quarante-neuviéme permutation, mises à la septiéme rangée : avec la quinziéme, la cinquante-neuviéme & la quatre-vingtiéme permutation, placées à la huitiéme rangée : avec la cent quarante-deuxiéme, la cent quatre-vingts-onziéme & la deux cens septiéme permutation, posées à la neuviéme rangée : avec la quinziéme, la seiziéme & la quatre-vingtiéme permutation, mises à la dixiéme rangée : avec la deux cens trente-septiéme, la cent quarante-troisiéme & la deux cens trente-cinquiéme permutation, placées à l'onziéme rangée : enfin avec la vingt-sixiéme, la seiziéme & la cent vingt-deuxiéme permutation, mises à la douziéme rangée.

LE TRENTE-NEUVIE'ME DESSEIN

Est figuré avec la cent vingt-septiéme & la deux cens sixiéme permutation, mises alternativement à la premiere rangée : avec la cent quatre-vingts-cinquiéme, la soixante dix-neuviéme & la vingt-neuviéme permutation, posées à la seconde rangée : avec la deux cens vingt-troisiéme, la deux cens sixiéme & la cent quatre-vingts-uniéme permutation, mises à la troisiéme rangée : avec la cinquante-septiéme, la deux cens cinquante-troisiéme & la trentiéme, posées à la quatriéme rangée : avec la deux cens uniéme, la deux cens sixiéme & la sixiéme permutation, placées à la cinquiéme rangée : avec la cent quarante-deuxiéme, la cent quatre-vingts-huitiéme & la deux cens septiéme permutation, mises à la sixiéme rangée : avec la deux cens septiéme, la deux cens cinquante-troisiéme & la cent quarante-deuxiéme permutation, placées à la septiéme rangée : avec la cent trente-sixiéme, la cent quarante-troisiéme & la soixante-onziéme permutation, posées à la huitiéme rangée : avec la cent dix-neuviéme, la cent quatre-vingts-huitiéme & la quatre-vingts-quinziéme permutation, placées à la neuviéme rangée : avec la cent cinquante-septiéme, la cent quarante-troisiéme & la deux cens quarante-septiéme permutation, mises à la dixiéme rangée : avec la deux cens cinquantiéme, la seiziéme & la quatre-vingts-onziéme permutation, posées à l'onziéme rangée : enfin avec la cinquante-neuviéme & la cent quarante-troisiéme permutation, placées alternativement à la douziéme rangée.

LE QUARANTIE'ME DESSEIN

Est formé avec la quatre-vingts-septiéme, la seiziéme & la deux cens quarante-troisiéme permutation, mises à la premiere rangée : avec la quatre-vingtiéme, la soixante-seiziéme

& la quinziéme permutation, posées à la seconde rangée : avec la deux cens septiéme, la deux cens sixiéme & la cent quarante-deuxiéme permutation, placées à la troisiéme rangée : avec la cent quatre-vingts-sixiéme, la cent vingt-quatriéme & la vingt-septiéme permutation, mises à la quatriéme rangée : avec la cent quatriéme, la deux cens cinquante-troisiéme & la cent cinquante-quatriéme permutation, posées à la cinquiéme rangée : avec la deux cens vingt-huitiéme, la seiziéme & la trente-deuxiéme, placées à la sixiéme rangée : avec la cent soixante-deuxiéme, la soixante-dix-neuviéme & la quatre-vingts-dix-huitiéme, mises à la septiéme rangée : avec la deux cens quarante-sixiéme, la cent quatre-vingts-huitiéme & la deux cens dix-neuviéme, posées à la huitiéme rangée : avec la deux cens quarante-neuviéme, la soixante deuxiéme & la quatre-vingts-treiziéme, placées à la neuviéme rangée : avec la cent quarante-deuxiéme, la cent quarante-troisiéme & la deux cens septiéme, mises à la dixiéme rangée : avec la quinziéme, la treiziéme & la quatre-vingtiéme, placées à l'onziéme rangée : enfin avec la vingt-uniéme, la soixante-dix-neuviéme & la cent quatre-vingtiéme, posées à la douziéme rangée.

LE QUARANTE-UNIE'ME DESSEIN

Est fait avec la deux cens seiziéme, la cent-vingts-quatriéme & la cent douziéme permutation, mises à la premiere rangée : avec la deux cens dix-septiéme, la deux cens cinquante-sixiéme & la deux cens trente-neuviéme permutation, posées à la seconde rangée : avec la cent soixante-dix-neuviéme, la cent vingt-quatriéme & la vingt-troisiéme permutation, placées à la troisiéme rangée : avec la soixante-quatriéme, la deux cens cinquante-sixiéme & la cent quatre-vingts-septiéme permutation, mises à la quatriéme rangée : avec la quatre-vingtiéme, la deux cens cinquante-troisiéme & la quinziéme permutation, posées à la cinquiéme rangée : avec la deux cens septiéme, la cinquante-neuviéme & la cent quarante-deuxiéme, placées à la sixiéme rangée : avec la cent quarante-deuxiéme, la cent vingt-septiéme & la deux cens septiéme, mises à la septiéme rangée : avec la quinziéme, la cent quatre-vingts-huitiéme & la quatre-vingtiéme, posées à la huitiéme rangée : avec la cent vingt-cinquiéme, la cent quatre-vingt-onziéme & la deux cens cinquante-quatriéme, placées à la neuviéme rangée : avec la deux cens quarante-quatriéme, la ſoixante-deuxiéme & la quatre-vingts-cinquiéme, miſes à la dixiéme rangée : avec la cent cinquante-troiſiéme, la cent quatre-vingts-onziéme & la cent ſoixante-dix-ſeptiéme, poſées à l'onziéme rangée : enfin avec la cent-cinquante-deuxiéme, la ſoixante-deuxiéme & la quarante-ſeptiéme, placées à la douziéme rangée.

LE QUARANTE-DEUXIE'ME DESSEIN

Eſt figuré avec la ſoixante-dix-huitiéme, la cent vingt-quatriéme & la deux cens huitiéme permutation, miſes à la premiere rangée : avec la cent quarante-quatriéme, la deux cens troiſiéme & la quatorziéme permutation, poſées à la ſeconde rangée : avec la quatre-vingts-douziéme, la deux cens cinquante-ſixiéme & la cinquante-ſixiéme permutation, placées à la troiſiéme rangée : avec la cent ſoixante-huitiéme, la cent vingt-quatriéme & la ſeconde permutation, miſes à la quatriéme rangée : avec la quatre-vingts-troiſiéme, la cent vingt-ſeptiéme & la cent quarante-cinquiéme permutation, poſées à la cinquiéme rangée : avec la cent quatre-vingts-dix-huitiéme, la cent quatre-vingts-huitiéme & la neuviéme, placées à la ſixiéme rangée : avec la cent trente-troiſiéme, la deux cens cinquante-troiſiéme & la ſoixante-quatorziéme, miſes à la ſeptiéme rangée : avec la dix-huitiéme, la cinquante-neuviéme & la deux cens dixiéme, poſées à la huitiéme rangée : avec la deux cens trente-deuxiéme, la ſoixante-deuxiéme & la ſoixante-ſixiéme, placées à la neuviéme rangée : avec la vingtiéme, la cent quatre-vingts-onziéme & la cent vingt-deuxiéme, miſes à la dixiéme rangée : avec la deux cens huitiéme, la cent quarantiéme & la ſoixante-dix-huitiéme, poſées à l'onziéme rangée : avec la quatorziéme, la ſoixante-deuxiéme & la cent quarante-quatriéme, placées à la douziéme rangée.

LE QUARANTE-TROISIE'ME DESSEIN

Eſt formé avec la ſoixante-dixiéme, la deux cens cinquante-ſixiéme, & la cent trente-ſeptiéme permutation, miſes à la premiere rangée : avec la cent vingt-uniéme, la cent vingt-septiéme & la trente-uniéme permutation, posées à la seconde rangée, avec la soixante-quatriéme, la deux cens cinquante-sixiéme & la cent quatre-vingts-septiéme permutation, placées à la troisiéme rangée : avec la quatre-vingtiéme, la cent vingt-septiéme & la quinziéme, mises à la quatriéme rangée : avec la deux cens septiéme, la deux cens cinquante-troisiéme & la cent quarante-deuxiéme, posées à la cinquiéme rangée: avec la soixante-dix-neuviéme, la seiziéme & la soixante-dix-neuviéme, encore placées à la sixiéme rangée : avec la seiziéme & la soixante-dix-neuviéme, mises alternativement à la septiéme rangée : avec la cent quarante deuxiéme, la cent quatre-vingts-huitiéme & la deux cens septiéme, posées à la huitiéme rangée : avec la quinziéme, la cinquante-neuviéme & la quatre-vingtiéme, placées à la neuviéme rangée : avec la cent vingt-cinquiéme, la cent quatre-vingts-onziéme & la deux cens cinquante-quatriéme, mises à la dixiéme rangée : avec la cinquante-cinquiéme, la cinquante-neuviéme & la quatre-vingts-quatorziéme, posées à l'onziéme rangée : enfin avec la septiéme, la cent quatre-vingts-onziéme & la deux centiéme permutation, placées à la douziéme rangée.

LE QUARANTE-QUATRIE'ME DESSEIN

Est construit avec la deux cens trente-deuxiéme, la cent-quarantiéme & la soixante-sixiéme permutation, mises à la premiere rangée : avec la cinquantiéme, la cent quarantiéme & la quatre-vingts-sixiéme permutation, posées à la seconde rangée : avec la vingt-cinquiéme, la cent quarantiéme & la cent quinziéme permutation, placées à la troisiéme rangée : avec la quatriéme, la cent quarantiéme & la quarantiéme, mises à la quatriéme rangée : avec la premiere, la deux cens cinquante-troisiéme & la cent quatre-vingts-treiziéme, posées à la cinquiéme rangée : avec la premiere, la seiziéme & la cent quatre vingts-treiziéme, placées à la sixiéme rangée : avec la soixante-cinquiéme, la soixante-dix-neuviéme & la cent vingt-neuviéme, mises à la septiéme rangée : avec la soixante-cinquiéme, la cent quatre-vingt-huitiéme & la cent-vingt-neuviéme, posées à la huitiéme rangée : avec la soixante-septiéme, la deux cens troisiéme & la cent troisiéme,

placées

placées à la neuviéme rangée : avec la quatre-vingts-huitiéme, la deux cens troisiéme, & la quarante-neuviéme, mises à la dixiéme rangée : avec la cent seiziéme, la deux cens troisiéme & la vingtiéme, posées à l'onziéme rangée : enfin avec la cent soixante-huitiéme, la deux cens troisiéme & la seconde, placées à la douziéme rangée.

LE QUARANTE-CINQUIE'ME DESSEIN

Est fait avec la premiere, la treiziéme & la cent quatre-vingts-treiziéme permutation, posées à la premiere rangée : avec la trente-neuviéme, la cent quarantiéme & la soixante-huitiéme permutation, placées à la seconde rangée : avec la neuviéme, la treiziéme & la cent quatre-vingts-dix-huitiéme permutation, mises à la troisiéme rangée : avec la quinziéme, la cent quarantiéme & la quatre-vingtiéme, placées à la quatriéme rangée : avec la quinziéme, la treiziéme & la quatre-vingtiéme, posées à la cinquiéme rangée : avec la quinziéme, la soixante-deuxiéme & la quatre-vingtiéme, mises à la sixiéme rangée : avec la quatre-vingtiéme, la cent vingt-quatriéme & la quinziéme, posées à la septiéme rangée : avec la quatre-vingtiéme, la soixante-seiziéme & la quinziéme, placées à la huitiéme rangée : avec la quatre-vingtiéme, la deux cens troisiéme & la quinziéme, mises à la neuviéme rangée : avec la soixante-quatorziéme, la soixante-seiziéme & la cent trente-troisiéme, posées à la dixiéme rangée : avec la cent quatriéme, la deux cens troisiéme & la troisiéme, placées à l'onziéme rangée : enfin avec la soixante-cinquiéme, la soixante-seiziéme & la cent vingt-neuviéme permutation, mises à la douziéme rangée.

LE QUARANTE-SIXIE'ME DESSEIN

Est formé avec la deux cens cinquante-cinquiéme, la deux cens sixiéme & la cent quatre-vingts-douziéme permutation, placées à la premiere & cinquimée rangée : avec la cent quatre-vingts-douziéme, la cent quarante-troisiéme & la deux cens cinquante-cinquiéme permutation, posées à la seconde & sixiéme rangée : avec la soixantiéme, la seiziéme & la cent vingt-sixiéme permutation, mises à la troisiéme rangée : avec la cent vingt-sixiéme, la soixante-dix-neuviéme & la soixantiéme permutation, placées à la quatriéme rangée, & ainsi de suite en repetant les mêmes permutations que dessus.

LE QUARANTE-SEPTIE'ME DESSEIN

Est figuré avec la deux cens quarante-sixiéme, la cent quatre-vingts-onziéme & la deux cens dix-neuviéme permutation, mises à la premiere rangée : avec la cent cinquante-septiéme, la cent quatre-vingts-onziéme & la deux cens quarante-septiéme permutation, posées à la seconde rangée : avec la septiéme, la cent quatre-vingts-onziéme & la deux centiéme permutation, placées à la troisiéme rangée : avec la cent trente-deuxiéme, la cent quatre-vingts-onziéme & la trente-huitiéme permutation, mises à la quatriéme rangée : avec la premiere, la deux cens sixiéme & la cent quatre-vingts-treiziéme permutation, posées à la cinquiéme rangée : avec la cent vingt-neuviéme, la cent quatre-vingts-huitiéme & la soixante-cinquiéme permutation, placées à la sixiéme rangée : avec la cent quatre-vingts-treiziéme, la deux cens cinquante-troisiéme & la premiere permutation, mises à la septiéme rangée : avec la soixante-cinquiéme, la cent quarante-troisiéme & la cent vingt-neuviéme permutation, posées à la huitiéme rangée : avec la cent quatre-vingts-seiziéme, la deux cens cinquante-sixiéme & la cent deuxiéme permutation, placées à la neuviéme rangée : avec la soixante-dixiéme, la deux cens cinquante-sixiéme & la cent trente-septiéme permutation, mises à la dixiéme rangée : avec la deux cens vingt-troisiéme, la deux cens cinquante-sixiéme & la cent quatre-vingts-uniéme permutation, posées à l'onziéme rangée : enfin avec la cent quatre-vingts-quatriéme, la deux cens cinquante-sixiéme & la cent cinquante-quatriéme permutation, placées à la douziéme rangée.

LE QUARANTE-HUITIE'ME DESSEIN

Est fait avec la cent deuxiéme, la treiziéme & la cent quatre-vingts-seiziéme permutation, mises à la premiere rangée : avec la cent trente-huitiéme, la cent quarantiéme, & la soixante-neuviéme permutation, placées à la seconde rangée : avec la cent quatre-vingts-uniéme, la treiziéme & la deux cens vingt-troisiéme permutation, posées à la troisiéme rangée : avec la cent cinquante-ſixiéme, la cent quarantiéme & la cinquante-quatriéme permutation, miſes à la quatriéme rangée : avec la cent quarante-deuxiéme, la cent vingt-ſeptiéme & la deux cens ſeptiéme, poſées à la cinquiéme rangée : avec la cent quarante-deuxiéme, la cent quatre-vingts-huitiéme & la deux cens ſeptiéme, placées à la ſixiéme rangée : avec la deux cens ſeptiéme, la deux cens cinquante-troiſiéme & la cent quarante-deuxiéme permutation, miſes à la ſeptiéme rangée : avec la deux cens ſeptiéme, la cinquante-neuviéme, & la cent quarante-deuxiéme permutation, placées à la huitiéme rangée : avec la deux cens vingt-deuxiéme, la deux cens troiſiéme & la cent dix-ſeptiéme permutation, poſées à la neuviéme rangée : avec la deux cens quarante-ſeptiéme, la ſoixante-ſeiziéme & la cent cinquante-ſeptiéme permutation, miſes à la dixiéme rangée : avec la deux cens deuxiéme, la deux cens troiſiéme & la cinquiéme permutation, poſées à l'onziéme rangée : enfin avec la trente-huitiéme, la ſoixante-ſeiziéme & la cent trente-uniéme permutation, placées à la douziéme rangée.

LE QUARANTE-NEUVIE'ME DESSEIN

Eſt conſtruit avec la cent douziéme, la deux cens troiſiéme & la deux cens ſeiziéme permutation, miſes à la premiere rangée : avec la deux cens cinquante-ſixiéme permutation, placées de ſuite à la ſeconde rangée : avec la cent quatre-vingts onziéme permutation, poſées de ſuite à la troiſiéme rangée : avec la cent cinquante-deuxiéme, la cent quarantiéme & quarante-ſeptiéme permutation, miſes à la quatriéme rangée : avec la deux cens troiſiéme & la cent vingt-ſeptiéme permutation, placées alternativement à lacinquiéme rangée : avec la deux cens cinquante-ſixiéme & la cent quarante-troiſiéme permutation, poſées à la ſixiéme rangée : avec la cent quatre-vingts-onziéme & la deux cens ſixiéme permutation, miſes alternativemeut à la ſeptiéme rangée : avec la cent quarantiéme & la cinquante-neuviéme permutation, poſées à la huitiéme rangée : avec la deux cens ſeiziéme, la deux cens troiſiéme & la cent douziéme permutation, placées à la neuviéme rangée : avec la deux cens cinquante-ſixiéme permutation, miſe de ſuite à la dixiéme rangée : avec la cent quatre-vingts-onziéme permutation, posée de suite à l'onziéme rangée: enfin avec la quarante-septiéme, la cent quarantiéme & la cent cinquante-deuxiéme permutation, placées à la douziéme rangée.

LE CINQUANTIE'ME DESSEIN

Est figuré avec la soixante-dix-neuviéme permutation, mise de suite à la premiere rangée : avec la soixante-uniéme, la cent quarante-troisiéme & la cent quatre-vingts-dixiéme permutation, posées à la seconde rangée : avec la quatre-vingts-dixiéme, la soixante-dix-neuviéme & la cent vingtiéme permutation, placées à la troisiéme rangée : avec la vingt-huitiéme, la cent quarante-troisiéme & la cinquante-huitiéme, mises à la quatriéme rangée : avec la soixante-dix-huitiéme, la soixante-dix-neuviéme & la deux cens huitiéme, posées à la cinquiéme rangée : avec la quatorziéme, la seiziéme & la cent quarante-quatriéme, placées à la sixiéme rangée : la septiéme rangée est semblable à la cinquiéme, & la huitiéme à la sixiéme : avec la quatre-vingt-dixiéme, la deux cens sixiéme & la cent vingtiéme permutation, mises à la neuviéme rangée : avec la vingt-huitiéme, la seiziéme & la cinquante-huitiéme permutation, posées à la dixiéme rangée, avec la cent vingt-huitiéme, la deux cens sixiéme & la deux cens cinquante-uniéme permutation, placées à l'onziéme rangée : enfin avec la seiziéme permutation, posées de suite à la douziéme rangée.

LE CINQUANTE-UNIE'ME DESSEIN

Est formé avec la cent quarante-deuxiéme, la cent quatre-vingts-onziéme & la deux cens septiéme permutation, placées à la premiere, troisiéme & cinquiéme rangée : avec la quinziéme, la soixante-deuxiéme & la quatre-vingtiéme permutation, posées à la seconde, quatriéme & sixiéme rangée : avec la quatre-vingtiéme, la cent vingt-quatriéme & la quinziéme permutation placées à la septiéme, neuviéme & onziéme rangée : & avec la deux cens septiéme, la deux cens cinquante-sixiéme & la quinziéme permutation, disposées de suite à la huitiéme, dixiéme & douziéme rangée.

LE CINQUANTE-DEUXIE'ME DESSEIN

Eſt conſtruit avec la cent dix-huitiéme, la cent vingt-quatriéme & la deux cens vingtiéme permutation, miſes à la premiere rangée: avec la cent ſoixante-dix-huitiéme, la deux cens cinquante-ſixiéme & la cent quarante-huitiéme permutation, poſées à la ſeconde rangée : avec la deux cens trente-cinquiéme, la cent quatre-vingt-onziéme & la deux cens trente-ſeptiéme permutation, placées à la troiſiéme rangée : avec la cent quarante-troiſiéme & la deux cens cinquante-ſixiéme permutation, miſes alternativement à la quatriéme rangée : avec la cent vingt-uniéme, la cent vingt-quatriéme & la trente-uniéme permutation, poſées à la cinquiéme rangée : avec la deux cens quarante-huitiéme, la deux cens cinquante-ſixiéme & la cent cinquante-cinquiéme permutation, placées à la ſixiéme rangée : avec la cent quatre-vingts-deuxiéme, la cent quatre-vingts-onziéme & la deux cens dix-huitiéme permutation, miſes à la ſeptiéme rangée : avec la cinquante-cinquiéme, la ſoixante-deuxiéme & la quatre-vingts-quatorziéme permutation, poſées à la huitiéme rangée : avec la deux cens ſixiéme & la cent quatre-vingts-onziéme permutation, placées alternativement à la neuviéme rangée : avec la cent ſoixante-neuviéme, la deux cens cinquante-ſixiéme & la cent ſoixante quatorziéme miſes à la dixiéme rangée : avec la deux cens quarantiéme, la cent quatre-vingts-onziéme & la deux cens treiziéme, placées à l'onziéme rangée: enfin avec la cinquante-troiſiéme, la ſoixante-deuxiéme & la cent cinquante-huitiéme permutation, poſées à la douziéme rangée.

LE CINQUANTE-TROISIE'ME DESSEIN

Eſt fait avec la cent vingt-troiſiéme, la cent vingt-ſeptiéme & la ſoixante-deuxiéme permutation, miſes à la premiere, cinquiéme & dixiéme rangée : avec la cent quatre-vingts-neuviéme, la cent quatre-vingts-huitiéme & la deux cens cinquante-deuxiéme permutation, poſées à la ſeconde, ſixiéme & neuviéme rangée : avec la ſoixante-troiſiéme, la cinquante-neuviéme & la cent vingt-troiſiéme permutation, placées à la troiſiéme, huitiéme & douziéme rangée : enfin avec la deux cens cinquante-deuxiéme, la deux cens cinquante-troisiéme & la cent quatre-vingts-neuviéme permutation, mises à la quatriéme, septiéme & onziéme rangée.

LE CINQUANTE-QUATRIE'ME DESSEIN

Est formé avec la deux cens dixiéme, la soixante-dix-neuviéme & la dix-huitiéme permutation, mises à la premiere rangée : avec la soixante-quatorziéme, la deux cens cinquante-sixiéme & la cent trente-troisiéme permutation, placées à la seconde rangée : avec la soixante-onziéme, la soixante-dix-neuviéme & la cent trente-sixiéme permutation, posées à la troisiéme rangée : avec la deux cens dixiéme, la cent vingt-septiéme & la dix-huitiéme permutation, mises à la quatriéme rangée : avec la soixante-quatorziéme, la deux cens cinquante-troisiéme & la cent trente-troisiéme permutation, posées à la cinquiéme rangée : avec la vingt-sixiéme, la cinquante-neuviéme & la cent vingt-deuxiéme permutation, placées à la sixiéme rangée : avec la quatre-vingts-douziéme, la cent vingt-septiéme & la cinquante-sixiéme permutation, mises à la septiéme rangée : avec la neuviéme, la cent quatre-vingts-huitiéme & la cent quatre-vingts-dix-huitiéme, posées à la huitiéme rangée : avec la cent quarante-cinquiéme, la cinquante-neuviéme & la quatre-vingts-troisiéme permutation, placées à la neuviéme rangée : avec la sixiéme, la seiziéme, & la deux cens uniéme permutation, mises à la dixiéme rangée : avec la neuviéme, la cent quatre-vingts-onziéme & la cent quatre-vingts dix-huitiéme permutation, posées à l'onziéme rangée : enfin avec la cent quarante-cinquiéme, la seiziéme & la quatre-vingts-troisiéme permutation, placées à la douziéme rangée.

LE CINQUANTE-CINQUIE'ME DESSEIN

Est formé avec la deux cens cinquante-sixiéme permutation mise de suite à la premiere rangée : avec la soixante-seiziéme & la cent vingt-quatriéme permutation, posées alternativement à la seconde & dixiéme rangée : avec la treiziéme & la soixante-deuxiéme permutation, placées alternativement à la troisiéme & onziéme rangée : avec la cent soixante-dix-neuviéme, la deux cens sixiéme & la vingt-troisiéme permutation, mises à la quatriéme rangée : avec la deux cens vingt-huitiéme, la ſoixante-ſeiziéme & la trente-deuxiéme permutation, poſées à la cinquiéme rangée : avec la cent vingt-quatriéme & la ſoixante-ſeiziéme permutation, placées alternativement à la ſixiéme rangée : avec la ſoixante-deuxiéme & la treiziéme permutation, miſes alternativement à la ſeptiéme rangée : avec la cent ſoixante-deuxiéme, la treiziéme & la quatre-vingts-dix-huitiéme permutation, poſées à la huitiéme rangée: avec la deux cens quarante-quatriéme, la cent quarante-troiſiéme & la quatre-vingts-cinquiéme permutation, placées à la neuviéme rangée : enfin avec la cent quatre-vingts-onziéme permutation miſe de ſuite à la douziéme rangée.

LE CINQUANTE-SIXIE'ME DESSEIN

Eſt figuré avec la quatre-vingts-ſeiziéme, la deux cens ſixiéme & la cent ſoixante-quatriéme permutation, miſes à la premiere rangée : avec la cent ſoixante-treiziéme, la cent quarante-troiſiéme & la deux cens trente-troiſiéme permutation, poſées à la ſeconde rangée : avec la quarante-ſixiéme, la ſeiziéme & la cent ſixiéme permutation, placées à la troiſiéme rangée : avec la quatre-vingts-dix-ſeptiéme, la ſoixante-dix-neuviéme & la cent ſoixante-cinquiéme, miſes à la quatriéme rangée: avec la deux cens cinquante-cinquiéme, la cent vingt-ſeptiéme & la cent quatre-vingts-douziéme, poſées à la cinquiéme rangée: avec la cent quatre-vingts-douziéme, la cent quatre-vingts-huitiéme & la deux cens cinquante-cinquiéme, placées à la ſixiéme rangée : avec la deux cens cinquante-cinquiéme, la deux cens cinquante-troiſiéme & la cent quatre-vingts-douziéme permutation, miſes à la ſeptiéme rangée : avec la cent quatre-vingts-douziéme, la cinquante-neuviéme & la deux cens cinquante-cinquiéme permutation, poſées à la huitiéme rangée : avec la trente-cinquiéme, la ſeiziéme & la deux cens vingt-ſeptiéme permutation, miſes à la neuviéme rangée : avec la cent huitiéme, la ſoixante-dix-neuviéme & quarante-uniéme permutation, miſes à la dixiéme rangée: avec la deux cens trente-huitiéme, la deux cens ſixiéme & la cent ſoixante-onziéme permutation, poſées à l'onziéme rangée : enfin avec la trente-quatriéme, la cent quarante-troiſiéme & la deux cens vingt-ſixiéme permutation, placées à la douziéme rangée.

LE CINQUANTE-SEPTIE'ME DESSEIN

Eſt conſtruit avec la deux cens ſeiziéme, la cent quarantiéme & la cent douziéme permutation, miſes à la premiere rangée : avec la cent quatre-vingts-ſeiziéme, la cent quatre-vingts-onziéme & la cent deuxiéme permutation, poſées à la ſeconde rangée, avec la cent ſoixante-dix-huitiéme, la cinquante-neuviéme & la cent quarante-huitiéme permutation, placées à la troiſiéme rangée : avec la onziéme, la deux cens cinquante-troiſiéme & la cent quarante-uniéme permutation, miſes à la quatriéme rangée : avec la vingt-quatriéme, la deux cens cinquante-troiſiéme & la cinquante-uniéme permutation, placées à la cinquiéme rangée : avec la trente-troiſiéme, la cinquante-neuviéme & la deux cens vingt-neuviéme permutation, miſes à la ſixiéme rangée : avec la quatre-vingts-dix-neuviéme, la cent vingt-ſeptiéme & la cent ſoixante-troiſiéme permutation, poſées à la ſeptiéme rangée : avec la quatre-vingts-neuviéme, la cent quatre-vingts-huitiéme & la cent treiziéme permutation, placées à la huitiéme rangée : avec la ſoixante-quinziéme, la cent quatre-vingts-huitiéme & la deux cens cinquiéme permutation, miſes à la neuviéme rangée : avec la deux cens quarantiéme, la cent vingt-ſeptiéme & la deux cens treiziéme permutation, placées à la dixiéme rangée : avec la cent trente-deuxiéme, la deux cens cinquante-ſixiéme & la trente-huitiéme permutation, poſées à l'onziéme rangée : enfin avec la cent cinquante-deuxiéme, la deux cens troiſiéme & la quarante-ſeptiéme permutation, placées à la douziéme rangée.

LE CINQUANTE-HUITIE'ME DESSEIN

Eſt fait avec la cent vingt-quatriéme permutation repetée de ſuite à la premiere rangée : avec la deux cens dix-ſeptiéme, la deux cens cinquante-ſixiéme & la deux cens trente-neuviéme permutation, miſes à la ſeconde rangée : avec la cent ſoixante-dix-ſeptiéme, la cent quatre-vingts-onziéme & la cent cinquante-troiſiéme permutation, poſées à la troiſiéme rangée : avec la ſoixante-deuxiéme, la deux cens cinquante-ſixiéme & la ſoixante-deuxiéme, placées encore à la quatriéme rangée : avec la cent vingt-uniéme, la deux cens troiſiéme me & la trente-uniéme permutation, mises à la cinquiéme rangée : avec la deux cens quarante-huitiéme, la deux cens troisiéme & la cent cinquante-cinquiéme permutation, posées à la sixiéme rangée : avec la cent quatre-vingts-deuxiéme, la cent quarantiéme & la deux cens dix-huitiéme permutation, mises à la septiéme rangée : avec la cinquante-cinquiéme, la cent quarantiéme & la quatre-vingts-quatorziéme permutation, posées à la huitiéme rangée : avec la cent vingt-quatriéme & la cent quatre-vingts-onziéme permutation, placées alternativement à la neuviéme rangée : avec la deux cens trente-neuviéme, la deux cens cinquante-sixiéme & la deux cens dix-septiéme permutation, mises à la dixiéme rangée : avec la cent cinquante-troisiéme, la cent quatre-vingts-onziéme & la cent soixante-dix-septiéme, posées à l'onziéme rangée : enfin avec la soixante-deuxiéme permutation repetée de suite à la douziéme rangée.

LE CINQUANTE-NEUVIE'ME DESSEIN

Est figuré avec la quatre-vingts-seiziéme, la deux cens sixiéme & la cent soixante-quatriéme permutation, mises à la premiere rangée : avec la cent quatre-vingts-sixiéme, la soixante-dix-neuviéme & la vingt-septiéme permutation, posées à la seconde rangée, avec la cinquante-quatriéme, la deux cens cinquante-troisiéme & la cent cinquante-sixiéme permutation, placées à la troisiéme rangée : avec la quatre-vingtiéme, la cent quatre-vingts-huitiéme & la quinziéme, mises à la quatriéme rangée : avec la deux cens dix-neuviéme, la cent vingt-quatriéme, & la deux cens quarante-sixiéme, posées à la cinquiéme rangée : avec la cent soixante-dixiéme, la deux cens cinquante-sixiéme & la quarante-cinquiéme, placées à la sixiéme rangée : avec la deux cens trente-sixiéme, la cent quatre-vingts-onziéme & la cent septiéme, mises à la septiéme rangée : avec la cent quarante-troisiéme, la soixante-deuxiéme, & la cent quatre-vingts-quatriéme, posées à la huitiéme rangée : avec la quinziéme, la deux cens cinquante-troisiéme & la quatre-vingtiéme, placées à la neuviéme rangée : avec la cent dix-septiéme, la cent quatre-vingts-huitiéme & la deux cens vingt-deuxiéme, mises à la dixiéme rangée : avec la deux cens quarante-neuviéme, la seiziéme & la quatre-vingts-treiziéme, posées à l'onziéme rangée : enfin avec la trente-quatriéme, la cent quarante-troisiéme & la deux cens vingt-sixiéme permutation, placées à la douziéme rangée.

LE SOIXANTIE'ME DESSEIN

Est formé avec la deux cens trentiéme, la cent quarante-troisiéme & la cent quatre-vingts-quatorziéme permutation, mises à la premiere rangée : avec la cent soixante-septiéme, la deux cens sixiéme & la cent trente-uniéme permutation, posées à la seconde rangée : avec la cent soixante-douziéme, la soixante-dix-neuviéme & la quarante-troisiéme, placées à la troisiéme rangée : avec la cent quatre-vingts-quatriéme, la deux cens sixiéme & la cent cinquante-quatriéme, mises à la quatriéme rangée : avec la cinquante-septiéme, la soixante-dix-neuviéme & la trentiéme, posées à la cinquiéme rangée : avec la cent dix-neuviéme, la seiziéme & la quatre-vingts-quinziéme, placées à la sixiéme rangée : avec la cinquante septiéme, la soixante-dix-neuviéme & la trentiéme, mises à la septiéme rangée : avec la cent dix-neuviéme, la seiziéme & la quatre-vingts-quinziéme, posées à la huitiéme rangée : avec la deux cens quarante-sixiéme, la cent quarante-troisiéme & la deux cens dix-neuviéme, placées à la neuviéme rangée : avec la deux cens trente-quatriéme, la seiziéme & la cent neuviéme, mises à la dixiéme rangée : avec la deux cens trentiéme, la cent quarante-troisiéme & la cent quatre vingt-quatorziéme, posées à l'onziéme rangée : enfin avec la cent soixante-septiéme, la deux cens sixiéme & la cent trente-uniéme permutation, placées à la douziéme rangée.

LE SOIXANTE-UNIE'ME DESSEIN

Est figuré avec la deux cens vingt-quatriéme & la trente-sixiéme permutation, mises alternativement à la premiere, neuviéme & dix-septiéme rangée : avec la cent soixante-quatriéme & la quatre-vingts-seiziéme permutation, posées alternativement à la seconde & dix-huitiéme rangée : avec la quatre vingts-quinziéme & la cent dix-neuviéme permutation, placées alternativement à la troisiéme & dix-neuviéme rangée : avec la deux cens neuviéme & la seiziéme permutation, mises à la quatriéme & vingtiéme rangée : avec la cent quarante-sixiéme & la quatre-vingts-deuxiéme permutation, posées à la cinquiéme & vingt-uniéme rangée : avec la trentiéme & la cinquante-septiéme permutation, placées à la sixiéme & vingt-deuxiéme rangée : avec la deux cens vingt-sixiéme & la trente-quatriéme, mises à la septiéme & vingt-troisiéme rangée : avec la cent soixante-uniéme & la cent uniéme permutation, posées à la huitiéme & vingt quatriéme rangée : avec la cent soixante-quatriéme, la quatre-vingts seiziéme, la cent quatre-vingts-quatriéme, la cent cinquante-quatriéme, la cent soixante-quatriéme & la quatre-vingts-seiziéme permutation, placées à la dixiéme rangée : avec la quatre-vingts-quinziéme, la cent dix-neuviéme, la quatre-vingts-treiziéme, la deux cens quarante-neuviéme, la quatre-vingts-quinziéme & la cent dix-neuviéme, mises à la onziéme rangée : avec la deux cens neuviéme, la dix-neuviéme, la deux cens vingt-huitiéme, la trente-deuxiéme, la deux cens neuviéme & la dix-neuviéme permutation, posées à la douziéme rangée : avec la cent quarante-sixiéme, la quatre-vingt-deuxiéme, la cent soixante-deuxiéme, la quatre-vingts-dix-huitiéme, la cent quarante-sixiéme & la quatre-vingts-deuxiéme permutation, placées à la treiziéme rangée : avec la trentiéme, la cinquante-septiéme, la vingt-septiéme, la cent quatre-vingts-sixiéme, la trentiéme & la cinquante-septiéme permutation, mises à la quatorziéme rangée : enfin avec la deux cens vingt-sixiéme, la trente-quatriéme, la deux cens quarante-sixiéme, la deux cens dix-neuviéme, la deux cens vingt-sixiéme & la trente-quatriéme permutation, posées à la quinziéme rangée.

LE SOIXANTE-DEUXIE'ME DESSEIN

Est construit avec la cent sixiéme, la deux cens cinquante-troisiéme & la quarante-sixiéme permutation, mises à la premiere, septiéme & dix-neuviéme rangée : avec la cent cinquante-neuviéme, la cinquante-neuviéme & la cent quatre-vingts-troisiéme permutation, posées à la seconde, huitiéme & vingtiéme rangée : avec la cent quatre-vingts-deuxiéme, la deux cens cinquante-sixiéme & la deux cens dix-huitiéme permutation, mises à la troisiéme, neuviéme, quinziéme & vingt-uniéme rangée : avec la deux cens quarante-huitiéme, la cent quatre-vingts-onziéme & la cent cinquante-cinquiéme permutation, placées à la quatriéme, dixiéme, seiziéme & vingt-deuxiéme rangée : avec la deux cens vingt-uniéme, la cent vingt-septiéme & la deux cens quarante-cinquiéme permutation, mises à la cinquiéme, dix-septiéme & vingt-troisiéme rangée : avec la quarante-uniéme, la cent quatre-vingts-huitiéme & la cent huitiéme permutation, placées à la sixiéme, dix-huitiéme & vingt-quatriéme rangée : avec la deux cens vingt-uniéme, la cent vingt-septiéme, la deux cens vingt-quatriéme, la trente-sixiéme, la cent vingt-septiéme & la deux cens quarante-cinquiéme, posées à l'onziéme rangée : avec la quarante uniéme, la cent quatre-vingts-huitiéme, la cent seiziéme, la vingtiéme, la cent quatre-vingt-huitiéme & la cent huitiéme permutation, mises à la douziéme rangée : avec la cent sixiéme, la deux cens cinquante-troisiéme, la cinquantiéme, la quatre-vingts-sixiéme, la deux cens cinquante-troisiéme & la quarante-sixiéme permutation, posées à la treiziéme rangée : enfin avec la cent cinquante-neuviéme, la cinquante-neuviéme, la cent soixante-uniéme, la cent uniéme, la cinquante-neuviéme & la cent quatre-vingts-troisiéme, placées à la douziéme rangée.

LE SOIXANTE-TROISIE'ME DESSEIN

Est fait avec la soixante-huitiéme & la trente-neuviéme permutation, mises alternativement à la premiere & la dix-septiéme rangée : avec la quatre-vingts-neuviéme & la cent treiziéme permutation, posées alternativement à la seconde & dix-huitiéme rangée : avec la cent quatriéme & la troisiéme permutation, placées alternativement à la troisiéme & dix-neuviéme rangée : avec la deux centiéme & la septiéme permutation, mises alternativement à la quatriéme & vingtiéme rangée : avec la cent trente-septiéme & la soixante-dixiéme permutation, posées alternativement à la cinquiéme & vingt-uniéme rangée : avec la trente-neuviéme & la soixante-huitiéme permutation, placées alternativement à la sixiéme & vingt-deuxiéme rangée : avec la vingt-quatriéme & la trente-quatriéme permutation, mises alternativement à la septiéme & vingt-troisiéme rangée : avec la troisiéme & la cent vingt-deuxiéme, posées alternativement à la huitiéme & vingt-quatriéme rangée : avec la soixante-huitiéme, la cinquante-sixiéme, la quatre-vingts-douziéme repetées deux fois, & la trente-neuviéme, placées à la neuviéme rangée : avec la quatre-vingts-septiéme, la deux cens cinquante-cinquiéme, la cent soixante-quatriéme, la quatre-vingts-seiziéme, la cent quatre-vingts douziéme & la deux cens quarante-troisiéme, mises à la dixiéme rangée : avec la soixante-quatorziéme, la cent trente-troisiéme, la quatre-vingts-treiziéme, la deux cens quarante-neuviéme, la soixante-quatorziéme & la cent trente-troisiéme permutation, posées à l'onziéme rangée : avec la deux cens quarante-deuxiéme, la cent quarante-neuviéme, la deux cens cinquante-cinquiéme, la cent quatre-vingts-douziéme, la deux cens quarante-deuxiéme & la cent quarante-neuviéme permutation, placées à la douziéme rangée : avec la cent soixante-seiziéme, la deux cens douziéme, la cent quatre-vingts-douziéme, la deux cens cinquante-cinquiéme, la cent soixante-seiziéme & la deux cens douziéme permutation, mises à la treiziéme rangée : avec la neuviéme, la cent quatre-vingt-dix-huitiéme, la vingt-septiéme, la cent quatre-vingt-sixiéme, la neuviéme & la cent quatre-vingts-dix-huitiéme permutation, placées à la quatorziéme rangée : avec la vingt-uniéme, la cent quatre-vingts-douziéme, la deux cens vingt-sixiéme, la trente-quatriéme, la deux cens cinquante-cinquiéme & la cent quatre-vingtiéme permutation, posées à la quinziéme rangée : enfin avec la troisiéme, la cent vingt-deuxiéme, la vingt-sixiéme, la cent vingt-deuxiéme, la vingt-sixiéme & la cent quatriéme permutation, placées à la seiziéme rangée.

LE SOIXANTE-QUATRIE'ME DESSEIN

Est fait avec la deux cens dix-neuviéme & la deux cens quarante-sixiéme permutation, mises à la premiere rangée : avec la quatre-vingts-treiziéme & la deux cens quarante-neuviéme permutation, placées à la seconde rangée : avec la deux cens vingt-deuxiéme & la cent dix-septiéme permutation, posées à la troisiéme rangée : avec la cent cinquantiéme & la quarante-huitiéme permutation, mises à la quatriéme rangée : avec la deux cens quatorziéme & la cent onziéme permutation posées à la cinquiéme rangée : avec la cent cinquante-ſixiéme & la cinquante-quatriéme permutation, placées à la ſixiéme rangée : avec la vingt-ſeptiéme & la cent quatre-vingts-ſixiéme permutation, miſes à la ſeptiéme rangée : avec la cent cinquante-quatriéme & la cent quatre-vingts-quatriéme permutation, placées à la huitiéme rangée : & ainſi de ſuite repetant les mêmes permutations.

LE SOIXANTE-CINQUIE'ME DESSEIN

Eſt formé avec la deux cens cinquantiéme & la quatre-vingts-onziéme permutation, miſes alternativement à la premiere, neuviéme & dix-ſeptiéme rangée : avec la cinquante-quatriéme & la cent cinquante-ſixiéme permutation, placées alternativement à la ſeconde, dixiéme & dix-huitiéme rangée: avec la quatre-vingts-treiziéme & la deux cens quarante-neuviéme, miſes alternativement à la troiſiéme, onziéme & dix-neuviéme rangée : avec la cinquante-troiſiéme & la cent cinquante-huitiéme permutation, alternativement poſées à la quatriéme & vingtiéme rangée : avec la cent dix-huitiéme & la deux cens vingtiéme permutation, alternativement placées à la cinquiéme & vingt-uniéme rangée : avec la vingt-ſeptiéme & la cent quatre-vingts-ſixiéme permutation, alternativement miſes à la ſixiéme, quatorziéme & vingt-deuxiéme rangée : avec la cent dix-ſeptiéme & la deux cens vingt-deuxiéme permutation, poſées à la ſeptiéme, quinziéme & vingt-troiſiéme rangée : avec la cent quatre-vingts-cinquiéme & la vingt-neuviéme permutation, placées à la huitiéme, ſeiziéme & vingt-quatriéme rangée : avec la cinquante-troiſiéme, la cent cinquante-huitiéme, la cinquante-neuviéme, repetées deux fois, la cinquante-troiſiéme & la cent cinquante-huitiéme permutation, miſes à la douziéme rangée : enfin avec la cent dix-huitiéme, la deux cens vingtiéme, la cent vingt-ſeptiéme repetée deux fois, la cent dix-huitiéme, & la deux cens vingtiéme permutation, poſées à la treiziéme rangée.

LE SOIXANTE-SIXIE'ME DESSEIN

Eſt figuré avec la quatre-vingts-ſeptiéme & la deux cens quarante-troiſiéme permutation, miſes à la premiere, neuviéme & dix-ſeptiéme rangée : avec la quatre-vingts-quinziéme & la cent dix-neuviéme permutation, placées à la ſeconde, dixiéme & dix-huitiéme rangée : avec la deux cens trente-cinquiéme & la deux cens trente-ſeptiéme permutation, poſées à la troiſiéme & dix-neuviéme rangée : avec la cent cinquante-quatriéme, la cent quatre-vingts quatriéme, la cent cinquante-ſixiéme, la cinquante-quatriéme, la cent cinquante-quatriéme & la cent quatre-vingts-quatriéme permutation, miſes à la quatriéme & vingtiéme rangée : avec la deux cens dix-neuviéme, la deux cens quarante-ſixiéme, la deux cens vingt-deuxiéme, la cent dix-ſeptiéme, la deux cens dix-neuviéme & la deux cens quarante-ſixiéme permutation, placées à la cinquiéme & vingt-uniéme rangée : avec la cent ſoixante-neuviéme & la cent ſoixante-quatorziéme permutation, poſées à la ſixiéme & vingt-deuxiéme rangée : avec la trentiéme & la cinquante-ſeptiéme permutation, miſes à la ſeptiéme, quinziéme & vingt-troiſiéme rangée : avec la vingt-uniéme & la cent quatre-vingtiéme permutation, poſées à la huitiéme, ſeiziéme & vingt-quatriéme rangée : avec la deux cens trente-cinquiéme, la deux cens trente-ſeptiéme, la deux cens uniéme, la ſixiéme, la deux cens trente-cinquiéme & la deux cens trente-ſeptiéme permutation, placées à l'onziéme rangée : avec la cent cinquante-ſixiéme, la cinquante-quatriéme, la cent ſoixante-dix-neuviéme, la vingt-troiſiéme, la cent cinquante-ſixiéme & la cinquante-quatriéme permutation, miſes à la douziéme rangée : avec la deux cens vingt-deuxiéme, la cent dix-ſeptiéme, la deux cens quarante-quatriéme, la quatre-vingts-cinquiéme, la deux cens vingt-deuxiéme & la cent dix-ſeptiéme permutation, poſées à la treiziéme rangée : enfin avec la cent ſoixante-neuviéme, la cent ſoixante-quatorziéme, la cent trente-ſixiéme, la ſoixante-onziéme, la cent ſoixante-neuviéme & la cent ſoixante-quatorziéme permutation, placées à la quatorziéme rangée.

LE SOIXANTE-SEPTIE'ME DESSEIN

Eſt figuré avec la quatre-vingts-neuviéme, la ſoixante-deuxiéme & la cent treiziéme permutation, alternativement miſes à la premiere rangée : avec la ſoixante-huitiéme, la cent quatre-vingts-onziéme & la trente-neuviéme permutation, alternativement poſées à la ſeconde rangée : avec la deux cens trente-uniéme, la deux cens cinquante-troiſiéme & la cent trentiéme permutation, placées alternativement à la troisiéme rangée : avec la quarante-huitiéme, la cent vingt-quatriéme & la cent cinquantiéme permutation mises à la quatriéme rangée : avec la cent quatre-vingts-onziéme, la soixante-seiziéme & la cent quatre-vingt-onziéme repetées deux fois, & encore avec la soixante-seiziéme & la cent quatre-vingts-onziéme, posées à la cinquiéme rangée : avec la trentiéme, la soixante-seiziéme & la cinquante-septiéme, placées à la sixiéme rangée : avec la quatre-vingts-quinziéme, la treiziéme & la cent dix-neuviéme permutation, mises à la septiéme rangée : avec la deux cens cinquante-sixiéme, la treiziéme, la deux cens cinquante-sixiéme permutation, repetées encore une autre fois à la huitiéme rangée : avec la cent onziéme, la soixante-deuxiéme & la deux cens quatorziéme, alternativement mises à la neuviéme rangée : avec la cent soixante-sixiéme, la cent quatre-vingts-huitiéme & la cent quatre-vingts-quinziéme permutation, alternativement posées à la dixiéme rangée : avec la troisiéme, la deux cens cinquante-sixiéme & la cent quatriéme permutation, alternativement placées à l'onziéme rangée : avec la vingt-quatriéme, la cent vingt-quatriéme & la cinquante-uniéme permutation, mises à la douziéme rangée, & ainsi de suite en recommençant à la premiere rangée.

LE SOIXANTE-HUITIE'ME DESSEIN

Est construit avec la cent dix-septiéme, la cens quatre-vingts-huitiéme & la deux cens vingt-deuxiéme permutation, mises à la premiere rangée : avec la cent soixante-septiéme, la deux cens cinquante-sixiéme & la cent trente-uniéme permutation, posées à la seconde rangée : avec la quarante-deuxiéme, la cent vingt-quatriéme & la quarante-quatriéme permutation, placées à la troisiéme rangée : avec la cent quatre-vingts-quatriéme, la deux cens cinquante-sixiéme & la cent cinquante-quatriéme, mises à la quatriéme rangée : avec la cinquante-septiéme, la deux cens troisiéme & la cent quatre-vingts-deuxieme, placées à la cinquiéme rangée : avec la deux cens septiéme, la deux cens cinquante-sixiéme & la cent quarante-deuxiéme permutation, posées à la sixiéme rangée : avec la cent quarante-deuxiéme, la cent quatre-vingts-onziéme & la deux

deux cens ſeptiéme permutation, placées à la ſeptiéme rangée : avec la cent dix-neuviéme, la cent quarantiéme & la quatre-vingts-quinziéme permutation, miſes à la huitiéme rangée : avec la deux cens quarante-ſixiéme, la cent quatre-vingts-onziéme & la deux cens dix-neuviéme permutation, poſées à la neuviéme rangée : avec la cent cinquiéme, la ſoixante-deuxiéme & la cent dixiéme permutation, placées à la dixiéme rangée : avec la deux cens trentiéme, la cent quatre-vingts-onziéme & la cent quatre-vingts-quatorziéme permutation, miſes à l'onziéme rangée : enfin avec la cinquante quatriéme, la deux cens cinquante-troiſiéme & la cent cinquante-ſixiéme permutation, placées à la douziéme rangée ; & ainſi de ſuite en repetant les mêmes permutations que deſſus, depuis la premiere rangée juſqu'à la douziéme.

LE SOIXANTE-NEUVIE'ME DESSEIN

Eſt figuré avec la cent vingt-quatriéme, la cent quarantiéme & la cent vingt-quatriéme permutation, repetées encore une autre fois à la premiere rangée : avec la deux cens dix-neuviéme, la cent quarantiéme & la deux cens quarante-ſixiéme permutation, poſées à la ſeconde rangée : avec la cent quatre-vingt-ſixiéme, la ſoixante-deuxiéme & la vingt-ſeptiéme permutation, placées à la troiſiéme rangée : avec la ſoixante-quatriéme, la deux cens ſixiéme & la cent quatre-vingts-ſeptiéme permutation, miſes à la quatriéme rangée : avec la vingt-quatriéme, la cent vingt-quatriéme & la cinquante-uniéme permutation, poſées à la cinquiéme rangée : avec la troiſiéme, la deux cens cinquante-ſixiéme & la cent quatriéme permutation, placées à la ſixiéme rangée : avec la ſoixante-huitiéme, la cent quatre-vingts-onziéme & la trente-neuviéme permutation, miſes à la ſeptiéme rangée : avec la quatre-vingts-neuviéme, la ſoixante-deuxiéme & la cent treiziéme permutation, poſées à la huitiéme rangée : avec la cent vingt-cinquiéme, la cent quarante-troiſiéme & la deux cens cinquante-quatriéme permutation, placées à la neuviéme rangée : avec la deux cens quarante-neuviéme, la cent vingt-quatriéme & la quatre-vingts-treiziéme permutation, miſes à la dixiéme rangée : avec la cent cinquante-quatriéme, la deux cens-troiſiéme & la cent quatre-vingts-quatriéme permutation, placées à l'onziéme rangée : avec la soixante-deuxiéme, la deux cens troisiéme & la soixante-deuxiéme repetées encore une autre fois à la douziéme rangée ; & ainsi de suite en recommençant à placer les mêmes permutations.

LE SOIXANTE-DIXIE'ME DESSEIN

Est formé avec la deux cens vingt-neuviéme, la soixante-deuxiéme & la trente-troisiéme permutation, posées alternativement à la premiere rangée : avec la cinquante-quatriéme, la deux cens sixiéme & la cent cinquante-sixiéme permutation, alternativement placées à la seconde rangée : avec la quatre-vingtiéme, la soixante-dix-neuviéme & la quinziéme, mises alternativement à la troisiéme rangée : avec la deux cens septiéme, la deux cens sixiéme & la cent quarante-deuxiéme permutation, placées alternativement à la quatriéme rangée : avec la cent quatre-vingts-sixiéme, la soixante-dix-neuviéme & la vingt-septiéme permutation, alternativement posées à la cinquiéme rangée : avec la quinziéme, la cinquante-neuviéme & la quatre-vingtiéme, alternativement mises à la sixiéme rangée : avec la quatre-vingtiéme, la cent vingt-septiéme & la quinziéme permutation, alternativement posées à la septiéme rangée : avec la deux cens quarante-neuviéme, la seiziéme & la quatre-vingts-treiziéme permutation, alternativement placées à la huitiéme rangée : avec la cent quarante-deuxiéme, la cent quarante-troisiéme & la deux cens septiéme permutation, alternativement mises à la neuviéme rangée : avec la quinziéme, la seiziéme & la quatre-vingtiéme permutation, alternativement posées à la dixiéme rangée : avec la cent dix-septiéme, la cent quarante-troisiéme & la deux cens vingt-deuxiéme permutation, alternativement placées à l'onziéme rangée : avec la cent soixante-troisiéme, la cent vingt-quatriéme & la quatre-vingts-dix-neuviéme permutation, alternativement mises à la douziéme rangée ; & ainsi de suite en recommençant à placer les mêmes permutations, depuis la premiere rangée jusqu'à la douziéme.

LE SOIXANTE-ONZIE'ME DESSEIN

Est construit avec la cent dix-huitiéme, la deux cens cinquante-sixiéme & la deux cens vingtiéme permutation, mises à la premiere rangée : avec la cent quatre-vingts-ſixiéme, la cent vingt-ſeptiéme & la vingt-ſeptiéme permutation, poſées à la ſeconde rangée, avec la deux cens ſeptiéme, la deux cens cinquante-ſixiéme & la cent quarante-deuxiéme permutation, placées à la troiſiéme rangée : avec la cent quatre-vingts-ſixiéme, la cent vingt-ſeptiéme & la vingt-ſeptiéme permutation, miſes à la quatriéme rangée : avec la deux cens ſeptiéme, la deux cens cinquante-troiſiéme & la cent quarante-deuxiéme permutation, placées à la cinquiéme rangée : avec la ſoixante-dix-neuviéme, la ſeiziéme & la ſoixante-dix-neuviéme permutation, repetées deux fois à la ſixiéme rangée : avec la ſeiziéme, la ſoixante-dix-neuviéme & la ſeiziéme permutation, repetées deux fois à la ſeptiéme rangée : avec la cent quarante-deuxiéme, la cent quatre-vingts huitiéme & la deux cens ſeptiéme permutation, placées à la huitiéme rangée : avec la deux cens quarante-neuviéme, la cinquante-neuviéme & la quatre-vingts treiziéme permutation, miſes à la neuviéme rangée : avec la cent quarante-deuxiéme, la cent quatre-vingts-onziéme & la deux cens ſeptiéme permutation, placées à la dixiéme rangée : avec la deux cens quarante-neuviéme, la cinquante-neuviéme & la quatre-vingts-treiziéme permutation, poſées à l'onziéme rangée : avec la cinquante troiſiéme, la cent quatre-vingts-onziéme & la cent cinquante-huitiéme permutation, placées à la douziéme rangée ; & ainſi de ſuite reprenant les mêmes permutations.

LE SOIXANTE-DOUZIE'ME DESSEIN

Eſt figuré avec la quatre-vingt-troiſiéme, la deux cens troiſiéme & la cent quarante-cinquiéme permutation, miſes alternativement à la premiere & à la quatriéme rangée : avec la deux cens uniéme, la cent vingt-quatriéme & la ſixiéme permutation, poſées alternativement à la ſeconde & cinquiéme rangée : avec la cent quatre-vingts-dix-huitiéme, la deux cens cinquante-ſixiéme & la neuviéme permutation, placées alternativement à la troiſiéme & ſixiéme rangée : avec la cent trente-troiſiéme, la cent quatre-vingts-onziéme & la ſoixante-quatorziéme permutation, miſes alternativement à la ſeptiéme & dixiéme rangée : avec la cent trente-ſixiéme, la ſoixante-deuxiéme & la ſoixante-onziéme permutation, poſées alternativement à la huitiéme & onziéme rangée : avec la dix-huitiéme, la cent quarantiéme & la deux cens dixiéme permutation, placées alternativement à la neuviéme & douziéme rangée : la treiziéme rangée eſt ſemblable à la premiere & quatriéme ; la quatorziéme rangée eſt ſemblable à la ſeconde & cinquiéme ; la quinziéme rangée eſt ſemblable à la troiſiéme & ſixiéme ; la ſeiziéme rangée eſt ſemblable à la premiere ; la dix-ſeptiéme rangée eſt ſemblable à la ſeconde ; la dix-huitiéme rangée eſt ſemblable à la troiſiéme . la dix-neuviéme eſt ſemblable à la ſeptiéme ; la vingtiéme rangée eſt ſemblable à la huitiéme ; la vingt-uniéme eſt ſemblable à la neuviéme rangée ; la vingt-deuxiéme eſt ſemblable à la dixiéme rangée ; la vingt-troiſiéme à la onziéme ; enfin la vingt-quatriéme à la douziéme.

PRATIQUE

POUR EXECUTER LES DESSEINS ci-dessus figurez, sans avoir recours aux Tables, ni voir lesdits Desseins.

COMME AUSSI POUR EXECUTER leurs Desseins horisontalement, perpendiculairement & diagonalement opposez.

AVERTISSEMENT.

RAPPELLEZ-VOUS que nous appellons carreau A, celui qui a l'angle coloré en bas à main gauche ; B, celui qui a l'angle coloré en haut à main gauche ; C, celui dont l'angle coloré est en haut à main droite ; & D, celui qui a l'angle coloré en bas à main droite.

Rappellez aussi que nous avons dit que les carreaux A & C, B & D sont opposez diagonalement, c'est-à-dire du blanc au noir, ou du noir au blanc.

Que les carreaux A & D, B & C sont opposez horisontalement, c'est-à-dire de gauche à droite, ou de droite à gauche.

Que les carreaux A & B, C & D sont opposez perpendiculairement, c'est-à-dire de haut en bas, ou de bas en haut.

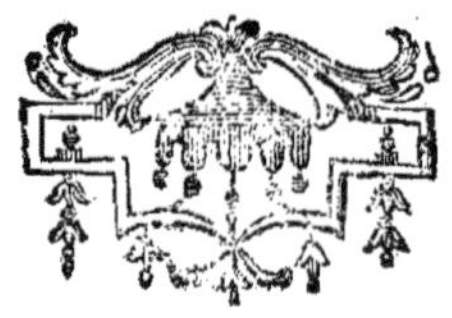

Premier Dessein.			Son opposé horisontalement.		
BCAD	BCAD	BCAD	CBDA	CBDA	CBDA
CBDA	CBDA	CBDA	BCAD	BCAD	BCAD
BCAD	BCAD	BCAD	CBDA	CBDA	CBDA
CBDA	CBDA	CBDA	BCAD	BCAD	BCAD
BCAD	BCAD	BCAD	CBDA	CBDA	CBDA
CBDA	CBDA	CBDA	BCAD	BCAD	BCAD
BCAD	BCAD	BCAD	CBDA	CBDA	CBDA
CBDA	CBDA	CBDA	BCAD	BCAD	BCAD
BCAD	BCAD	BCAD	CBDA	CBDA	CBDA
CBDA	CBDA	CBDA	BCAD	BCAD	BCAD
BCAD	BCAD	BCAD	CBDA	CBDA	CBDA
CBDA	CBDA	CBDA	BCAD	BCAD	BCAD

Perpendiculairement.			Diagonalement.		
ADBC	ADBC	ADBC	DACB	DACB	DACB
DACB	DACB	DACB	ADBC	ADBC	ADBC
ADBC	ADBC	ADBC	DACB	DACB	DACB
DACB	DACB	DACB	ADBC	ADBC	ADBC
ADBC	ADBC	ADBC	DACB	DACB	DACB
DACB	DACB	DACB	ADBC	ADBC	ADBC
ADBC	ADBC	ADBC	DACB	DACB	DACB
DACB	DACB	DACB	ADBC	ADBC	ADBC
ADBC	ADBC	ADBC	DACB	DACB	DACB
DACB	DACB	DACB	ADBC	ADBC	ADBC
ADBC	ADBC	ADBC	DACB	DACB	DACB
DACB	DACB	DACB	ADBC	ADBC	ADBC

Second Dessein.			Son opposé horisontalement.		
DADA	DADA	DADA	ADAD	ADAD	ADAD
ACBD	ACBD	ACBD	DBCA	DBCA	DBCA
DADA	DADA	DADA	ADAD	ADAD	ADAD
ACBD	ACBD	ACBD	DBCA	DBCA	DBCA
DADA	DADA	DADA	ADAD	ADAD	ADAD
ACBD	ACBD	ACBD	DBCA	DBCA	DBCA
DADA	DADA	DADA	ADAD	ADAD	ADAD
ACBD	ACBD	ACBD	DBCA	DBCA	DBCA
DADA	DADA	DADA	ADAD	ADAD	ADAD
ACBD	ACBD	ACBD	DBCA	DBCA	DBCA
DADA	DADA	DADA	ADAD	ADAD	ADAD
ACBD	ACBD	ACBD	DBCA	DBCA	DBCA

Perpendiculairement.			Diagonalement.		
CBCB	CBCB	CBCB	BCBC	BCBC	BCBC
BDAC	BDAC	BDAC	CADB	CADB	CADB
CBCB	CBCB	CBCB	BCBC	BCBC	BCBC
BDAC	BDAC	BDAC	CADB	CADB	CADB
CBCB	CBCB	CBCB	BCBC	BCBC	BCBC
BDAC	BDAC	BDAC	CADB	CADB	CADB
CBCB	CBCB	CBCB	BCBC	BCBC	BCBC
BDAC	BDAC	BDAC	CADB	CADB	CADB
CBCB	CBCB	CBCB	BCBC	BCBC	BCBC
BDAC	BDAC	BDAC	CADB	CADB	CADB
CBCB	CBCB	CBCB	BCBC	BCBC	BCBC
BDAC	BDAC	BDAC	CADB	CADB	CADB

Troiſiéme Deſſein.			Son oppoſé horiſontalement.		
CDCD	CDCD	CDCD	BABA	BABA	BABA
ABAB	ABAB	ABAB	DCDC	DCDC	DCDC
CDCD	CDCD	CDCD	BABA	BABA	BABA
ABAB	ABAB	ABAB	DCDC	DCDC	DCDC
CDCD	CDCD	CDCD	BABA	BABA	BABA
ABAB	ABAB	ABAB	DCDC	DCDC	DCDC
CDCD	CDCD	CDCD	BABA	BABA	BABA
ABAB	ABAB	ABAB	DCDC	DCDC	DCDC
CDCD	CDCD	CDCD	BABA	BABA	BABA
ABAB	ABAB	ABAB	DCDC	DCDC	DCDC
CDCD	CDCD	CDCD	BABA	BABA	BABA
ABAB	ABAB	ABAB	DCDC	DCDC	DCDC
Perpendiculairement.			**Diagonalement.**		
DCDC	DCDC	DCDC	ABAB	ABAB	ABAB
BABA	BABA	BABA	CDCD	CDCD	CDCD
DCDC	DCDC	DCDC	ABAB	ABAB	ABAB
BABA	BABA	BABA	CDCD	CDCD	CDCD
DCDC	DCDC	DCDC	ABAB	ABAB	ABAB
BABA	BABA	BABA	CDCD	CDCD	CDCD
DCDC	DCDC	DCDC	ABAB	ABAB	ABAB
BABA	BABA	BABA	CDCD	CDCD	CDCD
DCDC	DCDC	DCDC	ABAB	ABAB	ABAB
BABA	BABA	BABA	CDCD	CDCD	CDCD
DCDC	DCDC	DCDC	ABAB	ABAB	ABAB
BABA	BABA	BABA	CDCD	CDCD	CDCD

Quatriéme Deſſein.			Son oppoſé horiſontalement.		
DADA	DADA	DADA	ADAD	ADAD	ADAD
ADAD	ADAD	ADAD	DADA	DADA	DADA
BCBC	BCBC	BCBC	CBCB	CBCB	CBCB
CBCB	CBCB	CBCB	BCBC	BCBC	BCBC
DADA	DADA	DADA	ADAD	ADAD	ADAD
ADAD	ADAD	ADAD	DADA	DADA	DADA
BCBC	BCBC	BCBC	CBCB	CBCB	CBCB
CBCB	CBCB	CBCB	BCBC	BCBC	BCBC
DADA	DADA	DADA	ADAD	ADAD	ADAD
ADAD	ADAD	ADAD	DADA	DADA	DADA
BCBC	BCBC	BCBC	CBCB	CBCB	CBCB
CBCB	CBCB	CBCB	BCBC	BCBC	BCBC

Perpendiculairement.			Diagonalement.		
CBCB	CBCB	CBCB	BCBC	BCBC	BCBC
BCBC	BCBC	BCBC	CBCB	CBCB	CBCB
ADAD	ADAD	ADAD	DADA	DADA	DADA
DADA	DADA	DADA	ADAD	ADAD	ADAD
CBCB	CBCB	CBCB	BCBC	BCBC	BCBC
BCBC	BCBC	BCBC	CBCB	CBCB	CBCB
ADAD	ADAD	ADAD	DADA	DADA	DADA
DADA	DADA	DADA	ADAD	ADAD	ADAD
CBCB	CBCB	CBCB	BCBC	BCBC	BCBC
BCBC	BCBC	BCBC	CBCB	CBCB	CBCB
ADAD	ADAD	ADAD	DADA	DADA	DADA
DADA	DADA	DADA	ADAD	ADAD	ADAD

Cinquiéme Dessein.			Son opposé horisontalement.		
ACBD	CADB	ACBD	DBCA	BDAC	DBCA
DBCA	BDAC	DBCA	ACBD	CADB	ACBD
CADB	ACBD	CADB	BDAC	DBCA	BDAC
BDAC	DBCA	BDAC	CADB	ACBD	CADB
ACBD	CADB	ACBD	DBCA	BDAC	DBCA
DBCA	BDAC	DBCA	ACBD	CADB	ACBD
CADB	ACBD	CADB	BDAC	DBCA	BDAC
BDAC	DBCA	BDAC	CADB	ACBD	CADB
ACBD	CADB	ACBD	DBCA	BDAC	DBCA
DBCA	BDAC	DBCA	ACBD	CADB	ACBD
CADB	ACBD	CADB	BDAC	DBCA	BDAC
BDAC	DBCA	BDAC	CADB	ACBD	CADB

Perpendiculairement.			Diagonalement.		
BDAC	DBCA	BDAC	CADB	ACBD	CADB
CADB	ACBD	CADB	BDAC	DBCA	BDAC
DBCA	BDAC	DBCA	ACBD	CADB	ACBD
ACBD	CADB	ACBD	DBCA	BDAC	DBCA
BDAC	DBCA	BDAC	CADB	ACBD	CADB
CADB	ACBD	CADB	BDAC	DBCA	BDAC
DBCA	BDAC	DBCA	ACBD	CADB	ACBD
ACBD	CADB	ACBD	DBCA	BDAC	DBCA
BDAC	DBCA	BDAC	CADB	ACBD	CADB
CADB	ACBD	CADB	BDAC	DBCA	BDAC
DBCA	BDAC	DBCA	ACBD	CADB	ACBD
ACBD	CADB	ACBD	DBCA	BDAC	DBCA

Sixiéme Deſſein.			Son oppoſé horiſontalement.		
DADA	DADA	DADA	ADAD	ADAD	ADAD
ACBD	ACBD	ACBD	DBCA	DBCA	DBCA
BDAC	BDAC	BDAC	CADB	CADB	CADB
CBCB	CBCB	CBCB	BCBC	BCBC	BCBC
DADA	DADA	DADA	ADAD	ADAD	ADAD
ACBD	ACBD	ACBD	DBCA	DBCA	DBCA
BDAC	BDAC	BDAC	CADB	CADB	CADB
CBCB	CBCB	CBCB	BCBC	BCBC	BCBC
DADA	DADA	DADA	ADAD	ADAD	ADAD
ACBD	ACBD	ACBD	DBCA	DBCA	DBCA
BDAC	BDAC	BDAC	CADB	CADB	CADB
CBCB	CBCB	CBCB	BCBC	BCBC	BCBC

Perpendiculairement.			Diagonalement.		
CBCB	CBCB	CBCB	BCBC	BCBC	BCBC
BDAC	BDAC	BDAC	CADB	CADB	CADB
ACBD	ACBD	ACBD	DBCA	DBCA	DBCA
DADA	DADA	DADA	ADAD	ADAD	ADAD
CBCB	CBCB	CBCB	BCBC	BCBC	BCBC
BDAC	BDAC	BDAC	CADB	CADB	CADB
ACBD	ACBD	ACBD	DBCA	DBCA	DBCA
DADA	DADA	DADA	ADAD	ADAD	ADAD
CBCB	CBCB	CBCB	BCBC	BCBC	BCBC
BDAC	BDAC	BDAC	CADB	CADB	CADB
ACBD	ACBD	ACBD	DBCA	DBCA	DBCA
DADA	DADA	DADA	ADAD	ADAD	ADAD

Septiéme Deſſein.			Son opposé horiſontalement.		
DCBA	DCBA	DCBA	ABCD	ABCD	ABCD
ABCD	ABCD	ABCD	DCBA	DCBA	DCBA
BADC	BADC	BADC	CDAB	CDAB	CDAB
CDAB	CDAB	CDAB	BADC	BADC	BADC
DCBA	DCBA	DCBA	ABCD	ABCD	ABCD
ABCD	ABCD	ABCD	DCBA	DCBA	DCBA
BADC	BADC	BADC	CDAB	CDAB	CDAB
CDAB	CDAB	CDAB	BADC	BADC	BADC
DCBA	DCBA	DCBA	ABCD	ABCD	ABCD
ABCD	ABCD	ABCD	DCBA	DCBA	DCBA
BADC	BADC	BADC	CDAB	CDAB	CDAB
CDAB	CDAB	CDAB	BADC	BADC	BADC

Perpendiculairement.			Diagonalement.		
CDAB	CDAB	CDAB	BADC	BADC	BADC
BADC	BADC	BADC	CDAB	CDAB	CDAB
ABCD	ABCD	ABCD	DCBA	DCBA	DCBA
DCBA	DCBA	DCBA	ABCD	ABCD	ABCD
CDAB	CDAB	CDAB	BADC	BADC	BADC
BADC	BADC	BADC	CDAB	CDAB	CDAB
ABCD	ABCD	ABCD	DCBA	DCBA	DCBA
DCBA	DCBA	DCBA	ABCD	ABCD	ABCD
CDAB	CDAB	CDAB	BADC	BADC	BADC
BADC	BADC	BADC	CDAB	CDAB	CDAB
ABCD	ABCD	ABCD	DCBA	DCBA	DCBA
DCBA	DCBA	DCBA	ABCD	ABCD	ABCD

Huitiéme Deſſein.			Son oppoſé horiſontalement.		
BDAC	BDAC	BDAC	CADB	CADB	CADB
DDAA	DDAA	DDAA	AADD	AADD	AADD
CCBB	CCBB	CCBB	BBCC	BBCC	BBCC
ACBD	ACBD	ACBD	DBCA	DBCA	DBCA
BDAC	BDAC	BDAC	CADB	CADB	CADB
DDAA	DDAA	DDAA	AADD	AADD	AADD
CCBB	CCBB	CCBB	BBCC	BBCC	BBCC
ACBD	ACBD	ACBD	DBCA	DBCA	DBCA
BDAC	BDAC	BDAC	CADB	CADB	CADB
DDAA	DDAA	DDAA	AADD	AADD	AADD
CCBB	CCBB	CCBB	BBCC	BBCC	BBCC
ACBD	ACBD	ACBD	DBCA	DBCA	DBCA

Perpendiculairement.			Diagonalement.		
ACBD	ACBD	ACDB	DBCA	DBCA	DBCA
CCBB	CCBB	CCBB	BBCC	BBCC	BBCC
DDAA	DDAA	DDAA	AADD	AADD	AADD
BDAC	BDAC	BDAC	CADB	CADB	CADB
ACBD	ACBD	ACBD	DBCA	DBCA	DBCA
CCBB	CCBB	CCBB	BBCC	BBCC	BBCC
DDAA	DDAA	DDAA	AADD	AADD	AADD
BDAC	BDAC	BDAC	CADB	CADB	CADB
ACBD	ACBD	ACBD	DBCA	DBCA	DBCA
CCBB	CCBB	CCBB	BBCC	BBCC	BBCC
DDAA	DDAA	DDAA	AADD	AADD	AADD
BDAC	BDAC	BDAC	CADB	CADB	CADB

Neuviéme Dessein.			Son opposé horisontalement.		
BCBC	BCBC	BCBC	CBCB	CBCB	CBCB
ABCD	ABCD	ABCD	DCBA	DCBA	DCBA
BADC	BADC	BADC	CDAB	CDAB	CDAB
ADAB	CDAB	CDAD	DADC	BADC	BADA
BCBA	DCBA	DCBC	CBCD	ABCD	ABCB
ADAD	ADAD	ADAD	DADA	DADA	DADA
BCBC	BCBC	BCBC	CBCB	CBCB	CBCB
ADAB	CDAB	CDAD	DADC	BADC	BADA
BCBA	DCBA	DCBC	CBCD	ABCD	ABCB
ABCD	ABCD	ABCD	DCBA	DCBA	DCBA
BADC	BADC	BADC	CDAB	CDAB	CDAB
ADAD	ADAD	ADAD	DADA	DADA	DADA

Perpendiculairement.			Diagonalement.		
ADAD	ADAD	ADAD	DADA	DADA	DADA
ABDC	BADC	BADC	CDAB	CDAB	CDAB
ABCD	ABCD	ABCD	DCBA	DCBA	DCBA
BCBA	DCBA	DCBC	CBCD	ABCD	ABCD
ADAB	CDAB	CDAD	DADC	BADC	BADA
BCBC	BCBC	BCBC	CBCB	CBCB	CBCB
ADAD	ADAD	ADAD	DADA	DADA	DADA
BCBA	DCBA	DCBC	CBCD	ABCD	ABCD
ADAB	CDAB	CDAD	DADC	BADC	BADA
BADC	BADC	BADC	CDAB	CDAB	CDAB
ABCD	ABCD	ABCD	DCBA	DCBA	DCBA
BCBC	BCBC	BCBC	CBCB	CBCB	CBCB

Dixiéme Deſſein.

BBBB	DDAA	CCCC
BBBD	BDAC	ACCC
BBDB	DDAA	CACC
BDBD	DDAA	ACAC
DBDD	DDAA	AACA
DDDD	DDAA	AAAA
CCCC	CCBB	BBBB
CACC	CCBB	BBDB
ACAC	CCBB	BDBD
AACA	CCBB	DBDD
AAAC	ACBD	BDDD
AAAA	CCBB	DDDD

Son oppoſé horiſontalemen

CCCC	AADD	BBBB
CCCA	CADB	DBBB
CCAC	AADD	BDBB
CACA	AADD	DBDB
ACAA	AADD	DDBD
AAAA	AADD	DDDD
BBBB	BBCC	CCCC
BDBB	BBCC	CCAC
DBDB	BBCC	CACA
DDBD	BBCC	ACAA
DDDB	DBCA	CAAA
DDDD	BBCC	AAAA

Perpendiculairement.

AAAA	CCBB	DDDD
AAAC	ACBD	BDDD
AACA	CCBB	DBDD
ACAC	CCBB	BDBD
CACC	CCBB	BBDB
CCCC	CCBB	BBBB
DDDD	DDAA	AAAA
DBDD	DDAA	AACA
BDBD	DDAA	ACAC
BBDB	DDAA	CACC
BBBD	BDAC	ACCC
BBBB	DDAA	CCCC

Diagonalement.

DDDD	BBCC	AAAA
DDDB	BBCA	CAAA
DDBD	BBCC	ACAA
DBDB	BBCC	CACA
BDBB	BBCC	CCAC
BBBB	BBCC	CCCC
AAAA	AADD	DDDD
ACAA	AADD	DDBD
CACA	AADD	DBDB
CCAC	AADD	BDBB
CCCA	CADB	DBBB
CCCC	AADD	BBBB

Onziéme Dessein.			Son opposé horisontalement.		
DBCA	DBCA	DBCA	ACBD	ACBD	ACBD
BBAC	BDAC	BDCC	CCDB	CADB	CABB
ACDB	DBCA	CABD	DBAC	ACBD	BDCA
CABD	BDAC	ACDB	BDCA	CADB	DBAC
DBDB	DCBA	CACA	ACAC	ABCD	BDBD
BDBD	ADAD	ACAC	CACA	DADA	DBDB
ACAC	BCBC	BDBD	DBDB	CBCB	CACA
CACA	CDAB	DBDB	BDBD	BADC	ACAC
DBAC	ACBD	BDCA	ACDB	DBCA	CABD
BDCA	CADB	DBAC	CABD	BDAC	ACDB
AABD	ACBD	ACDD	DDCA	DBCA	DBAA
CADB	CADB	CADB	BDAC	BDAC	BDAC

Perpendiculairement.			Diagonalement.		
CADB	CADB	CADB	BDAC	BDAC	BDAC
AABD	ACBD	ACDD	DDCA	DBCA	DBAA
BDCA	CADB	DBAC	CABD	BDAC	ACDB
DBAC	ACBD	BDCA	ACDB	DBCA	CABD
CACA	CDAB	DBDB	BDBD	BADC	ACAC
ACAC	BCBC	BDBD	DBDB	CBCB	CACA
BDBD	ADAD	ACAC	CACA	DADA	DBDB
DBDB	DCBA	CACA	ACAC	ABCD	BDBD
CABD	BDAC	ACDB	BDCA	CADB	DBAC
ACDB	DBCA	CABD	DBAC	ACBD	BDCA
BBAC	BDAC	BDCC	CCDB	CADB	CABB
DBCA	DBCA	DBCA	ACBD	ACBD	ACBD

Douziéme Dessein.			Son opposé horisontalement.		
DBCA	DBCA	DBCA	ACBD	ACBD	ACBD
BBAC	BDAC	BDCC	CCDB	CADB	CABB
ACDD	BDAC	AABD	DBAA	CADB	DDCA
CADB	DCBA	CADB	BDAC	ABCD	BDAC
DBBD	DDAA	ACCA	ACCA	AADD	DBBD
BDDA	DDAA	DAAC	CAAD	AADD	ADDB
ACCB	CCBB	CBBD	DBBC	BBCC	BCCA
CAAC	CCBB	BDDB	BDDB	BBCC	CAAC
DBCA	CDAB	DBCA	ACBD	BADC	ACBD
BDCC	ACBD	BBAC	CABB	DBCA	CCDB
AABD	ACBD	ACDD	DDCA	DBCA	DBAA
CADB	CADB	CADB	BDAC	BDAC	BDAC

Perpendiculairement.			Diagonalement.		
CADB	CADB	CADB	BDAC	BDAC	BDAC
AABD	ACBD	ACDD	DDCA	DBCA	DBAA
BDCC	ACBD	BBAC	CABB	DBCA	CCDB
DBCA	CDAB	DBCA	ACBD	BADC	ACBD
CAAC	CCBB	BDDB	BDDB	BBCC	CAAC
ACCB	CCBB	CBBD	DBBC	BBCC	BCCA
BDDA	DDAA	DAAC	CAAD	AADD	ADDB
DBBD	DDAA	ACCA	ACCA	AADD	DBBD
CADB	DCBA	CADB	BDAC	ABCD	BDAC
ACDD	BDAC	AABD	DBAA	CADB	DDCA
BBAC	BDAC	BDCC	CCDB	CADB	CABB
DBCA	DBCA	DBCA	ACBD	ACBD	ACBD

Treiziéme Deſſein.			Son oppoſé horiſontalement.		
BDDB	DDAA	CAAC	CAAC	AADD	BDDB
DBDD	BDAC	AACA	ACAA	CADB	DDBD
DDBD	DBCA	ACAA	AACA	ACBD	DBDD
BDDB	DDAA	CAAC	CAAC	AADD	BDDB
DBDD	BDAC	AACA	ACAA	CADB	DDBD
DDBD	DBCA	ACAA	AACA	ACBD	DBDD
CCAC	CADB	BDBB	BBDB	BDAC	CACC
CACC	ACBD	BBDB	BDBB	DBCA	CCAC
ACCA	CCBB	DBBD	DBBD	BBCC	ACCA
CCAC	CADB	BDBB	BBDB	BDAC	CACC
CACC	ACBD	BBDB	BDBB	DBCA	CCAC
ACCA	CCBB	DBBD	DBBD	BBCC	ACCA

Perpendiculairement.			Diagonalement.		
ACCA	CCBB	DBBD	DBBD	BBCC	ACCA
CACC	ACBD	BBDB	BDBB	DBCA	CCAC
CCAC	CADB	BDBB	BBDB	BDAC	CACC
ACCA	CCBB	DBBD	DBBD	BBCC	ACCA
CACC	ACBD	BBDB	BDBB	DBCA	CCAC
CCAC	CADB	BDBB	BBDB	BDAC	CACC
DDBD	DBCA	ACAA	AACA	ACBD	DBDD
DBDD	BDAC	AACA	ACAA	CADB	DDBD
BDDB	DDAA	CAAC	CAAC	AADD	BDDB
DDBD	DBCA	ACAA	AACA	CABD	DBDD
DBDD	BDAC	AACA	ACAA	CADB	DDBD
BDDB	DDAA	CAAC	CAAC	AADD	BDDB

Quatorziéme Deſſein.			Son oppoſé horiſontalement.		
BDDA	DADA	DAAC	CAAD	ADAD	ADDB
DDBB	CBCB	CCAA	AACC	BCBC	BBDD
DBBD	DADA	ACCA	ACCA	ADAD	DBBD
CBDD	BBCC	AACB	BCAA	CCBB	DDBC
DADB	BCBC	CADA	ADAC	CBCB	BDAD
CBCB	ADAD	CBCB	BCBC	DADA	BCBC
DADA	BCBC	DADA	ADAD	CBCB	ADAD
CBCA	ADAD	DBCB	BCBD	DADA	ACBC
DACC	AADD	BBDA	ADBB	DDAA	CCAD
CAAC	CBCB	BDDB	BDDB	BCBC	CAAC
CCAA	DADA	DDBB	BBDD	ADAD	AACC
ACCB	CBCB	CBBD	DBBC	BCBC	BCCA

Perpendiculairement.			Diagonalement.		
ACCB	CBCB	CBBD	DBBC	BCBC	BCCA
CCAA	DADA	DDBB	BBDD	ADAD	AACC
CAAC	CBCB	BDDB	BDDB	BCBC	CAAC
DACC	AADD	BBDA	ADBB	DDAA	CCAD
CBCA	ADAD	DBCB	BCBD	DADA	ACBC
DADA	BCBC	DADA	ADAD	CBCB	ADAD
CBCB	ADAD	CBCB	BCBC	DADA	BCBC
DADB	BCBC	CADA	ADAC	CBCB	BDAD
CBDD	BBCC	AACB	BCAA	CCBB	DDBC
DBBD	DADA	ACCA	ACCA	ADAD	DBBD
DDBB	CBCB	CCAA	AACC	BCBC	BBDD
BDDA	DADA	DAAC	CAAD	ADAD	ADDB

Quinziéme Dessein.			Son opposé horisontalement.		
BDDD	ADAD	AAAC	CAAA	DADA	DDDB
DDDD	ADAD	AAAA	AAAA	DADA	DDDD
DDDD	ADAD	AAAA	AAAA	DADA	DDDD
DDDD	ADAD	AAAA	AAAA	DADA	DDDD
CCCC	BADC	BBBB	BBBB	CDAB	CCCC
DDDD	CBCB	AAAA	AAAA	BCBC	DDDD
CCCC	DADA	BBBB	BBBB	ADAD	CCCC
DDDD	ABCD	AAAA	AAAA	DCBA	DDDD
CCCC	BCBC	BBBB	BBBB	CBCB	CCCC
CCCC	BCBC	BBBB	BBBB	CBCB	CCCC
CCCC	BCBC	BBBB	BBBB	CBCB	CCCC
ACCC	BCBC	BBBD	DBBB	CBCB	CCCA

Perpendiculairement.			Diagonalement.		
ACCC	BCBC	BBBD	DBBB	CBCB	CCCA
CCCC	BCBC	BBBB	BBBB	CBCB	CCCC
CCCC	BCBC	BBBB	BBBB	CBCB	CCCC
CCCC	BCBC	BBBB	BBBB	CBCB	CCCC
DDDD	ABCD	AAAA	AAAA	DCBA	DDDD
CCCC	DADA	BBBB	BBBB	ADAD	CCCC
DDDD	CBCB	AAAA	AAAA	BCBC	DDDD
CCCC	BADC	BBBB	BBBB	CDAB	CCCC
DDDD	ADAD	AAAA	AAAA	DADA	DDDD
DDDD	ADAD	AAAA	AAAA	DADA	DDDD
DDDD	ADAD	AAAA	AAAA	DADA	DDDD
BDDD	ADAD	AAAC	CAAA	DADA	DDDB

Seiziéme Dessein.			Son opposé horisontalement.		
BDDB	BDAC	CAAC	CAAC	CADB	BDDB
DBBD	DBCA	ACCA	ACCA	ACBD	DBBD
DBBD	DBCA	ACCA	ACCA	ACBD	DBBD
BDDB	DBAC	CAAC	CAAC	CADB	BDDB
BDDB	BDAC	CAAC	CAAC	CADB	BDDB
DBBD	DBCA	ACCA	ACCA	ACBD	DBBD
CAAC	CADB	BDDB	BDDB	BDAC	CAAC
ACCA	ACBD	DBBD	DBBD	DBCA	ACCA
ACCA	ACBD	DBBD	DBBD	DBCA	ACCA
CAAC	CADB	BDDB	BDDB	BDAC	CAAC
CAAC	CADB	BDDB	BDDB	BDAC	CAAC
ACCA	ACBD	DBBD	DBBD	DBCA	ACCA

Perpendiculairement.			Diagonalement.		
ACCA	ACBD	DBBD	DBBD	DBCA	ACCA
CAAC	CADB	BDDB	BDDB	BDAC	CAAC
CAAC	CADB	BDDB	BDDB	BDAC	CAAC
ACCA	ACBD	DBBD	DBBD	DBCA	ACCA
ACCA	ACBD	DBBD	DBBD	DBCA	ACCA
CAAC	CADB	BDDB	BDDB	BDAC	CAAC
DBBD	DBCA	ACCA	ACCA	ACBD	DBBD
BDDB	BDAC	CACA	CAAC	CADB	BDDB
BDDB	BDAC	CAAC	CAAC	CADB	BDDB
DBBD	DBCA	ACCA	ACCA	ACBD	DBBD
DBBD	DBCA	ACCA	ACCA	ACBD	DBBD
BDDB	BDAC	CAAC	CAAC	CADB	BDDB

Dix-ſeptiéme Deſſein.			Son oppoſé horiſontalement.		
DDBD	DBCA	ACAA	AACA	ACBD	DBDD
DBDD	BBCC	AACA	ACAA	CCBB	DDBD
BDDB	DADA	CAAC	CAAC	ADAD	BDDB
DDBD	BBCC	ACAA	AACA	CCBB	DBDD
DBDB	BADC	CACA	ACAC	CDAB	BDBD
BBCB	CDAB	CBCC	CCBC	BADC	BCBB
AADA	DCBA	DADD	DDAD	ABCD	ADAA
CACA	ABCD	DBDB	BDBD	DCBA	ACAC
CCAC	AADD	BDBB	BBDB	DDAA	CACC
ACCA	CBCB	DBBD	DBBD	BCBC	ACCA
CACC	AADD	BBDB	BDBB	DDAA	CCAC
CCAC	CADB	BDBB	BBDB	BDAC	CACC

Perpendiculairement.			Diagonalement.		
CCAC	CADB	BDBB	BBDB	BDAC	CACC
CACC	AADD	BBDB	BDBB	DDAA	CCAC
ACCA	CBCB	DBBD	DBBD	BCBC	ACCA
CCAC	AADD	BDBB	BBDB	DDAA	CACC
CACA	ABCD	DBDB	BDBD	DCBA	ACAC
AADA	DCBA	DADD	DDAD	ABCD	ADAA
BBCB	CDAB	CBCC	CCBC	BADC	BCBB
DBDB	BADC	CACA	ACAC	CDAB	BDBB
DDBD	BBCC	ACAA	AACA	CCBB	DBDD
BDDB	DADA	CAAC	CAAC	ADAD	BDDB
DBDD	BBCC	AACA	ACAA	CCBB	DDBD
DDBD	DBCA	ACAA	AACA	ACBD	DBDD

Dix-huitiéme Dessein.			Son opposé horisontalement.		
BBBD	BDAC	ACCC	CCCA	CADB	DBBB
BDDB	BDAC	CAAC	CAAC	CADB	BDDB
BDBD	DBCA	ACAC	CACA	ACBD	DBDB
DBBD	BADC	ACCA	ACCA	CDAB	DBBD
BDDB	DADA	CAAC	CAAC	ADAD	BDDB
BDBC	CBCB	BCAC	CACB	BCBC	CBDB
ACAD	DADA	ADBD	DBDA	ADAD	DACA
ACCA	CBCB	DBBD	DBBD	BCBC	ACCA
CAAC	ABCD	BDDB	BDDB	DCBA	CAAC
ACAC	CADB	BDBD	DBDB	BDAC	CACA
ACCA	ACBD	DBBD	DBBD	DBCA	ACCA
AAAC	ACBD	BDDD	DDDB	DBCA	CAAA

Perpendiculairement.			Diagonalement.		
AAAC	ACBD	BDDD	DDDB	DBCA	CAAA
ACCA	ACBD	DBBD	DBBD	DBCA	ACCA
ACAC	CADB	BDBD	DBDB	BDAC	CACA
CAAC	ABCD	BDDB	BDDB	DCBA	CAAC
ACCA	CBCB	DBBD	DBBD	BCBC	ACCA
ACAD	DADA	ADBD	DBDA	ADAD	DACA
BDBC	CBCB	BCAC	CACB	BCBC	CBDB
BDDB	DADA	CAAC	CAAC	ADAD	BDDB
DBBD	BADC	ACCA	ACCA	CDAB	DBBD
BDBD	DBCA	ACAC	CACA	ACBD	DBDB
BDDB	BDAC	CAAC	CAAC	CADB	BDDB
BBBD	BDAC	ACCC	CCCA	CADB	DBBB

Dix-neuviéme Dessein.			Son opposé horisontalement.		
DDBA	AADD	DCAA	AACD	DDAA	ABDD
DDDB	AADD	CAAA	AAAC	DDAA	BDDD
BDDD	BADC	AAAC	CAAA	CDAB	DDDB
CBDD	DBCA	AACB	BCAA	ACDB	DDBC
CCBD	DDAA	ACBB	BBCA	AADD	DBCC
CCCB	DDAA	CBBB	BBBC	AADD	BCCC
DDDA	CCBB	DAAA	AAAD	BBCC	ADDD
DDAC	CCBB	BDAA	AADB	BBCC	CADD
DACC	CADB	BBDA	ADBB	BDAC	CCAD
ACCC	ABCD	BBBD	DBBB	DCBA	CCCA
CCCA	BBCC	DBBB	BBBD	CCBB	ACCC
CCAB	BBCC	CDBB	BBDC	CCBB	BACC

Perpendiculairement.			Diagonalement.		
CCAB	BBCC	CDBB	BBDC	CCBB	BACC
CCCA	BBCC	DBBB	BBBD	CCBB	ACCC
ACCC	ABCD	BBBD	DBBB	DCBA	CCCA
DACC	CADB	BBDA	ADBB	BDAC	CCAD
DDAC	CCBB	BDAA	AADB	BBCC	CADD
DDDA	CCBB	DAAA	AAAD	BBCC	ADDD
CCCB	DDAA	CBBB	BBBC	AADD	BCCC
CCBD	DDAA	ACBB	BBCA	AADD	DBCC
CBDD	DBCA	AACB	BCAA	ACBD	DDBC
BDDD	BADC	AAAC	CAAA	CDAB	DDDB
DDDB	AADD	CAAA	AAAC	DDAA	BDDD
DDBA	AADD	DCAA	AACD	DDAA	ABDD

Vingtiéme Dessein.			Son opposé horisontalement.		
BBCA	ACBD	DBCC	CCBD	DBCA	ACBB
BDCC	CADB	BBAC	CABB	BDAC	CCDB
AABA	CADB	DCDD	DDCD	BDAC	ABAA
CACD	CCBB	ABDB	BDBA	BBCC	DCAC
CAAA	BDAC	DDDB	BDDD	CADB	AAAC
ACCA	DDAA	DBBD	DBBD	AADD	ACCA
BDDB	CCBB	CAAC	CAAC	BBCC	BDDB
DBBB	ACBD	CCCA	ACCC	DBCA	BBBD
DBDC	DDAA	BACA	ACAB	AADD	CDBD
BBAB	DBCA	CDCC	CCDC	ACBD	BABB
ACDD	DBCA	AABD	DBAA	ACBD	DDCA
AADB	BDAC	CADD	DDAC	CADB	BDAA

Perpendiculairement.			Diagonalement.		
AADB	BDAC	CADD	DDAC	CADB	BDAA
ACDD	DBCA	AABD	DBAA	ACBD	DDCA
BBAB	DBCA	CDCC	CCDC	ACBD	BABB
DBDC	DDAA	BACA	ACAB	AADD	CDBD
DBBB	ACBD	CCCA	ACCC	DBCA	BBBD
BDDB	CCBB	CAAC	CAAC	BBCC	BDDB
ACCA	DDAA	DBBD	DBBD	AADD	ACCA
CAAA	BDAC	DDDB	BDDD	CADB	AAAC
CACD	CCBB	ABDB	BDBA	BBCC	DCAC
AABA	CADB	DCDD	DDCD	BDAC	ABAA
BDCC	CADB	BBAC	CABB	BDAC	CCDB
BBCA	ACBD	DBCC	CCBD	DBCA	ACBB

Vingt-uniéme Dessein.			Son opposé horisontalement.		
DBCC	CCBB	BBCA	ACBB	BBCC	CCBD
BDBC	CCBB	BCAC	CACB	BBCC	CBDB
ABDB	CCBB	CACD	DCAC	BBCC	BDBA
AABD	BCBC	ACDD	DDCA	CBCB	DBAA
AAAB	DBCA	CDDD	DDDC	ACBD	BAAA
AAAA	BDAC	DDDD	DDDD	CADB	AAAA
BBBB	ACBD	CCCC	CCCC	DBCA	BBBB
BBBA	CADB	DCCC	CCCD	BDAC	ABBB
BBAC	ADAD	BDCC	CCDB	DADA	CABB
BACA	DDAA	DBDC	CDBD	AADD	ACAB
ACAD	DDAA	ADBD	DBDA	AADD	DACA
CADD	DDAA	AADB	BDAA	AADD	DDAC

Perpendiculairement.			Diagonalement.		
CADD	DDAA	AADB	BDAA	AADD	DDAC
ACAD	DDAA	ADBD	DBDA	AADD	DACA
BACA	DDAA	DBDC	CDBD	AADD	ACAB
BBAC	ADAD	BDCC	CCDB	DADA	CABB
BBBA	CADB	DCCC	CCCD	BDAC	ABBB
BBBB	ACBD	CCCC	CCCC	DBCA	BBBB
AAAA	BDAC	DDDD	DDDD	CADB	AAAA
AAAB	DBCA	CDDD	DDDC	ACBD	BAAA
AABD	BCBC	ACDD	DDCA	CBCB	DBAA
ABDB	CCBB	CACD	DCAC	BBCC	BDBA
BDBC	CCBB	BCAC	CACB	BBCC	CBDB
DBCC	CCBB	BBCA	ACBB	BBCC	CCBD

Vingt-deuxiéme Deſſein.			Son oppoſé horiſontalement.		
BBDB	ACBD	CACC	CCAC	DBCA	BDBB
BBBD	BBCC	ACCC	CCCA	CCBB	DBBB
DBBB	DADA	CCCA	ACCC	ADAD	BBBD
BDBB	BDAC	CCAC	CACC	CADB	BBDB
CBDB	BCBC	CACB	BCAC	CBCB	BDBC
ABCD	ADAD	ABCD	DCBA	DADA	DCBA
BADC	BCBC	BADC	CDAB	CBCB	CDAB
DACA	ADAD	DBDA	ADBD	DADA	ACAD
ACAA	ACBD	DDBD	DBDD	DBCA	AACA
CAAA	CBCB	DDDB	BDDD	BCBC	AAAC
AAAC	AADD	BDDD	DDDB	DDAA	CAAA
AACA	BDAC	DBDD	DDBD	CADB	ACAA

Perpendiculairement.			Diagonalement.		
AACA	BDAC	DBDD	DDBD	CADB	ACAA
AAAC	AADD	BDDD	DDDB	DDAA	CAAA
CAAA	CBCB	DDDB	BDDD	BCBC	AAAC
ACAA	ACBD	DDBD	DBDD	DBCA	AACA
DACA	ADAD	DBDA	ADBD	DADA	ACAD
BADC	BCBC	BADC	CDAB	CBCB	CDAB
ABCD	ADAD	ABCD	DCBA	DADA	DCBA
CBDB	BCBC	CACB	BCAC	CBCB	BDBC
BDBB	BDAC	CCAC	CACC	CADB	BBDB
DBBB	DADA	CCCA	ACCC	ADAD	BBBD
BBBD	BBCC	ACCC	CCCA	CCBB	DBBB
BBDB	ACBD	CACC	CCAC	DBCA	BDBB

Vingt-troisiéme Dessein.			Son opposé horisontalement.		
BBDD	BBCC	AACC	CCAA	CCBB	DDBB
BBDD	BCBC	AACC	CCAA	CBCB	DDBB
DDBB	DADA	CCAA	AACC	ADAD	BBDD
DDBB	BCBC	CCAA	AACC	CBCB	BBDD
BBDB	DBCA	CACC	CCAC	ACBD	BDBB
BACA	BDAC	DBDC	CDBD	CADB	ACAB
ABDB	ACBD	CACD	DCAC	DBCA	BDBA
AACA	CADB	DBDD	DDBD	BDAC	ACAA
CCAA	ADAD	DDBB	BBDD	DADA	AACC
CCAA	CBCB	DDBB	BBDD	BCBC	AACC
AACC	ADAD	BBDD	DDBB	DADA	CCAA
AACC	AADD	BBDD	DDBB	DDAA	CCAA

Perpendiculairement.			Diagonalement.		
AACC	AADD	BBDD	DDBB	DDAA	CCAA
AACC	ADAD	BBDD	DDBB	DADA	CCAA
CCAA	CBCB	DDBB	BBDD	BCBC	AACC
CCAA	ADAD	DDBB	BBDD	DADA	AACC
AACA	CADB	DBDD	DDBD	BDAC	ACAA
ABDB	ACBD	CACD	DCAC	DBCA	BDBA
BACA	BDAC	DBDC	CDBD	CADB	ACAB
BBDB	DBCA	CACC	CCAC	ACBD	BDBB
DDBB	BCBC	CCAA	AACC	CBCB	BBDD
DDBB	DADA	CCAA	AACC	ADAD	BBDD
BBDD	BCBC	AACC	CCAA	CBCB	DDBB
BBDD	BBCC	AACC	CCAA	CCBB	DDBB

Vingt-quatriéme Deſſein.			Son oppoſé horiſontalement.		
DADA	DADA	DADA	ADAD	ADAD	ADAD
ADAD	ADAD	ADAD	DADA	DADA	DADA
BADA	DADA	DADC	CDAD	ADAD	ADAB
ABAD	ADAD	ADCD	DCDA	DADA	DABA
BABA	DADA	DCDC	CDCD	ADAD	ABAB
ABAB	ADAD	CDCD	DCDC	DADA	BABA
BABA	BCBC	DCDC	CDCD	CBCB	ABAB
ABAB	CBCB	CDCD	DCDC	BCBC	BABA
BABC	BCBC	BCDC	CDCB	CBCB	CBAB
ABCB	CBCB	CBCD	DCBC	BCBC	BCBA
BCBC	BCBC	BCBC	CBCB	CBCB	CBCB
CBCB	CBCB	CBCB	BCBC	BCBC	BCBC

Perpendiculairement.			Diagonalement.		
CBCB	CBCB	CBCB	BCBC	BCBC	BCBC
BCBC	BCBC	BCBC	CBCB	CBCB	CBCB
ABCB	CBCB	CBCD	DCBC	BCBC	BCBA
BABC	BCBC	BCDC	CDCB	CBCB	CBAB
ABAB	CBCB	CDCD	DCDC	BCBC	BABA
BABA	BCBC	DCDC	CDCD	CBCB	ABAB
ABAB	ADAD	CDCD	DCDC	DADA	BABA
BABA	DADA	DCDC	CDCD	ADAD	ABAB
ABAD	ADAD	ADCD	DCDA	DADA	DABA
BADA	DADA	DADC	CDAD	ADAD	ADAB
ADAD	ADAD	ADAD	DADA	DADA	DADA
DADA	DADA	DADA	ADAD	ADAD	ADAD

Vingt-cinquiéme Dessein.			Son opposé horisontalement.		
DDDD	ACBD	AAAA	AAAA	DBCA	DDDD
DDDB	DADA	CAAA	AAAC	ADAD	BDDD
DDBD	BCBC	ACAA	AACA	CBCB	DBDD
DBDB	DADA	CACA	ACAC	ADAD	BDBD
CDBD	DCBA	ACAB	BACA	ABCD	DBDC
ACAC	ADAD	BDBD	DBDB	DADA	CACA
BDBD	BCBC	ACAC	CACA	CBCB	DBDB
DCAC	CDAB	BDBA	ABDB	BADC	CACD
CACA	CBCB	DBDB	BDBD	BCBC	ACAC
CCAC	ADAD	BDBB	BBDB	DADA	CACC
CCCA	CBCB	DBBB	BBBD	BCBC	ACCC
CCCC	BDAC	BBBB	BBBB	CADB	CCCC

Perpendiculairement.			Diagonalement.		
CCCC	BDAC	BBBB	BBBB	CADB	CCCC
CCCA	CBCB	DBBB	BBBD	BCBC	ACCC
CCAC	ADAD	BDBB	BBDB	DADA	CACC
CACA	CBCB	DBDB	BDBD	BCBC	ACAC
DCAC	CDAB	BDBA	ABDB	BADC	CACD
BDBD	BCBC	ACAC	CACA	CBCB	DBDB
ACAC	ADAD	BDBD	DBDB	DADA	CACA
CDBD	DCBA	ACAB	BACA	ABCD	DBDC
DBDB	DADA	CACA	ACAC	ADAD	BDBD
DDBD	BCBC	ACAA	AACA	CBCB	DBDD
DDDB	DADA	CAAA	AAAC	ADAD	BDDD
DDDD	ACBD	AAAA	AAAA	DBCA	DDDD

Vingt-ſixiéme Deſſein.			Son oppoſé horiſontalement.		
BDCB	DBCA	CBAC	CABC	ACBD	BCDB
DBDA	BDAC	DACA	ACAD	CADB	ADBD
ADBD	CBCB	ACAD	DACA	BCBC	DBDA
BCDB	DADA	CABC	CBAC	ADAD	BDCB
DBAD	DCBA	ADCA	ACDA	ABCD	DABD
BDBC	ABCD	BCAC	CACB	DCBA	CBDB
ACAD	BADC	ADBD	DBDA	CDAB	DACA
CABC	CDAB	BCDB	BDCB	BADC	CBAC
ADCA	CBCB	DBAD	DABD	BCBC	ACDA
BCAC	DADA	BDBC	CBDB	ADAD	CACB
CACB	ACBD	CBDB	BDBC	DBCA	BCAC
ACDA	CADB	DABD	DBAD	BDAC	ADCA

Perpendiculairement.			Diagonalement.		
ACDA	CADB	DABD	DBAD	BDAC	ADCA
CACB	ACBD	CBDB	BDBC	DBCA	BCAC
BCAC	DADA	BDBC	CBDB	ADAD	CACB
ADCA	CBCB	DBAD	DABD	BCBC	ACDA
CABC	CDAB	BCBD	BDCB	BADC	CBAC
ACAD	BADC	ADBD	DBDA	CDAB	DACA
BDBC	ABCD	BCAC	CACB	DCBA	CBDB
DBAD	DCBA	ADCA	ACDA	ABCD	DABD
BCDB	DADA	CABC	CBAC	ADAD	BDCB
ADBD	CBCB	ACAD	DACA	BCBC	DBDA
DBDA	BDAC	DACA	ACAD	CADB	ADBD
BDCB	DBCA	CBAC	CABC	ACBD	BCDB

Vingt-ſeptiéme Deſſein.			Son oppoſé horiſontalement.		
DDAC	BDAC	BDAA	AADB	CADB	CADD
DDCA	DBCA	DBAA	AABD	ACBD	ACDD
CADD	BDAC	AADB	BDAA	CADB	DDAC
ACDB	DDAA	CABD	DBAC	AADD	BDCA
BDBD	DDAA	ACAC	CACA	AADD	DBDB
DBDD	DDAA	AACA	ACAA	AADD	DDBD
CACC	CCBB	BBDB	BDBB	BBCC	CCAC
ACAC	CCBB	BDBD	DBDB	BBCC	CACA
BDCA	CCBB	DBAC	CABD	BBCC	ACDB
DBCC	ACBD	BBCA	ACBB	DBCA	CCBD
CCDB	CADB	CABB	BBAC	BDAC	BDCC
CCBD	ACBD	ACBB	BBCA	DBCA	DBCC

Perpendiculairement.			Diagonalement.		
CCBD	ACBD	ACBB	BBCA	DBCA	DBCC
CCDB	CADB	CABB	BBAC	BDAC	BDCC
DBCC	ACBD	BBCA	ACBB	DBCA	CCBD
BDCA	CCBB	DBAC	CABD	BBCC	ACDB
ACAC	CCBB	BDBD	DBDB	BBCC	CACA
CACC	CCBB	BBDB	BDBB	BBCC	CCAC
DBDD	DDAA	AACA	ACAA	AADD	DDBD
BDBD	DDAA	ACAC	CACA	AADD	DBDB
ACDB	DDAA	CABD	DBAC	AADD	BDCA
CADD	BDAC	AADB	BDAA	CADB	DDAC
DDCA	DBCA	DBAA	AABD	ACBD	ACDD
DDAC	BDAC	BDAA	AADB	CADB	CADD

Vingt-huitiéme

Vingt-huitiéme Dessein.			Son opposé horisontalement.		
BBBB	DADA	CCCC	CCCC	ADAD	BBBB
BBBD	BCBC	ACCC	CCCA	CBCB	DBBB
BBDB	DADA	CACC	CCAC	ADAD	BDBB
BDBD	BCBC	ACAC	CACA	CBCB	DBDB
DBDB	DADA	CACA	ACAC	ADAD	BDBD
CACA	CDAB	DBDB	BDBD	BADC	ACAC
DBDB	DCBA	CACA	ACAC	ABCD	BDBD
CACA	CBCB	DBDB	BDBD	BCBC	ACAC
ACAC	ADAD	BDBD	DBDB	DADA	CACA
AACA	CBCB	DBDD	DDBD	BCBC	ACAA
AAAC	ADAD	BDDD	DDDB	DADA	CAAA
AAAA	CBCB	DDDD	DDDD	BCBC	AAAA

Perpendiculairement.			Diagonalement.		
AAAA	CBCB	DDDD	DDDD	BCBC	AAAA
AAAC	ADAD	BDDD	DDDB	DADA	CAAA
AACA	CBCB	DBDD	DDBD	BCBC	ACAA
ACAC	ADAD	BDBD	DBDB	DADA	CACA
CACA	CBCB	DBDB	BDBD	BCBC	ACAC
DBDB	DCBA	CACA	ACAC	ABCD	BDBD
CACA	CDAB	DBDB	BDBD	BADC	ACAC
DBDB	DADA	CACA	ACAC	ADAD	BDBD
BDBD	BCBC	ACAC	CACA	CBCB	DBDB
BBDB	DADA	CACC	CCAC	ADAD	BDBB
BBBD	BCBC	ACCC	CCCA	CBCB	DBBB
BBBB	DADA	CCCC	CCCC	ADAD	BBBB

Vingt-neuviéme Desſein.			Son opposé horiſontalement.		
CADB	CADB	CADB	BDAC	BDAC	BDAC
DBCA	DBCA	DBCA	ACBD	ACBD	ACBD
CADB	CADB	CADB	BDAC	BDAC	BDAC
BCBD	ACBD	ACBC	CBCA	DBCA	DBCB
ADAC	DADA	BDAD	DADB	ADAD	CADA
CBCA	CBCB	DBCB	BCBD	BCBC	ACBC
DADB	DADA	CADA	ADAC	ADAD	BDAD
BCBD	CBCB	ACBC	CBCA	BCBC	DBCB
ADAC	BDAC	BDAD	DADB	CADB	CADA
DBCA	DBCA	DBCA	ACBD	ACBD	ACBD
CADB	CADB	CADB	BDAC	BDAC	BDAC
DBCA	DBCA	DBCA	ACBD	ACBD	ACBD

Perpendiculairement.			Diagonalement.		
DBCA	DBCA	DBCA	ACBD	ACBD	ACBD
CADB	CADB	CADB	BDAC	BDAC	BDAC
DBCA	DBCA	DBCA	ACBD	ACBD	ACBD
ADAC	BDAC	BDAD	DADB	CADB	CADA
BCBD	CBCB	ACBC	CBCA	BCBC	DBCB
DADB	DADA	CADA	ADAC	ADAD	BDAD
CBCA	CBCB	DBCB	BCBD	BCBC	ACBC
ADAC	DADA	BDAD	DADB	ADAD	CADA
BCBD	ACBD	ACBC	CBCA	DBCA	DBCB
CADB	CADB	CADB	BDAC	BDAC	BDAC
DBCA	DBCA	DBCA	ACBD	ACBD	ACBD
CADB	CADB	CADB	BDAC	BDAC	BDAC

Trentiéme Deſſein.			Son oppoſé horiſontalement.		
DAAA	AADD	DDDA	ADDD	DDAA	AAAD
CBBB	BBCC	CCCB	BCCC	CCBB	BBBC
CBBB	BDAC	CCCB	BCCC	CADB	BBBC
CBBB	DCBA	CCCB	BCCC	ABCD	BBBC
CBBD	BCBC	ACCB	BCCA	CBCB	DBBC
CBDA	ADAD	DACB	BCAD	DADA	ADBC
DACB	BCBC	CBDA	ADBC	CBCB	BCAD
DAAC	ADAD	BDDA	ADDB	DADA	CAAD
DAAA	CDAB	DDDA	ADDD	BADC	AAAD
DAAA	ACBD	DDDA	ADDD	DBCA	AAAD
DAAA	AADD	DDDA	ADDD	DDAA	AAAD
CBBB	BBCC	CCCB	BCCC	CCBB	BBBC

Perpendiculairement.			Diagonalement.		
CBBB	BBCC	CCCB	BCCC	CCBB	BBBC
DAAA	AADD	DDDA	ADDD	DDAA	AAAD
DAAA	ACBD	DDDA	ADDD	DBCA	AAAD
DAAA	CDAB	DDDA	ADDD	BADC	AAAD
DAAC	ADAD	BDDA	ADDB	DADA	CAAD
DACB	BCBC	CBDA	ADBC	CBCB	BCAD
CBDA	ADAD	DACB	BCAD	DADA	ADBC
CBBD	BCBC	ACCB	BCCA	CBCB	DBBC
CBBB	DCBA	CCCB	BCCC	ABCD	BBBC
CBBB	BDAC	CCCB	BCCC	CADB	BBBC
CBBB	BBCC	CCCB	BCCC	CCBB	BBBC
DAAA	AADD	DDDA	ADDD	DDAA	AAAD

Trente-uniéme Dessein.			Son opposé horisontalement.		
BBCB	DBCA	CBCC	CCBC	ACBD	BCBB
BDAD	BADC	ADAC	CADA	CDAB	DADB
ACDB	CDAB	CABD	DBAC	BADC	BDCA
BDBC	BCBC	BCAC	CACB	CBCB	CBDB
DBAD	ADAD	ADCA	ACDA	DADA	DABD
BCDB	CBCB	CABC	CBAC	BCBC	BDCB
ADCA	DADA	DBAD	DABD	ADAD	ACDA
CABC	BCBC	BCDB	BDCB	CBCB	CBAC
ACAD	ADAD	ADBD	DBDA	DADA	DACA
BDCA	DCBA	DBAC	CABD	ABCD	ACDB
ACBC	ABCD	BCBD	DBCB	DCBA	CBCA
AADA	CADB	DADD	DDAD	BDAC	ADAA

Perpendiculairement.			Diagonalement.		
AADA	CADB	DADD	DDAD	BDAC	ADAA
ACBC	ABCD	BCBD	DBCB	DCBA	CBCA
BDCA	DCBA	DBAC	CABD	ABCD	ACDB
ACAD	ADAD	ADBD	DBDA	DADA	DACA
CABC	BCBC	BCDB	BDCB	CBCB	CBAC
ADCA	DADA	DBAD	DABD	ADAD	ACBA
BCDB	CBCB	CABC	CBAC	BCBC	BDCB
DBAD	ADAD	ADCA	ACDA	DADA	DABD
BDBC	BCBC	BCAC	CACB	CBCB	CBDB
ACDB	CDAB	CABD	DBAC	BADC	BDCA
BDAD	BADC	ADAC	CADA	CDAB	DADB
BBCB	DBCA	CBCC	CCBC	ACBD	BCBB

Trente-deuxiéme Deſſein.

DDDA	DADA	DAAA
DBBC	ACBD	BCCA
DBBC	CADB	BCCA
CAAB	ACBD	CDDB
DCAC	DADA	BDBA
CACA	CDAB	DBDB
DBDB	DCBA	CACA
CDBD	CBCB	ACAB
DBBA	BDAC	DCCA
CAAD	DBCA	ADDB
CAAD	BDAC	ADDB
CCCB	CBCB	CBBB

Son oppoſé horiſontalement.

AAAD	ADAD	ADDD
ACCB	DBCA	CBBD
ACCB	BDAC	CBBD
BDDC	DBCA	BAAC
ABDB	ADAD	CACD
BDBD	BADC	ACAC
ACAC	ABCD	BDBD
BACA	BCBC	DBDC
ACCD	CADB	ABBD
BDDA	ACBD	DAAC
BDDA	CADB	DAAC
BBBC	BCBC	BCCC

Perpendiculairement.

CCCB	CBCB	CBBB
CAAD	BDAC	ADDB
CAAD	DBCA	ADDB
DBBA	BDAC	DCCA
CDBD	CBCB	ACAB
DBDB	DCBA	CACA
CACA	CDAB	DBDB
DCAC	DADA	BDBA
CAAB	ACBD	CDDB
DBBC	CADB	BCCA
DBBC	ACBD	BCCA
DDDA	DADA	DAAA

Diagonalement.

BBBC	BCBC	BCCC
BDDA	CADB	DAAC
BDDA	ACBD	DAAC
ACCD	CADB	ABBD
BACA	BCBC	DBDC
ACAC	ABCD	BDBD
BDBD	BADC	ACAC
ABDB	ADAD	CACD
BDDC	DBCA	BAAC
ACCB	BDAC	CBBD
ACCB	DBCA	CBBD
AAAD	ADAD	ADDD

Trente-troisiéme Desſein.		
BBBB	BBCC	CCCC
BBBB	BBCC	CCCC
BBBB	BBCC	CCCC
BBBB	BBCC	CCCC
BBBB	BBCC	CCCC
BBBB	BBCC	CCCC
AAAA	AADD	DDDD
AAAA	AADD	DDDD
AAAA	AADD	DDDD
AAAA	AADD	DDDD
AAAA	AADD	DDDD
AAAA	AADD	DDDD

Son oppoſé horiſontalement.		
CCCC	CCBB	BBBB
CCCC	CCBB	BBBB
CCCC	CCBB	BBBB
CCCC	CCBB	BBBB
CCCC	CCBB	BBBB
CCCC	CCBB	BBBB
DDDD	DDAA	AAAA
DDDD	DDAA	AAAA
DDDD	DDAA	AAAA
DDDD	DDAA	AAAA
DDDD	DDAA	AAAA
DDDD	DDAA	AAAA

Perpendiculairement.		
AAAA	AADD	DDDD
AAAA	AADD	DDDD
AAAA	AADD	DDDD
AAAA	AADD	DDDD
AAAA	AADD	DDDD
AAAA	AADD	DDDD
BBBB	BBCC	CCCC
BBBB	BBCC	CCCC
BBBB	BBCC	CCCC
BBBB	BBCC	CCCC
BBBB	BBCC	CCCC
BBBB	BBCC	CCCC

Diagonalement.		
DDDD	DDAA	AAAA
DDDD	DDAA	AAAA
DDDD	DDAA	AAAA
DDDD	DDAA	AAAA
DDDD	DDAA	AAAA
DDDD	DDAA	AAAA
CCCC	CCBB	BBBB
CCCC	CCBB	BBBB
CCCC	CCBB	BBBB
CCCC	CCBB	BBBB
CCCC	CCBB	BBBB
CCCC	CCBB	BBBB

Trente-quatriéme Deſſein.			Son oppoſé horiſontalement.		
BBDD	BDAC	AACC	CCAA	CADB	DDBB
BBDB	DCBA	CACC	CCAC	ABCD	BDBB
DDBD	BDAC	ACAA	AACA	CADB	DBDD
DBDB	DCBA	CACA	ACAC	ABCD	BDBD
BDBD	DADA	ACAC	CACA	ADAD	DBDB
DADA	CBCB	DADA	ADAD	BCBC	ADAD
CBCB	DADA	CBCB	BCBC	ADAD	BCBC
ACAC	CBCB	BDBD	DBDB	BCBC	CACA
CACA	CDAB	DBDB	BDBD	BADC	ACAC
CCAC	ACBD	BDBB	BBDB	DBCA	CACC
AACA	CDAB	DBDD	DDBD	BADC	ACAA
AACC	ACBD	BBDD	DDBB	DBCA	CCAA

Perpendiculairement.			Diagonalement.		
AACC	ACBD	BBDD	DDBB	DBCA	CCAA
AACA	CDAB	DBDD	DDBD	BADC	ACAA
CCAC	ACBD	BDBB	BBDB	DBCA	CACC
CACA	CDAB	DBDB	BDBD	BADC	ACAC
ACAC	CBCB	BDBD	DBDB	BCBC	CACA
CBCB	DADA	CBCB	BCBC	ADAD	BCBC
DADA	CBCB	DADA	ADAD	BCBC	ADAD
BDBD	DADA	ACAC	CACA	ADAD	DBDB
DBDB	DCBA	CACA	ACAC	ABCD	BDBD
DDBD	BDAC	ACAA	AACA	CADB	DBDD
BBDB	DCBA	CACC	CCAC	ABCD	BDBB
BBDD	BDAC	AACC	CCAA	CADB	DDBB

Trente-cinquiéme Deſſein.			Son oppoſé horiſontalement.		
DACC	BCBC	BBDA	ADBB	CBCB	CCAD
CDAC	CBCB	BDAB	BADB	BCBC	CADC
ACDA	CBCB	DABD	DBAD	BCBC	ADCA
AACD	ACBD	ABDD	DDBA	DBCA	DCAA
BAAC	DADA	BDDC	CDDB	ADAD	CAAB
ABAA	CDAB	DDCD	DCDD	BADC	AABA
BABB	DCBA	CCDC	CDCC	ABCD	BBAB
ABBD	CBCB	ACCD	DCCA	BCBC	DBBA
BBDC	BDAC	BACC	CCAB	CADB	CDBB
BDCB	DADA	CBAC	CABC	ADAD	BCDB
DCBD	DADA	ACBA	ABCA	ADAD	DBCD
CBDD	ADAD	AACB	BCAA	DADA	DDBC

Perpendiculairement.			Diagonalement.		
CBDD	ADAD	AACB	BCAA	DADA	DDBC
DCBD	DADA	ACBA	ABCA	ADAD	DBCD
BDCB	DADA	CBAC	CABC	ADAD	BCDB
BBDC	BDAC	BACC	CCAB	CADB	CDBB
ABBD	CBCB	ACCD	DCCA	BCBC	DBBA
BABB	DCBA	CCDC	CDCC	ABCD	BBAB
ABAA	CDAB	DDCD	DCDD	BADC	AABA
BAAC	DADA	BDDC	CDDB	ADAD	CAAB
AACD	ACBD	ABDD	DDBA	DBCA	DCAA
ACDA	CBCB	DABD	DBAD	BCBC	ADCA
CDAC	CBCB	BDAB	BADB	BCBC	CADC
DACC	BCBC	BBDA	ADBB	CBCB	CCAD

Trente-sixiéme Dessein.			Son opposé horisontalement.		
BABA	BADC	DCDC	CDCD	CDAB	ABAB
CDCD	CDAB	ABAB	BABA	BADC	DCDC
BABA	BADC	DCDC	CDCD	CDAB	ABAB
CDCD	CDAB	ABAB	BABA	BADC	DCDC
BABA	BADC	DCDC	CDCD	CDAB	ABAB
CDCD	CDAB	ABAB	BABA	BADC	DCDC
DCDC	DCBA	BABA	ABAB	ABCD	CDCD
ABAB	ABCD	CDCD	DCDC	DCBA	BABA
DCDC	DCBA	BABA	ABAB	ABCD	CDCD
ABAB	ABCD	CDCD	DCDC	DCBA	BABA
DCDC	DCBA	BABA	ABAB	ABCD	CDCD
ABAB	ABCD	CDCD	DCDC	DCBA	BABA

Perpendiculairement.			Diagonalement.		
ABAB	ABCD	CDCD	DCDC	DCBA	BABA
DCDC	DCBA	BABA	ABAB	ABCD	CDCD
ABAB	ABCD	CDCD	DCDC	DCBA	BABA
DCDC	DCBA	BABA	ABAB	ABCD	CDCD
ABAB	ABCD	CDCD	DCDC	DCBA	BABA
DCDC	DCBA	BABA	ABAB	ABCD	CDCD
CDCD	CDAB	ABAB	BABA	BADC	DCDC
BABA	BADC	DCDC	CDCD	CDAB	ABAB
CDCD	CDAB	ABAB	BABA	BADC	DCDC
BABA	BADC	DCDC	CDCD	CDAB	ABAB
CDCD	CDAB	ABAB	BABA	BADC	DCDC
BABA	BADC	DCDC	CDCD	CDAB	ABAB

Trente-Septiéme Deſſein.			Son oppoſé horiſontalement.		
BDBD	BDAC	ACAC	CACA	CADB	DBDB
DDDD	DDAA	AAAA	AAAA	AADD	DDDD
BDBD	BDAC	ACAC	CACA	CADB	DBDB
DDDD	DDAA	AAAA	AAAA	AADD	DDDD
BDBD	BDAC	ACAC	CACA	CADB	DBDB
DDDD	DDAA	AAAA	AAAA	AADD	DDDD
CCCC	CCBB	BBBB	BBBB	BBCC	CCCC
ACAC	ACBD	BDBD	DBDB	DBCA	CACA
CCCC	CCBB	BBBB	BBBB	BBCC	CCCC
ACAC	ACBD	BDBD	DBDB	DBCA	CACA
CCCC	CCBB	BBBB	BBBB	BBCC	CCCC
ACAC	ACBD	BDBD	DBDB	DBCA	CACA

Perpendiculairement.			Diagonalement.		
ACAC	ACBD	BDBD	DBDB	DBCA	CACA
CCCC	CCBB	BBBB	BBBB	BBCC	CCCC
ACAC	ACBD	BDBD	DBDB	DBCA	CACA
CCCC	CCBB	BBBB	BBBB	BBCC	CCCC
ACAC	ACBD	BDBD	DBDB	DBCA	CACA
CCCC	CCBB	BBBB	BBBB	BBCC	CCCC
DDDD	DDAA	AAAA	AAAA	AADD	DDDD
BDBD	BDAC	ACAC	CACA	CADB	DBDB
DDDD	DDAA	AAAA	AAAA	AADD	DDDD
BDBD	BDAC	ACAC	CACA	CADB	DBDB
DDDD	DDAA	AAAA	AAAA	AADD	DDDD
BDBD	BDAC	ACAC	CACA	CADB	DBDB

Trente-huitiéme Dessein.			Son opposé horisontalement.		
BABD	BCBC	ACDC	CDCA	CBCB	DBAB
CDDB	DADA	CAAB	BAAC	ADAD	BDDC
BDBD	BCBC	ACAC	CACA	CBCB	DBDB
DBDB	DBCA	CACA	ACAC	ACBD	BDBD
BDBD	BADC	ACAC	CACA	CDAB	DBDB
ACAB	CBCB	CDBD	DBDC	BCBC	BACA
BDBA	DADA	DCAC	CACD	ADAD	ABDB
ACAC	ABCD	BDBD	DBDB	DCBA	CACA
CACA	CADB	DBDB	BDBD	BDAC	ACAC
ACAC	ADAD	BDBD	DBDB	DADA	CACA
DCCA	CBCB	DBBA	ABBD	BCBC	ACCD
ABAC	ADAD	BDCD	DCDB	DADA	CABA

Perpendiculairement.			Diagonalement.		
ABAC	ADAD	BDCD	DCDB	DADA	CABA
DCCA	CBCB	DBBA	ABBD	BCBC	ACCD
ACAC	ADAD	BDBD	DBDB	DADA	CACA
CACA	CADB	DBDB	BDBD	BDAC	ACAC
ACAC	ABCD	BDBD	DBDB	DCBA	CACA
BDBA	DADA	DCAC	CACD	ADAD	ABDB
ACAB	CBCB	CDBD	DBDC	BCBC	BACA
BDBD	BADC	ACAC	CACA	CDAB	DBDB
DBDB	DBCA	CACA	ACAC	ACBD	BDBD
BDBD	BCBC	ACAC	CACA	CBCB	DBDB
CDDB	DADA	CAAB	BAAC	ADAD	BDDC
BABD	BCBC	ACDC	CDCA	CBCB	DBAB

Trente-neuviéme Deſſein.			Son oppoſé horiſontalement.		
BADC	DADA	BADC	CDAB	ADAD	CDAB
CDAD	BCBC	ADAB	BADA	CBCB	DADC
DCDB	DADA	CABA	ABAC	ADAD	BDCD
ADBD	DCBA	ACAD	DACA	ABCD	DBDA
DBDD	DADA	AACA	ACAA	ADAD	DDBD
CACA	CDAB	DBDB	BDBD	BADC	ACAC
DBDB	DCBA	CACA	ACAC	ABCD	BDBD
CACC	CBCB	BBDB	BDBB	BCBC	CCAC
BCAC	CDAB	BDBC	CBDB	BADC	CACB
CDCA	CBCB	DBAB	BABD	BCBC	ACDC
DCBC	ADAD	BCBA	ABCB	DADA	CBCD
ABCD	CBCB	ABCD	DCBA	BCBC	DCBA

Perpendiculairement.			Diagonalement.		
ABCD	CBCB	ABCD	DCBA	BCBC	DCBA
DCBC	ADAD	BCBA	ABCB	DADA	CBCD
CDCA	CBCB	DBAB	BABD	BCBC	ACDC
BCAC	CDAB	BDBC	CBDB	BADC	CACB
CACC	CBCB	BBDB	BDBB	BCBC	CCAC
DBDB	DCBA	CACA	ACAC	ABCD	BDBD
CACA	CDAB	DBDB	BDBD	BADC	ACAC
DBDD	DADA	AACA	ACAA	ADAD	DDBD
ADBD	DCBA	ACAD	DACA	ABCD	DBDA
DCDB	DADA	CABA	ABAC	ADAD	BDCD
CDAD	BCBC	ADAB	BADA	CBCB	DADC
BADC	DADA	BADC	CDAB	ADAD	CDAB

Quarantiéme Deſſein.			Son oppoſé horiſontalement.		
BBDA	ADAD	DACC	CCAD	DADA	ADBB
BDBD	BBCC	ACAC	CACA	CCBB	DBDB
DBDB	DADA	CACA	ACAC	ADAD	BDBD
CDBD	BDAC	ACAB	BACA	CADB	DBDC
CBDB	DCBA	CACB	BCAC	ABCD	BDBC
DBCD	ADAD	ABCA	ACBA	DADA	DCBD
CADC	BCBC	BADB	BDAB	CBCB	CDAC
DACA	CDAB	DBDA	ADBD	BADC	ACAD
DCAC	ACBD	BDBA	ABDB	DBCA	CACD
CACA	CBCB	DBDB	BDBD	BCBC	ACAC
ACAC	AADD	BDBD	DBDB	DDAA	CACA
AACB	BCBC	CBDD	DDBC	CBCB	BCAA

Perpendiculairement.			Diagonalement.		
AACB	BCBC	CBDD	DDBC	CBCB	BCAA
ACAC	AADD	BDBD	DBDB	DDAA	CACA
CACA	CBCB	DBDB	BDBD	BCBC	ACAC
DCAC	ACBD	BDBA	ABDB	DBCA	CACD
DACA	CDAB	DBDA	ADBD	BADC	ACAD
CADC	BCBC	BADB	BDAB	CBCB	CDAC
DBCD	ADAD	ABCA	ACBA	DADA	DCBD
CBDB	DCBA	CACB	BCAC	ABCD	BDBC
CDBD	BDAC	ACAB	BACA	CADB	DBDC
DBDB	DADA	CACA	ACAC	ADAD	BDBD
BDBD	BBCC	ACAC	CACA	CCBB	DBDB
BBDA	ADAD	DACC	CCAD	DADA	ADBB

Quarante-uniéme Deſſein.

DDAC	BDAC	BDAA
DDCA	DBCA	DBAA
CADD	BDAC	AADB
ACDB	DBCA	CABD
BDBD	DCBA	ACAC
DBDB	ABCD	CACA
CACA	BADC	DBDB
ACAC	CDAB	BDBD
BDCA	CADB	DBAC
DBCC	ACBD	BBCA
CCDB	CADB	CABB
CCBD	ACBD	ACBB

Son oppoſé horiſontalement.

AADB	CADB	CADD
AABD	ACBD	ACDD
BDAA	CADB	DDAC
DBAC	ACBD	BDCA
CACA	ABCD	DBDB
ACAC	DCBA	BDBD
BDBD	CDAB	ACAC
DBDB	BADC	CACA
CABD	BDAC	ACDB
ACBB	DBCA	CCBD
BBAC	BDAC	BDCC
BBCA	DBCA	DBCC

Perpendiculairement.

CCBD	ACBD	ACBB
CCDB	CADB	CABB
DBCC	ACBD	BBCA
BDCA	CADB	DBAC
ACAC	CDAB	BDBD
CACA	BADC	DBDB
DBDB	ABCD	CACA
BDBD	DCBA	ACAC
ACDB	DBCA	CABD
CADD	BDAC	AADB
DDCA	DBCA	DBAA
DDAC	BDAC	BDAA

Diagonalement.

BBCA	DBCA	DBCC
BBAC	BDAC	BDCC
ACBB	DBCA	CCBD
CABD	BDAC	ACDB
DBDB	BADC	CACA
BDBD	CDAB	ACAC
ACAC	DCBA	BDBD
CACA	ABCD	DBDB
DBAC	ACBD	BDCA
BDAA	CADB	DDAC
AABD	ACBD	ACDD
AADB	CADB	CADD

Quarante-deuxiéme Deſſein.			Son oppoſé horiſontalement.		
BABA	BDAC	DCDC	CDCD	CADB	ABAB
CDCD	DDAA	ABAB	BABA	AADD	DCDC
BABD	DBCA	ACDC	CDCA	ACBD	DBAB
CDDD	BDAC	AAAB	BAAA	CADB	DDDC
BDDB	BADC	CAAC	CAAC	CDAB	BDDB
DDBD	CDAB	ACAA	AACA	BADC	DBDD
CCAC	DCBA	BDBB	BBDB	ABCD	CACC
ACCA	ABCD	DBBD	DBBD	DCBA	ACCA
DCCC	ACBD	BBBA	ABBB	DBCA	CCCD
ABAC	CADB	BDCD	DCDB	BDAC	CABA
DCDC	CCBB	BABA	ABAB	BBCC	CDCD
ABAB	ACBD	CDCD	DCDC	DBCA	BABA

Perpendiculairement.			Diagonalement.		
ABAB	ACBD	CDCD	DCDC	DBCA	BABA
DCDC	CCBB	BABA	ABAB	BBCC	CDCD
ABAC	CADB	BDCD	DCDB	BDAC	CABA
DCCC	ACBD	BBBA	ABBB	DBCA	CCCD
ACCA	ABCD	DBBD	DBBD	DCBA	ACCA
CCAC	DCBA	BDBB	BBDB	ABCD	CACC
DDBD	CDAB	ACAA	AACA	BADC	DBDD
BDDB	BADC	CAAC	CAAC	CDAB	BDDB
CDDD	BDAC	AAAB	BAAA	CADB	DDDC
BABD	DBCA	ACDC	CDCA	ACBD	DBAB
CDCD	DDAA	ABAB	BABA	AADD	DCDC
BABA	BDAC	DCDC	CDCD	CADB	ABAB

Quarante-troisiéme Dessein.			Son opposé horisontalement.		
BBCB	DBCA	CBCC	CCBC	ACBD	BCBB
BDAD	BADC	ADAC	CADA	CDAB	DADB
ACDB	DBCA	CABD	DBAC	ACBD	BDCA
BDBD	BADC	ACAC	CACA	CDAB	DBDB
DBDB	DCBA	CACA	ACAC	ABCD	BDBD
BCBC	ADAD	BCBC	CBCB	DADA	CBCB
ADAD	BCBC	ADAD	DADA	CBCB	DADA
CACA	CDAB	DBDB	BDBD	BADC	ACAC
ACAC	ABCD	BDBD	DBDB	DCBA	CACA
BDCA	CADB	DBAC	CABD	BDAC	ACDB
ACBC	ABCD	BCBD	DBCB	DCBA	CBCA
AADA	CADB	DADD	DDAD	BDAC	ADAA

Perpendiculairement.			Diagonalement.		
AADA	CADB	DADD	DDAD	BDAC	ADAA
ACBC	ABCD	BCBD	DBCB	DCBA	CBCA
BDCA	CADB	DBAC	CABD	BDAC	ACDB
ACAC	ABCD	BDBD	DBDB	DCBA	CACA
CACA	CDAB	DBDB	BDBD	BADC	ACAC
ADAD	BCBC	ADAD	DADA	CBCB	DADA
BCBC	ADAD	BCBC	CBCB	DADA	CBCB
DBDB	DCBA	CACA	ACAC	ABCD	BDBD
BDBD	BADC	ACAC	CACA	CDAB	DBDB
ACDB	DBCA	CABD	DBAC	ACBD	BDCA
BDAD	BADC	ADAC	CADA	CDAB	DADB
BBCB	DBCA	CBCC	CCBC	ACBD	BCBB

Quarante-quatriéme Dessein.			Son opposé horisontalement.		
DCCC	CCBB	BBBA	ABBB	BBCC	CCCD
ADCC	CCBB	BBAD	DABB	BBCC	CCDA
AADC	CCBB	BADD	DDAB	BBCC	CDAA
AAAD	CCBB	ADDD	DDDA	BBCC	DAAA
AAAA	DCBA	DDDD	DDDD	ABCD	AAAA
AAAA	ADAD	DDDD	DDDD	DADA	AAAA
BBBB	BCBC	CCCC	CCCC	CBCB	BBBB
BBBB	CDAB	CCCC	CCCC	BADC	BBBB
BBBC	DDAA	BCCC	CCCB	AADD	CBBB
BBCD	DDAA	ABCC	CCBA	AADD	DCBB
BCDD	DDAA	AABC	CBAA	AADD	DDCB
CDDD	DDAA	AAAB	BAAA	AADD	DDDC

Perpendiculairement.			Diagonalement.		
CDDD	DDAA	AAAB	BAAA	AADD	DDDC
BCDD	DDAA	AABC	CBAA	AADD	DDCB
BBCD	DDAA	ABCC	CCBA	AADD	DCBB
BBBC	DDAA	BCCC	CCCB	AADD	CBBB
BBBB	CDAB	CCCC	CCCC	BADC	BBBB
BBBB	BCBC	CCCC	CCCC	CBCB	BBBB
AAAA	ADAD	DDDD	DDDD	DADA	AAAA
AAAA	DCBA	DDDD	DDDD	ABCD	AAAA
AAAD	CCBB	ADDD	DDDA	BBCC	DAAA
AADC	CCBB	BADD	DDAB	BBCC	CDAA
ADCC	CCBB	BBAD	DABB	BBCC	CCDA
DCCC	CCBB	BBBA	ABBB	BBCC	CCCD

Quarante-cinquiéme Dessein. Son opposé horisontalement.

AAAA	AADD	DDDD	DDDD	DDAA	AAAA
ACCC	CCBB	BBBD	DBBB	BBCC	CCCA
ACAA	AADD	DDBD	DBDD	DDAA	AACA
ACAC	CCBB	BDBD	DBDB	BBCC	CACA
ACAC	AADD	BDBD	DBDB	DDAA	CACA
ACAC	ACBD	BDBD	DBDB	DBCA	CACA
BDBD	BDAC	ACAC	CACA	CADB	DBDB
BDBD	BBCC	ACAC	CACA	CCBB	DBDB
BDBD	DDAA	ACAC	CACA	AADD	DBDB
BDBB	BBCC	CCAC	CACC	CCBB	BBDB
BDDD	DDAA	AAAC	CAAA	AADD	DDDB
BBBB	BBCC	CCCC	CCCC	CCBB	BBBB

Perpendiculairement.			Diagonalement.		
BBBB	BBCC	CCCC	CCCC	CCBB	BBBB
BDDD	DDAA	AAAC	CAAA	AADD	DDDB
BDBB	BBCC	CCAC	CACC	CCBB	BBDB
BDBD	DDAA	ACAC	CACA	AADD	DBDB
BDBD	BBCC	ACAC	CACA	CCBB	DBDB
BDBD	BDAC	ACAC	CACA	CADB	DBDB
ACAC	ACBD	BDBD	DBDB	DBCA	CACA
ACAC	AADD	BDBD	DBDB	DDAA	CACA
ACAC	CCBB	BDBD	DBDB	BBCC	CACA
ACAA	AADD	DDBD	DBDD	DDAA	AACA
ACCC	CCBB	BBBD	DBBB	BBCC	CCCA
AAAA	AADD	DDDD	DDDD	DDAA	AAAA

Quarante-ſixiéme Deſſein.			Son oppoſé horiſontalement.		
DACB	DADA	CBDA	ADBC	ADAD	BCAD
CBDA	CBCB	DACB	BCAD	BCBC	ADBC
ADBC	ADAD	BCAD	DACB	DADA	CBDA
BCAD	BCBC	ADBC	CBDA	CBCB	DACB
DACB	DADA	CBDA	ADBC	ADAD	BCAD
CBDA	CBCB	DACB	BCAD	BCBC	ADBC
DACB	DADA	CBDA	ADBC	ADAD	BCAD
CBDA	CBCB	DACB	BCAD	BCBC	ADBC
ADBC	ADAD	BCAD	DACB	DADA	CBDA
BCAD	BCBC	ADBC	CBDA	CBCB	DACB
DACB	DADA	CBDA	ADBC	ADAD	BCAD
CBDA	CBCB	DACB	BCAD	BCBC	ADBC

Perpendiculairement.			Diagonalement.		
CBDA	CBCB	DACB	BCAD	BCBC	ADBC
DACB	DADA	CBDA	ADBC	ADAD	BCAD
BCAD	BCBC	ADBC	CBDA	CBCB	DACB
ADBC	ADAD	BCAD	DACB	DADA	CBDA
CBDA	CBCB	DACB	BCAD	BCBC	ADBC
DACB	DADA	CBDA	ADBC	ADAD	BCAD
CBDA	CBCB	DACB	BCAD	BCBC	ADBC
DACB	DADA	CBDA	ADBC	ADAD	BCAD
BCAD	BCBC	ADBC	CBDA	CBCB	DACB
ADBC	ADAD	BCAD	DACB	DADA	CBDA
CBDA	CBCB	DACB	BCAD	BCBC	ADBC
DACB	DADA	CBDA	ADBC	ADAD	BCAD

Quarante-ſeptiéme Deſſein.

DACA	CADB	DBDA
CDCA	CADB	DBAB
AADA	CADB	DADD
CCCD	CADB	ABBB
AAAA	DADA	DDDD
CCCC	CDAB	BBBB
DDDD	DCBA	AAAA
BBBB	CBCB	CCCC
DDDC	DBCA	BAAA
BBCB	DBCA	CBCC
DCDB	DBCA	CABA
CBDB	DBCA	CACB

Son oppoſé horiſontalement.

ADBD	BDAC	ACAD
BABD	BDAC	ACDC
DDAD	BDAC	ADAA
BBBA	BDAC	DCCC
DDDD	ADAD	AAAA
BBBB	BADC	CCCC
AAAA	ABCD	DDDD
CCCC	BCBC	BBBB
AAAB	ACBD	CDDD
CCBC	ACBD	BCBB
ABAC	ACBD	BDCD
BCAC	ACBD	BDBC

Perpendiculairement.

CBDB	DBCA	CACB
DCDB	DBCA	CABA
BBCB	DBCA	CBCC
DDDC	DBCA	BAAA
BBBB	CBCB	CCCC
DDDD	DCBA	AAAA
CCCC	CDAB	BBBB
AAAA	DADA	DDDD
CCCD	CADB	ABBB
AADA	CADB	DADD
CDCA	CADB	DBAB
DACA	CADB	DBDA

Diagonalement.

BCAC	ACBD	BDBC
ABAC	ACBD	BDCD
CCBC	ACBD	BCBB
AAAB	ACBD	CDDD
CCCC	BCBC	BBBB
AAAA	ABCD	DDDD
BBBB	BADC	CCCC
DDDD	ADAD	AAAA
BBBA	BDAC	DCCC
DDAD	BDAC	ADAA
BABD	BDAC	ACDC
ADBD	BDAC	ACAD

Quarante-huitiéme Deſſein.			Son oppoſé horiſontalement.		
BAAA	AADD	DDDC	CDDD	DDAA	AAAB
CDCC	CCBB	BBAB	BABB	BBCC	CCDC
CABA	AADD	DCDB	BDCD	DDAA	ABAC
CACD	CCBB	ABDB	BDBA	BBCC	DCAC
CACA	BADC	DBDB	BDBD	CDAB	ACAC
CACA	CDAB	DBDB	BDBD	BADC	ACAC
DBDB	DCBA	CACA	ACAC	ABCD	BDBD
DBDB	ABCD	CACA	ACAC	DCBA	BDBD
DBDC	DDAA	BACA	ACAB	AADD	CDBD
DBAB	BBCC	CDCA	ACDC	CCBB	BABD
DCDD	DDAA	AABA	ABAA	AADD	DDCD
ABBB	BBCC	CCCD	DCCC	CCBB	BBBA

Perpendiculairement.			Diagonalement.		
ABBB	BBCC	CCCD	DCCC	CCBB	BBBA
DCDD	DDAA	AABA	ABAA	AADD	DDCD
DBAB	BBCC	CDCA	ACDC	CCBB	BABD
DBDC	DDAA	BACA	ACAB	AADD	CDBD
DBDB	ABCD	CACA	ACAC	DCBA	BDBD
DBDB	DCBA	CACA	ACAC	ABCD	BDBD
CACA	CDAB	DBDB	BDBD	BADC	ACAC
CACA	BADC	DBDB	BDBD	CDAB	ACAC
CACD	CCBB	ABDB	BDBA	BBCC	DCAC
CABA	AADD	DCDB	BDCD	DDAA	ABAC
CDCC	CCBB	BBAB	BABB	BBCC	CCDC
BAAA	AADD	DDDC	CDDD	DDAA	AAAB

Quarante-neuviéme Dessein.			Son opposé horisontalement.		
BDAA	DDAA	DDAC	CADD	AADD	AADB
DBCA	DBCA	DBCA	ACBD	ACBD	ACBD
CADB	CADB	CADB	BDAC	BDAC	BDAC
CCBD	CCBB	ACBB	BBCA	BBCC	DBCC
DDAA	BADC	DDAA	AADD	CDAB	AADD
DBCA	CBCB	DBCA	ACBD	BCBC	ACBD
CADB	DADA	CADB	BDAC	ADAD	BDAC
CCBB	ABCD	CCBB	BBCC	DCBA	BBCC
DDAC	DDAA	BDAA	AADB	AADD	CADD
DBCA	DBCA	DBCA	ACBD	ACBD	ACBD
CADB	CADB	CADB	BDAC	BDAC	BDAC
ACBB	CCBB	CCBD	DBCC	BBCC	BBCA

Perpendiculairement.			Diagonalement.		
ACBB	CCBB	CCBD	DBCC	BBCC	BBCA
CADB	CADB	CADB	BDAC	BDAC	BDAC
DBCA	DBCA	DBCA	ACBD	ACBD	ACBD
DDAC	DDAA	BDAA	AADB	AADD	CADD
CCBB	ABCD	CCBB	BBCC	DCBA	BBCC
CADB	DADA	CADB	BDAC	ADAD	BDAC
DBCA	CBCB	DBCA	ACBD	BCBC	ACBD
DDAA	BADC	DDAA	AADD	CDAB	AADD
CCBD	CCBB	ACBB	BBCA	BBCC	DBCC
CADB	CADB	CADB	BDAC	BDAC	BDAC
DBCA	DBCA	DBCA	ACBD	ACBD	ACBD
BDAA	DDAA	DDAC	CADD	AADD	AADB

Cinquantiéme Deſſein.			Son oppoſé horiſontalement.		
BCBC	BCBC	BCBC	CBCB	CBCB	CBCB
ADCB	CBCB	CBAD	DABC	BCBC	BCDA
BABC	BCBC	BCDC	CDCB	CBCB	CBAB
ABAD	CBCB	ADCD	DCDA	BCBC	DABA
BABA	BCBC	DCDC	CDCD	CBCB	ABAB
ABAB	ADAD	CDCD	DCDC	DADA	BABA
BABA	BCBC	DCDC	CDCD	CBCB	ABAB
ABAB	ADAD	CDCD	DCDC	DADA	BABA
BABC	DADA	BCDC	CDCB	ADAD	CBAB
ABAD	ADAD	ADCD	DCDA	DADA	DABA
BCDA	DADA	DABC	CBAD	ADAD	ADCB
ADAD	ADAD	ADAD	DADA	DADA	DADA

Perpendiculairement.			Diagonalement.		
ADAD	ADAD	ADAD	DADA	DADA	DADA
BCDA	DADA	DABC	CBAD	ADAD	ADCB
ABAD	ADAD	ADCD	DCDA	DADA	DABA
BABC	DADA	BCDC	CDCB	ADAD	CBAB
ABAB	ADAD	CDCD	DCDC	DADA	BABA
BABA	BCBC	DCDC	CDCD	CBCB	ABAB
ABAB	ADAD	CDCD	DCDC	DADA	BABA
BABA	BCBC	DCDC	CDCD	CBCB	ABAB
ABAD	CBCB	ADCD	DCDA	BCBC	DABA
BABC	BCBC	BCDC	CDCB	CBCB	CBAB
ADCB	CBCB	CBAD	DABC	BCBC	BCDA
BCBC	BCBC	BCBC	CBCB	CBCB	CBCB

Cinquante-uniéme Deſſein.			Son oppoſé horiſontalement.		
CACA	CADB	DBDB	BDBD	BDAC	ACAC
ACAC	ACBD	BDBD	DBDB	DBCA	CACA
CACA	CADB	DBDB	BDBD	BDAC	ACAC
ACAC	ACBD	BDBD	DBDB	DBCA	CACA
CACA	CADB	DBDB	BDBD	BDAC	ACAC
ACAC	ACBD	BDBD	DBDB	DBCA	CACA
BDBD	BDAC	ACAC	CACA	CADB	DBDB
DBDB	DBCA	CACA	ACAC	ACBD	BDBD
BDBD	BDAC	ACAC	CACA	CADB	DBDB
DBDB	DBCA	CACA	ACAC	ACBD	BDBD
BDBD	BDAC	ACAC	CACA	CADB	DBDB
DBDB	DBCA	CACA	ACAC	ACBD	BDBD

Perpendiculairement.			Diagonalement.		
DBDB	DBCA	CACA	ACAC	ACBD	BDBD
BDBD	BDAC	ACAC	CACA	CADB	DBDB
DBDB	DBCA	CACA	ACAC	ACBD	BDBD
BDBD	BDAC	ACAC	CACA	CADB	DBDB
DBDB	DBCA	CACA	ACAC	ACBD	BDBD
BDBD	BDAC	ACAC	CACA	CADB	DBDB
ACAC	ACBD	BDBD	DBDB	DBCA	CACA
CACA	CADB	DBDB	BDBD	BDAC	ACAC
ACAC	ACBD	BDBD	DBDB	DBCA	CACA
CACA	CADB	DBDB	BDBD	BDAC	ACAC
ACAC	ACBD	BDBD	DBDB	DBCA	CACA
CACA	CADB	DBDB	BDBD	BDAC	ACAC

Cinquante-deuxiéme Dessein.			Son opposé horisontalement.		
BADA	BDAC	DADC	CDAD	CADB	ADAB
CDBB	DBCA	CCAB	BACC	ACBD	BBDC
DBBA	CADB	DCCA	ACCD	BDAC	ABBD
CBCB	DBCA	CBCB	BCBC	ACBD	BCBC
BDAD	BDAC	ADAC	CADA	CADB	DADB
DBCB	DBCA	CBCA	ACBC	ACBD	BCBD
CADA	CADB	DADB	BDAD	BDAC	ADAC
ACBC	ACBD	BCBD	DBCB	DBCA	CBCA
DADA	CADB	DADA	ADAD	BDAC	ADAD
CAAB	DBCA	CDDB	BDDC	ACBD	BAAC
DCAA	CADB	DDBA	ABDD	BDAC	AACD
ABCB	ACBD	CBCD	DCBC	DBCA	BCBA

Perpendiculairement.			Diagonalement.		
ABCD	ACBD	CBCD	DCBC	DBCA	BCBA
DCAA	CADB	DDBA	ABDD	BDAC	AACD
CAAB	DBCA	CDDB	BDDC	ACBD	BAAC
DADA	CADB	DADA	ADAD	BDAC	ADAD
ACBC	ACBD	BCBD	DBCB	DBCA	CBCA
CADA	CADB	DADB	BDAD	BDAC	ADAC
DBCB	DBCA	CBCA	ACBC	ACBD	BCBD
BDAD	BDAC	ADAC	CADA	CADB	DADB
CBCB	DBCA	CBCB	BCBC	ACBD	BCBC
DBBA	CADB	DCCA	ACCD	BDAC	ABBD
CDBB	DBCA	CCAB	BACC	ACBD	BBDC
BADA	BDAC	DADC	CDAD	CADB	ADAB

Cinquante-troisiéme Dessein.			Son opposé horisontalement		
BACD	BADC	ABDC	CDBA	CDAB	DCAB
CDBA	CDAB	DCAB	BACD	BADC	ABDC
ABDC	ABCD	BACD	DCAB	DCBA	CDBA
DCAB	DCBA	CDBA	ABDC	ABCD	BACD
BACD	BADC	ABDC	CDBA	CDAB	DCAB
CDBA	CDAB	DCAB	BACD	BADC	ABDC
DCAB	DCBA	CDBA	ABDC	ABCD	BACD
ABDC	ABCD	BACD	DCAB	DCBA	CDBA
CDBA	CDAB	DCAB	BACD	BADC	ABDC
BACD	BADC	ABDC	CDBA	CDAB	DCAB
DCAB	DCBA	CDBA	ABDC	ABCD	BACD
ABDC	ABCD	BACD	DCAB	DCBA	CDBA

Perpendiculairement.			Diagonalement.		
ABDC	ABCD	BACD	DCAB	DCBA	CDBA
DCAB	DCBA	CDBA	ABDC	ABCD	BACD
BACD	BADC	ABDC	CDBA	CDAB	DCAB
CDBA	CDAB	DCAB	BACD	BADC	ABDC
ABDC	ABCD	BACD	DCAB	DCBA	CDBA
DCAB	DCBA	CDBA	ABDC	ABCD	BACD
CDBA	CDAB	DCAB	BACD	BADC	ABDC
BACD	BADC	ABDC	CDBA	CDAB	DCAB
DCAB	DCBA	CDBA	ABDC	ABCD	BACD
ABDC	ABCD	BACD	DCAB	DCBA	CDBA
CDBA	CDAB	DCAB	BACD	BADC	ABDC
BACD	BADC	ABDC	CDBA	CDAB	DCAB

Cinquantequatriéme Deſſein.			Son oppoſé horiſontalement.		
DBBD	BCBC	ACCA	ACCA	CBCB	DBBD
BDBB	DBCA	CCAC	CACC	ACBD	BBDB
BBDB	BCBC	CACC	CCAC	CBCB	BDBB
DBBD	BADC	ACCA	ACCA	CDAB	DBBD
BDBB	DCBA	CCAC	CACC	ABCD	BBDB
ABAC	ABCD	BDCD	DCDB	DCBA	CABA
BABD	BADC	ACDC	CDCA	CDAB	DBAB
ACAA	CDAB	DDBD	DBDD	BADC	AACA
CAAC	ABCD	BDDB	BDDB	DCBA	CAAC
AACA	ADAD	DBDD	DDBD	DADA	ACAA
ACAA	CADB	DDBD	DBDD	BDAC	AACA
CAAC	ADAD	BDDB	BDDB	DADA	CAAC

Perpendiculairement.			Diagonalement,		
CAAC	ADAD	BDDB	BDDB	DADA	CAAC
ACAA	CADB	DDBD	DBDD	BDAC	AACA
AACA	ADAD	DBDD	DDBD	DADA	ACAA
CAAC	ABCD	BDDB	BDDB	DCBA	CAAC
ACAA	CDAB	DDBD	DBDD	BADC	AACA
BABD	BADC	ACDC	CDCA	CDAB	DBAB
ABAC	ABCD	BDCD	DCDB	DCBA	CABA
BDBB	DCBA	CCAC	CACC	ABCD	BBDB
DBBD	BADC	ACCA	ACCA	CDAB	DBBD
BBDB	BCBC	CACC	CCAC	CBCB	BDBB
BDBB	DBCA	CCAC	CACC	ACBD	BBDB
DBBD	BCBC	ACCA	ACCA	CBCB	DBBD

Cinquante-cinquiéme Deſſein.			Son oppoſé horiſontalement.		
DBCA	DBCA	DBCA	ACBD	ACBD	ACBD
BBCC	BDAC	BBCC	CCBB	CADB	CCBB
AADD	ACBD	AADD	DDAA	DBCA	DDAA
CADD	DADA	AADB	BDAA	ADAD	DDAC
DBCD	BBCC	ABCA	ACBA	CCBB	DCBD
BDAC	BBCC	BDAC	CADB	CCBB	CADB
ACBD	AADD	ACBD	DBCA	DDAA	DBCA
CADC	AADD	BADB	BDAB	DDAA	CDAC
DBCC	CBCB	BBCA	ACBB	BCBC	CCBD
BBCC	BDAC	BBCC	CCBB	CADB	CCBB
AADD	ACBD	AADD	DDAA	DBCA	DDAA
CADB	CADB	CADB	BDAC	BDAC	BDAC

Perpendiculairement.			Diagonalement.		
CADB	CADB	CADB	BDAC	BDAC	BDAC
AADD	ACBD	AADD	DDAA	DBCA	DDAA
BBCC	BDAC	BBCC	CCBB	CADB	CCBB
DBCC	CBCB	BBCA	ACBB	BCBC	CCBD
CADC	AADD	BADB	BDAB	DDAA	CDAC
ACBD	AADD	ACBD	DBCA	DDAA	DBCA
BDAC	BBCC	BDAC	CADB	CCBB	CADB
DBCD	BBCC	ABCA	ACBA	CCBB	DCBD
CADD	DADA	AADB	BDAA	ADAD	DDAC
AADD	ACBD	AADD	DDAA	DBCA	DDAA
BBCC	BDAC	BBCC	CCBB	CADB	CCBB
DBCA	DBCA	DBCA	ACBD	ACBD	ACBD

Cinquante-sixiéme Dessein.

BACB	DADA	CBDC
CDDA	CBCB	DAAB
ADDC	ADAD	BAAD
BCAB	BCBC	CDBC
DACB	BADC	CBDA
CBDA	CDAB	DACB
DACB	DCBA	CBDA
CBDA	ABCD	DACB
ADBA	ADAD	DCAD
BCCD	BCBC	ABBC
DCCB	DADA	CBBA
ABDA	CBCB	DACD

Son opposé horisontalement.

CDBC	ADAD	BCAB
BAAD	BCBC	ADDC
DAAB	DADA	CDDA
CBDC	CBCB	BACB
ADBC	CDAB	BCAD
BCAD	BADC	ADBC
ADBC	ABCD	BCAD
BCAD	DCBA	ADBC
DACD	DADA	ABDA
CBBA	CBCB	DCCB
ABBC	ADAD	BCCD
DCAD	BCBC	ADBA

Perpendiculairement.

ABDA	CBCB	DACD
DCCB	DADA	CBBA
BCCD	BCBC	ABBC
ADBA	ADAD	DCAD
CBDA	ABCD	DACB
DACB	DCBA	CBDA
CBDA	CDAB	DACB
DACB	BADC	CBDA
BCAB	BCBC	CDBC
ADDC	ADAD	BAAD
CDDA	CBCB	DAAB
BACB	DADA	CBDC

Diagonalement.

DCAD	BCBC	ADBA
ABBC	ADAD	BCCD
CBBA	CBCB	DCCB
DACD	DADA	ABDA
BCAD	DCBA	ABDC
ADBC	ABCD	BCAD
BCAD	BADC	ADBC
ADBC	CDAB	BCAD
CBDC	CBCB	BACB
DAAB	DADA	CDDA
BAAD	BCBC	ADDC
CDBC	ADAD	BCAB

Cinquante-ſeptiéme Deſſein. Son oppoſé horiſontalement.

DDAC	CCBB	BDAA	AADB	BBCC	CADD
DDDC	CADB	BAAA	AAAB	BDAC	CDDD
CDBB	ABCD	CCAB	BACC	DCBA	BBDC
AABB	DCBA	CCDD	DDCC	ABCD	BBAA
AACD	DCBA	ABDD	DDBA	ABCD	DCAA
ACBA	ABCD	DCBD	DBCD	DCBA	ABCA
BDAB	BADC	CDAC	CADC	CDAB	BADB
BBDC	CDAB	BACC	CCAB	BADC	CDBB
BBAA	CDAB	DDCC	CCDD	BADC	AABB
DCAA	BADC	DDBA	ABDD	CDAB	AACD
CCCD	DBCA	ABBB	BBBA	ACBD	DCCC
CCBD	DDAA	ACBB	BBCA	AADD	DBCC

Perpendiculairement. Diagonalement.

CCBD	DDAA	ACBB	BBCA	AADD	DBCC
CCCD	DBCA	ABBB	BBBA	ACBD	DCCC
DCAA	BADC	DDBA	ABDD	CDAB	AACD
BBAA	CDAB	DDCC	CCDD	BADC	AABB
BBDC	CDAB	BACC	CCAB	BADC	CDBB
BDAB	BADC	CDAC	CADC	CDAB	BADB
ACBA	ABCD	DCBD	DBCD	DCBA	ABCA
AACD	DCBA	ABDD	DDBA	ABCD	DCAA
AABB	DCBA	CCDD	DDCC	ABCD	BBAA
CDBB	ABCD	CCAB	BACC	DCBA	BBDC
DDDC	CADB	BAAA	AAAB	BDAC	CDDD
DDAC	CCBB	BDAA	AADB	BBCC	CADD

Cinquante-huitiéme Dessein.			Son opposé horisontalement.		
BDAC	BDAC	BDAC	CADB	CADB	CADB
DDCA	DBCA	DBAA	AABD	ACBD	ACDD
CABB	CADB	CCDB	BDCC	BDAC	BBAC
ACBD	DBCA	ACBD	DBCA	ACBD	DBCA
BDAD	DDAA	ADAC	CADA	AADD	DADB
DBCB	DDAA	CBCA	ACBC	AADD	BCBD
CADA	CCBB	DADB	BDAD	BBCC	ADAC
ACBC	CCBB	BCBD	DBCB	BBCC	CBCA
BDAC	CADB	BDAC	CADB	BDAC	CADB
DBAA	DBCA	DDCA	ACDD	ACBD	AABD
CCDB	CADB	CABB	BBAC	BDAC	BDCC
ACBD	ACBD	ACBD	DBCA	DBCA	DBCA

Perpendiculairement.			Diagonalement.		
ACBD	ACBD	ACBD	DBCA	DBCA	DBCA
CCDB	CADB	CABB	BBAC	BDAC	BDCC
DBAA	DBCA	DDCA	ACDD	ACBD	AABD
BDAC	CADB	BDAC	CADB	BDAC	CADB
ACBC	CCBB	BCBD	DBCB	BBCC	CBCA
CADA	CCBB	DADB	BDAD	BBCC	ADAC
DBCB	DDAA	CBCA	ACBC	AADD	BCBD
BDAD	DDAA	ADAC	CADA	AADD	DADB
ACBD	DBCA	ACBD	DBCA	ACBD	DBCA
CABB	CADB	CCDB	BDCC	BDAC	BBAC
DDCA	DBCA	DBAA	AABD	ACBD	ACDD
BDAC	BDAC	BDAC	CADB	CADB	CADB

Cinquante-neuviéme Dessein.			Son opposé horisontalement.		
BACB	DADA	CBDC	CDBC	ADAD	BCAB
CDBD	BCBC	ACAB	BACA	CBCB	DBDC
ABDB	DCBA	CACD	DCAC	ABCD	BDBA
BDBD	CDAB	ACAC	CACA	BADC	DBDB
DBDA	BDAC	DACA	ACAD	CADB	ADBD
CAAD	DBCA	ADDB	BDDA	ACBD	DAAC
DBBC	CADB	BCCA	ACCB	BDAC	CBBD
CACB	ACBD	CBDB	BDBC	DBCA	BCAC
ACAC	DCBA	BDBD	DBDB	ABCD	CACA
BACA	CDAB	DBDC	CDBD	BADC	ACAB
DCAC	ADAD	BDBA	ABDB	DADA	CACD
ABDA	CBCB	DACD	DCAD	BCBC	ADBA

Perpendiculairement.			Diagonalement.		
ABDA	CBCB	DACD	DCAD	BCBC	ADBA
DCAC	ADAD	BDBA	ABDB	DADA	CACD
BACA	CDAB	DBDC	CDBD	BADC	ACAB
ACAC	DCBA	BDBD	DBDB	ABCD	CACA
CACB	ACBD	CBDB	BDBC	DBCA	BCAC
DBBC	CADB	BCCA	ACCB	BDAC	CBBD
CAAD	DBCA	ADDB	BDDA	ACBD	DAAC
DBDA	BDAC	DACA	ACAD	CADB	ADBD
BDBD	CDAB	ACAC	CACA	BADC	DBDB
ABDB	DCBA	CACD	DCAC	ABCD	BDBA
CDBD	BCBC	ACAB	BACA	CBCB	DBDC
BACB	DADA	CBDC	CDBC	ADAD	BCAB

Soixantiéme Deſſein.			Son oppoſé horiſontalement.		
DAAA	CBCB	DDDA	ADDD	BCBC	AAAD
CBBB	DADA	CCCB	BCCC	ADAD	BBBC
CBBD	BCBC	ACCB	BCCA	CBCB	DBBC
CBDB	DADA	CACB	BCAC	ADAD	BDBC
ADBD	BCBC	ACAD	DACA	CBCB	DBDA
BCAC	ADAD	BDBC	CBDB	DADA	CACB
ADBD	BCBC	ACAD	DACA	CBCB	DBDA
BCAC	ADAD	BDBC	CBDB	DADA	CACB
DACA	CBCB	DBDA	ADBD	BCBC	ACAD
DAAC	ADAD	BDDA	ADDB	DADA	CAAD
DAAA	CBCB	DDDA	ADDD	BCBC	AAAD
CBBB	DADA	CCCB	BCCC	ADAD	BBBC

Perpendiculairement.			Diagonalement.		
CBBB	DADA	CCCB	BCCC	ADAD	BBBC
DAAA	CBCB	DDDA	ADDD	BCBC	AAAD
DAAC	ADAD	BDDA	ADDB	DADA	CAAD
DACA	CBCB	DBDA	ADBD	BCBC	ACAD
BCAC	ADAD	BDBC	CBDB	DADA	CACB
ADBD	BCBC	ACAD	DACA	CBCB	DBDA
BCAC	ADAD	BDBC	CBDB	DADA	CACB
ADBD	BCBC	ACAD	DACA	CBCB	DBDA
CBDB	DADA	CACB	BCAC	ADAD	BDBC
CBBD	BCBC	ACCB	BCCA	CBCB	DBBC
CBBB	DADA	CCCB	BCCC	ADAD	BBBC
DAAA	CBCB	DDDA	ADDD	BCBC	AAAD

Soixante-uniéme Deſſein.

DABD	ACDA	DABD	ACDA	DABD	ACDA
CBDC	BACB	CBDC	BACB	CBDC	BACB
BDBC	BCAC	BDBC	BCAC	BDBC	BCAC
DAAD	ADDA	DAAD	ADDA	DAAD	ADDA
CBBC	BCCB	CBBC	BCCB	CBBC	BCCB
ACAD	ADBD	ACAD	ADBD	ACAD	ADBD
DACD	ABDA	DACD	ABDA	DACD	ABDA
CBAC	BDCB	CBAC	BDCB	CBAC	BDCB
DABD	ACDA	DABD	ACDA	DABD	ACDA
CBDC	BACB	CBDB	CACB	CBDC	BACB
BDBC	BCAC	BDBA	DCAC	BDBC	BCAC
DAAD	ADDA	DBCD	ABCA	DAAD	ADDA
CBBC	BCCB	CADC	BADB	CBBC	BCCB
ACAD	ADBD	ACAB	CDBD	ACAD	ADBD
DACD	ABDA	DACA	DBDA	DACD	ABDA
CBAC	BDCB	CBAC	BDCB	CBAC	BDCB
DABD	ACDA	DABD	ACDA	DABD	ACDA
CBDC	BACB	CBDC	BACB	CBDC	BACB
BDBC	BCAC	BDBC	BCAC	BDBC	BCAC
DAAD	ADDA	DAAD	ADDA	DAAD	ADDA
CBBC	BCCB	CBBC	BCCB	CBBC	BCCB
ACAD	ADBD	ACAD	ADBD	ACAD	ADBD
DACD	ABDA	DACD	ABDA	DACD	ABDA
CBAC	BDCB	CBAC	BDCB	CBAC	BDCB

Son oppoſé diagonalement.

BCDB	CABC	BCDB	CABC	BCDB	CABC
ADBA	DCAD	ADBA	DCAD	ADBA	DCAD
DBDA	DACA	DBDA	DACA	DBDA	DACA
BCCB	CBBC	BCCB	CBBC	BCCB	CBBC
ADDA	DAAD	ADDA	DAAD	ADDA	DAAD
CACB	CBDB	CACB	CBDB	CACB	CBDB
BCAB	CDBC	BCAB	CDBC	BCAB	CDBC
ADCA	DBAD	ADCA	DBAD	ADCA	DBAD
BCDB	CABC	BCDB	CABC	BCDB	CABC
ADBA	DCAD	ADBD	ACAD	ADBA	DCAD
DBDA	DACA	DBDC	BACA	DBDA	DACA
BCCB	CBBC	BDAB	CDAC	BCCB	CBBC
ADDA	DAAD	ACBA	DCBD	ADDA	DAAD
CACB	CBDB	CACD	ABDB	CACB	CBDB
BCAB	CDBC	BCAC	BDBC	BCAB	CDBC
ADCA	DBAD	ADCA	DBAD	ADCA	DBAD
BCDB	CABC	BCDB	CABC	BCDB	CABC
ADBA	DCAD	ADBA	DCAD	ADBA	DCAD
DBDA	DACA	DBDA	DACA	DBDA	DACA
BCCB	CBBC	BCCB	CBBC	BCCB	CBBC
ADDA	DAAD	ADDA	DAAD	ADDA	DAAD
CACB	CBDB	CACB	CBDB	CACB	CBDB
BCAB	CDBC	BCAB	CDBC	BCAB	CDBC
ADCA	DBAD	ADCA	DBAD	ADCA	DBAD

Son opposé horisontalement.

ADCA	DBAD	ADCA	DBAD	ADCA	DBAD
BCAB	CDBC	BCAB	CDBC	BCAB	CDBC
CACB	CBDB	CACB	CBDB	CACB	CBDB
ADDA	DAAD	ADDA	DAAD	ADDA	DAAD
BCCB	CBBC	BCCB	CBBC	BCCB	CBBC
DBDA	DACA	DBDA	DACA	DBDA	DACA
ADBA	DCAD	ADBA	DCAD	ADBA	DCAD
BCDB	CABC	BCDB	CABC	BCDB	CABC
ADCA	DBAD	ADCA	DBAD	ADCA	DBAD
BCAB	CDBC	BCAC	BDBC	BCAB	CDBC
CACB	CBDB	CACD	ABDB	CACB	CBDB
ADDA	DAAD	ACBA	DCBD	ADDA	DAAD
BCCB	CBBC	BDAB	CDAC	BCCB	CBBC
DBDA	DACA	DBDC	BACA	DBDA	DACA
ADBA	DCAD	ADBD	ACAD	ADBA	DCAD
BCDB	CABC	BCDB	CABC	BCDB	CABC
ADCA	DBAD	ADCA	DBAD	ADCA	DBAD
BCAB	CDBC	BCAB	CDBC	BCAB	CDBC
CACB	CBDB	CACB	CBDB	CACB	CBDB
ADDA	DAAD	ADDA	DAAD	ADDA	DAAD
BCCB	CBBC	BCCB	CBBC	BCCB	CBBC
DBDA	DACA	DBDA	DACA	DBDA	DACA
ADBA	DCAD	ADBA	DCAD	ADBA	DCAD
BCDB	CABC	BCDB	CABC	BCDB	CABC

Son opposé perpendiculairement.

CBAC	BDCB	CBAC	BDCB	CBAC	BDCB
DACD	ABDA	DACD	ABDA	DACD	ABDA
ACAD	ADBD	ACAD	ADBD	ACAD	ADBD
CBBC	BCCB	CBBC	BCCB	CBBC	BCCB
DAAD	ADDA	DAAD	ADDA	DAAD	ADDA
BDBC	BCAC	BDBC	BCAC	BDBC	BCAC
CBDC	BACB	CBDC	BACB	CBDC	BACB
DABD	ACDA	DABD	ACDA	DABD	ACDA
CBAC	BDCB	CBAC	BDCB	CBAC	BDCB
DACD	ABDA	DACA	DBDA	DACD	ABDA
ACAD	ADBD	ACAB	CDBD	ACAD	ADBD
CBBC	BCCB	CADC	BADB	CBBC	BCCB
DAAD	ADDA	DBCD	ABCA	DAAD	ADDA
BDBC	BCAC	BDBA	DCAC	BDBC	BCAC
CBDC	BACB	CBDB	CACB	CBDC	BACB
DABD	ACDA	DABD	ACDA	DABD	ACDA
CBAC	BDCB	CBAC	BDCB	CBAC	BDCB
DACD	ABDA	DACD	ABDA	DACD	ABDA
ACAD	ADBD	ACAD	ADBD	ACAD	ADBD
CBBC	BCCB	CBBC	BCCB	CBBC	BCCB
DAAD	ADDA	DAAD	ADDA	DAAD	ADDA
BDBC	BCAC	BDBC	BCAC	BDBC	BCAC
CBDC	BACB	CBDC	BACB	CBDC	BACB
DABD	ACDA	DABD	ACDA	DABD	ACDA

Soixante-deuxiéme Deſſein.

BAAD	DCBA	ADDC	BAAD	DCBA	ADDC
CDCB	ABCD	CBAB	CDCB	ABCD	CBAB
CADA	DBCA	DADB	CADA	DBCA	DADB
DBCB	CADB	CBCA	DBCB	CADB	CBCA
DCDA	BADC	DABA	DCDA	BADC	DABA
ABBC	CDAB	BCCD	ABBC	CDAB	BCCD
BAAD	DCBA	ADDC	BAAD	DCBA	ADDC
CDCB	ABCD	CBAB	CDCB	ABCD	CBAB
CADA	DBCA	DADB	CADA	DBCA	DADB
DBCB	CADB	CBCA	DBCB	CADB	CBCA
DCDA	BADC	DABD	ACDA	BADC	DABA
ABBC	CDAB	BCDD	AABC	CDAB	BCCD
BAAD	DCBA	ADCC	BBAD	DCBA	ADDC
CDCB	ABCD	CBAC	BDCB	ABCD	CBAB
CADA	DBCA	DADB	CADA	DBCA	DADB
DBCB	CADB	CBCA	DBCB	CADB	CBCA
DCDA	BADC	DABA	DCDA	BADC	DABA
ABBC	CDAB	BCCD	ABBC	CDAB	BCCD
BAAD	DCBA	ADDC	BAAD	DCBA	ADDC
CDCB	ABCD	CBAB	CDCB	ABCD	CBAB
CADA	DBCA	DADB	CADA	DBCA	DADB
DBCB	CADB	CBCA	DBCB	CADB	CBCA
DCDA	BADC	DABA	DCDA	BADC	DABA
ABBC	CDAB	BCCD	ABBC	CDAB	BCCD

Son opposé diagonalement.

DCCB	BADC	CBBA	DCCB	BADC	CBBA
ABAD	CDAB	ADCD	ABAD	CDAB	ADCD
ACBC	BDAC	BCBD	ACBC	BDAC	BCBD
BDAD	ACBD	ADAC	BDAD	ACBD	ADAC
BABC	DCBA	BCDC	BABC	DCBA	BCDC
CDDA	ABCD	DAAB	CDDA	ABCD	DAAB
DCCB	BADC	CBBA	DCCB	BADC	CBBA
ABAD	CDAB	ADCD	ABAD	CDAB	ADCD
ACBC	BDAC	BCBD	ACBC	BDAC	BCBD
BDAD	ACBD	ADAC	BDAD	ACBD	ADAC
BABC	DCBA	BCDB	CABC	DCBA	BCDC
CDDA	ABCD	DABB	CCDA	ABCD	DAAB
DCCB	BADC	CBAA	DDCB	BADC	CBBA
ABAD	CDAB	ADCA	DBAD	CDAB	ADCD
ACBC	BDAC	BCBD	ACBC	BDAC	BCBD
BDAD	ACBD	ADAC	BDAD	ACBD	ADAC
BABC	DCBA	BCDC	BABC	DCBA	BCDC
CDDA	ABCD	DAAB	CDDA	ABCD	DAAB
DCCB	BADC	CBBA	DCCB	BADC	CBBA
ABAD	CDAB	ADCD	ABAD	CDAB	ADCD
ACBC	BDAC	BCBD	ACBC	BDAC	BCBD
BDAD	ACBD	ADAC	BDAD	ACBD	ADAC
BABC	DCBA	BCDC	BABC	DCBA	BCDC
CDDA	ABCD	DAAB	CDDA	ABCD	DAAB

Son opposé horisontalement.

CDDA	ABCD	DAAB	CDDA	ABCD	DAAB
BABC	DCBA	BCDC	BABC	DCBA	BCDC
BDAD	ACBD	ADAC	BDAD	ACBD	ADAC
ACBC	BDAC	BCBD	ACBC	BDAC	BCBD
ABAD	CDAB	ADCD	ABAD	CDAB	ADCD
DCCB	BADC	CBBA	DCCB	BADC	CBBA
CDDA	ABCD	DAAB	CDDA	ABCD	DAAB
BABC	DCBA	BCDC	BABC	DCBA	BCDC
BDAD	ACBD	ADAC	BDAD	ACBD	ADAC
ACBC	BDAC	BCBD	ACBC	BDAC	BCBD
ABAD	CDAB	ADCA	DBAD	CDAB	ADCD
DCCB	BADC	CBAA	DDCB	BADC	CBBA
CDDA	ABCD	DABB	CCDA	ABCD	DAAB
BABC	DCBA	BCDB	CABC	DCBA	BCDC
BDAD	ACBD	ADAC	BDAD	ACBD	ADAC
ACBC	BDAC	BCBD	ACBC	BDAC	BCBD
ABAD	CDAB	ADCD	ABAD	CDAB	ADCD
DCCB	BADC	CBBA	DCCB	BADC	CBBA
CDDA	ABCD	DAAB	CDDA	ABCD	DAAB
BABC	DCBA	BCDC	BABC	DCBA	BCDC
BDAD	ACBD	ADAC	BDAD	ACBD	ADAC
ACBC	BDAC	BCBD	ACBC	BDAC	BCBD
ABAD	CDAB	ADCD	ABAD	CDAB	ADCD
DCCB	BADC	CBBA	DCCB	BADC	CBBA

Son opposé perpendiculairement.

ABBC	CDAB	BCCD	ABBC	CDAB	BCCD
DCDA	BADC	DABA	DCDA	BADC	DABA
DBCB	CADB	CBCA	DBCB	CADB	CBCA
CADA	DBCA	DADB	CADA	DBCA	DADB
CDCB	ABCD	CBAB	CDCB	ABCD	CBAB
BAAD	DCBA	ADDC	BAAD	DCBA	ADDC
ABBC	CDAB	BCCD	ABBC	CDAB	BCCD
DCDA	BADC	DABA	DCDA	BADC	DABA
DBCB	CADB	CBCA	DBCB	CADB	CBCA
CADA	DBCA	DADB	CADA	DBCA	DADB
CDCB	ABCD	CBAC	BDCB	ABCD	CBAB
BAAD	DCBA	ADCC	BBAD	DCBA	ADDC
ABBC	CDAB	BCDD	AABC	CDAB	BCCD
DCDA	BADC	DABD	ACDA	BADC	DABA
DBCB	CADB	CBCA	DBCB	CADB	CBCA
CADA	DBCA	DADB	CADA	DBCA	DADB
CDCB	ABCD	CBAB	CDCB	ABCD	CBAB
BAAD	DCBA	ADDC	BAAD	DCBA	ADDC
ABBC	CDAB	BCCD	ABBC	CDAB	BCCD
DCDA	BADC	DABA	DCDA	BADC	DABA
DBCB	CADB	CBCA	DBCB	CADB	CBCA
CADA	DBCA	DADB	CADA	DBCA	DADB
CDCB	ABCD	CBAB	CDCB	ABCD	CBAB
BAAD	DCBA	ADDC	BAAD	DCBA	ADDC

Soixante-troiſiéme Deſſein.

BBBD	ACCC	BBBD	ACCC	BBBD	ACCC
BBDC	BACC	BBDA	DACC	BBDC	BACC
BDDD	AAAC	BDBB	CCAC	BDDD	AAAC
DADD	AADA	DCBB	CCBA	DADD	AADA
CBCC	BBCB	CDAA	DDAB	CBCC	BBCB
ACCC	BBBD	ACAA	DDBD	ACCC	BBBD
AACD	ABDA	DACB	CBDA	DACD	ABDD
AAAC	BDCD	ABAC	BDCD	ABAC	BDDD
BBBD	ACDC	BABD	ACDC	BABD	ACCC
BBDA	DACB	CBDC	BACB	CBDA	DACC
BDBB	CCAC	BDBA	DCAC	BDBB	CCAC
DCBB	CCBA	DACB	CBDA	DCBB	CCBA
CDAA	DDAB	CBDA	DACB	CDAA	DDAB
ACAA	DDBD	ACAB	CDBD	ACAA	DDBD
AACB	CBDA	DACD	ABDA	DACB	CBDD
AAAC	BDCD	ABAC	BDCD	ABAC	BDDD
BBBD	ACCC	BBBD	ACCC	BBBD	ACCC
BBDC	BACC	BBDA	DACC	BBDC	BACC
BDDD	AAAC	BDBB	CCAC	BDDD	AAAC
DADD	AADA	DCBB	CCBA	DADD	AADA
CBCC	BBCB	CDAA	DDAB	CBCC	BBCB
ACCC	BBBD	ACAA	DDBD	ACCC	BBBD
AACD	ABDA	DACB	CBDA	DACD	ABDD
AAAC	BDCD	ABAC	BDCD	ABAC	BDDD

Son opposé diagonalement.

DDDB	CABA	DCDB	CABA	DCDB	CAAA
DDBA	DCAD	ADBC	BCAD	ADBA	DCAA
DBBB	CCCA	DBDD	AACA	DBBB	CCCA
BCBB	CCBC	BADD	AADC	BCBB	CCBC
ADAA	DDAD	ABCC	BBCD	ADAA	DDAD
CAAA	DDDB	CACC	BBDB	CAAA	DDDB
CCAB	CDBB	CCAD	ADBB	CCAB	CDBB
CCCA	DBBB	CCCA	DBBB	CCCA	DBBB
DDDB	CABA	DCDB	CABA	DCDB	CAAA
DDBC	BCAD	ADBA	DCAD	ADBC	BCAA
DBDD	AACA	DBDC	BACA	DBDD	AACA
BADD	AADC	BCAD	ADBC	BADD	AADC
ABCC	BBCD	ADBC	BCAD	ABCC	BBCD
CACC	BBDB	CACD	ABDB	CACC	BBDB
CCAD	ADBC	BCAB	CDBC	BCAD	ADBB
CCCA	DBAB	CDCA	DBAB	CDCA	DBBB
DDDB	CABA	DCDB	CABA	DCDB	CAAA
DDBA	DCAD	ADBC	BCAD	ADBA	DCAA
DBBB	CCCA	DBDD	AACA	DBBB	CCCA
BCBB	CCBC	BADD	AADC	BCBB	CCBC
ADAA	DDAD	ABCC	BBCD	ADAA	DDAD
CAAA	DDDB	CACC	BBDB	CAAA	DDDB
CCAB	CDBB	CCAD	ADBB	CCAB	CDBB
CCCA	DBBB	CCCA	DBBB	CCCA	DBBB

Son opposé horisontalement.

CCCA	DBBB	CCCA	DBBB	CCCA	DBBB
CCAB	CDBB	CCAD	ADBB	CCAB	CDBB
CAAA	DDDB	CACC	BBDB	CAAA	DDDB
ADAA	DDAD	ABCC	BBCD	ADAA	DDAD
BCBB	CCBC	BADD	AADC	BCBB	CCBC
DBBB	CCCA	DBDD	AACA	DBBB	CCCA
DDBA	DCAD	ADBC	BCAD	ADBA	DCAA
DDDB	CABA	DCDB	CABA	DCDB	CAAA
CCCA	DBAB	CDCA	DBAB	CDCA	DBBB
CCAD	ADBC	BCAB	CDBC	BCAD	ADBB
CACC	BBDB	CACD	ABDB	CACC	BBDB
ABCC	BBCD	ADBC	BCAD	ABCC	BBCD
BADD	AADC	BCAD	ADBC	BADD	AADC
DBDD	AACA	DBDC	BACA	DBDD	AACA
DDBC	BCAD	ADBA	DCAD	ADBC	BCAA
DDDB	CABA	DCDB	CABA	DCDB	CAAA
CCCA	DBBB	CCCA	DBBB	CCCA	DBBB
CCAB	CDBB	CCAD	ADBB	CCAB	CDBB
CAAA	DDDB	CACC	BBDB	CAAA	DDDB
ADAA	DDAD	ABCC	BBCD	ADAA	DDAD
BCBB	CCBC	BADD	AADC	BCBB	CCBC
DBBB	CCCA	DBDD	AACA	DBBB	CCCA
DDBA	DCAD	ADBC	BCAD	ADBA	DCAA
DDDB	CABA	DCDB	CABA	DCDB	CAAA

Son opposé perpendiculairement.

AAAC	BDCD	ABAC	BDCD	ABAC	BDDD
AACD	ABDA	DACB	CBDA	DACD	ABDD
ACCC	BBBD	ACAA	DDBD	ACCC	BBBD
CBCC	BBCB	CDAA	DDAB	CBCC	BBCB
DADD	AADA	DCBB	CCBA	DADD	AADA
BDDD	AAAC	BDBB	CCAC	BDDD	AAAC
BBDC	BACC	BBDA	DACC	BBDC	BACC
BBBD	ACCC	BBBD	ACCC	BBBD	ACCC
AAAC	BDCD	ABAC	BDCD	ABAC	BDDD
AACB	CBDA	DACD	ABDA	DACB	CBDD
ACAA	DDBD	ACAB	CDBD	ACAA	DDBD
CDAA	DDAB	CBDA	DACB	CDAA	DDAB
DCBB	CCBA	DACB	CBDA	DCBB	CCBA
BDBB	CCAC	BDBA	DCAC	BDBB	CCAC
BBDA	DACB	CBDC	BACB	CBDA	DACC
BBBD	ACDC	BABD	ACDC	BABD	ACCC
AAAC	BDCD	ABAC	BDCD	ABAC	BDDD
AACD	ABDA	DACB	CBDA	DACD	ABDD
ACCC	BBBD	ACAA	DDBD	ACCC	BBBD
CBCC	BBCB	CDAA	DDAB	CBCC	BBCB
DADD	AADA	DCBB	CCBA	DADD	AADA
BDDD	AAAC	BBDB	CCAC	BDDD	AAAC
BBDC	BACC	BBDA	DACC	BBDC	BACC
BBBD	ACCC	BBBD	ACCC	BBBD	ACCC

Soixante-quatriéme Deſſein.

DBDA	DACA	DBDA	DACA	DBDA	DACA
BDBA	DCAC	BDBA	DCAC	BDBA	DCAC
DBDC	BACA	DBDC	BACA	DBDC	BACA
CCAD	ADBB	CCAD	ADBB	CCAD	ADBB
DDBC	BCAA	DDBC	BCAA	DDBC	BCAA
CACD	ABDB	CACD	ABDB	CACD	ABDB
ACAB	CDBD	ACAB	CDBD	ACAB	CDBD
CACB	CBDB	CACB	CBDB	CACB	CBDB
DBDA	DACA	DBDA	DACA	DBDA	DACA
BDBA	DCAC	BDBA	DCAC	BDBA	DCAC
DBDC	BACA	DBDC	BACA	DBDC	BACA
CCAD	ADBB	CCAD	ADBB	CCAD	ADBB
DDBC	BCAA	DDBC	BCAA	DDBC	BCAA
CACD	ABDB	CACD	ABDB	CACD	ABDB
ACAB	CDBD	ACAB	CDBD	ACAB	CDBD
CACB	CBDB	CACB	CBDB	CACB	CBDB
DBDA	DACA	DBDA	DACA	DBDA	DACA
BDBA	DCAC	BDBA	DCAC	BDBA	DCAC
DBDC	BACA	DBDC	BACA	DBDC	BACA
CCAD	ADBB	CCAD	ADBB	CCAD	ADBB
DDBC	BCAA	DDBC	BCAA	DDBC	BCAA
CACD	ABDB	CACD	ABDB	CACD	ABDB
ACAB	CDBD	ACAB	CDBD	ACAB	CDBD
CACB	CBDB	CACB	CBDB	CACB	CBDB

Son opposé diagonalement.

BDBC	BCAC	BDBC	BCAC	BDBC	BCAC
DBDC	BACA	DBDC	BACA	DBDC	BACA
BDBA	DCAC	BDBA	DCAC	BDBA	DCAC
AACB	CBDD	AACB	CBDD	AACB	CBDD
BBDA	DACC	BBDA	DACC	BBDA	DACC
ACAB	CDBD	ACAB	CDBD	ACAB	CDBD
CACD	ABDB	CACD	ABDB	CACD	ABDB
ACAD	ADBD	ACAD	ADBD	ACAD	ADBD
BDBC	BCAÇ	BDBC	BCAC	BDBC	BCAC
DBDC	BACA	DBDC	BACA	DBDC	BACA
BDBA	DCAC	BDBA	DCAC	BDBA	DCAC
AACB	CBDD	AACB	CBDD	AACB	CBDD
BBDA	DACC	BBDA	DACC	BBDA	DACC
ACAB	CDBD	ACAB	CDBD	ACAB	CDBD
CACD	ABDB	CACD	ABDB	CACD	ABDB
ACAD	ADBD	ACAD	ADBD	ACAD	ADBD
BDBC	BCAC	BDBC	BCAC	BDBC	BCAC
DBDC	BACA	DBDC	BACA	DBDC	BACA
BDBA	DCAC	BDBA	DCAC	BDBA	DCAC
AACB	CBDD	AACB	CBDD	AACB	CBDD
BBDA	DACC	BBDA	DACC	BBDA	DACC
ACAB	CDBD	ACAB	CDBD	ACAB	CDBD
CACD	ABDB	CACD	ABDB	CACD	ABDB
ACAD	ADBD	ACAD	ADBD	ACAD	ADBD

Son opposé horisontalement.

ACAD	ADBD	ACAD	ADBD	ACAD	ADBD
CACD	ABDB	CACD	ABDB	CACD	ABDB
ACAB	CDBD	ACAB	CDBD	ACAB	CDBD
BBDA	DACC	BBDA	DACC	BBDA	DACC
AACB	CBDD	AACB	CBDD	AACB	CBDD
BDBA	DCAC	BDBA	DCAC	BDBA	DCAC
DBDC	BACA	DBDC	BACA	DBDC	BACA
BDBC	BCAC	BDBC	BCAC	BDBC	BCAC
ACAD	ADBD	ACAD	ADBD	ACAD	ADBD
CACD	ABDB	CACD	ABDB	CACD	ABDB
ACAB	CDBD	ACAB	CDBD	ACAB	CDBD
BBDA	DACC	BBDA	DACC	BBDA	DACC
AACB	CBDD	AACB	CBDD	AACB	CBDD
BDBA	DCAC	BDBA	DCAC	BDBA	DCAC
DBDC	BACA	DBDC	BACA	DBDC	BACA
BDBC	BCAC	BDBC	BCAC	BDBC	BCAC
ACAD	ADBD	ACAD	ADBD	ACAD	ADBD
CACD	ABDB	CACD	ABDB	CACD	ABDB
ACAB	CDBD	ACAB	CDBD	ACAB	CDBD
BBDA	DACC	BBDA	DACC	BBDA	DACC
AACB	CBDD	AACB	CBDD	AACB	CBDD
BDBA	DCAC	BDBA	DCAC	BDBA	DCAC
DBDC	BACA	DBDC	BACA	DBDC	BACA
BDBC	BCAC	BDBC	BCAC	BDBC	BCAC

Son opposé perpendiculairement.

CACB	CBDB	CACB	CBDB	CACB	CBDB
ACAB	CDBD	ACAB	CDBD	ACAB	CDBD
CACD	ABDB	CACD	ABDB	CACD	ABDB
DDBC	BCAA	DDBC	BCAA	DDBC	BCAA
CCAD	ADBB	CCAD	ADBB	CCAD	ADBB
DBDC	BACA	DBDC	BACA	DBDC	BACA
BDBA	DCAC	BDBA	DCAC	BDBA	DCAC
DBDA	DACA	DBDA	DACA	DBDA	DACA
CACB	CBDB	CACB	CBDB	CACB	CBDB
ACAB	CDBD	ACAB	CDBD	ACAB	CDBD
CACD	ABDB	CACD	ABDB	CACD	ABDB
DDBC	BCAA	DDBC	BCAA	DDBC	BCAA
CCAD	ADBB	CCAD	ADBB	CCAD	ADBB
DBDC	BACA	DBDC	BACA	DBDC	BACA
BDBA	DCAC	BDBA	DCAC	BDBA	DCAC
DBDA	DACA	DBDA	DACA	DBDA	DACA
CACB	CBDB	CACB	CBDB	CACB	CBDB
ACAB	CDBD	ACAB	CDBD	ACAB	CDBD
CACD	ABDB	CACD	ABDB	CACD	ABDB
DDBC	BCAA	DDBC	BCAA	DDBC	BCAA
CCAD	ADBB	CCAD	ADBB	CCAD	ADBB
DBDC	BACA	DBDC	BACA	DBDC	BACA
BDBA	DCAC	BDBA	DCAC	BDBA	DCAC
DBDA	DACA	DBDA	DACA	DBDA	DACA

Soixante-cinquiéme Dessein.

DCBC	BCBA	DCBC	BCBA	DCBC	BCBA
ABDB	CACD	ABDB	CACD	ABDB	CACD
BDBA	DCAC	BDBA	DCAC	BDBA	DCAC
ABCB	CBCD	ABCB	CBCD	ABCB	CBCD
BADA	DADC	BADA	DADC	BADA	DADC
ACAB	CDBD	ACAB	CDBD	ACAB	CDBD
BACA	DBDC	BACA	DBDC	BACA	DBDC
CDAD	ADAB	CDAD	ADAB	CDAD	ADAB
DCBC	BCBA	DCBC	BCBA	DCBC	BCBA
ABDB	CACD	ABDB	CACD	ABDB	CACD
BDBA	DCAC	BDBA	DCAC	BDBA	DCAC
ABCB	CBCD	ABCD	ABCD	ABCB	CBCD
BADA	DADC	BADC	BADC	BADA	DADC
ACAB	CDBD	ACAB	CDBD	ACAB	CDBD
BACA	DBDC	BACA	DBDC	BACA	DBDC
CDAD	ADAB	CDAD	ADAB	CDAD	ADAB
DCBC	BCBA	DCBC	BCBA	DCBC	BCBA
ABDB	CACD	ABDB	CACD	ABDB	CACD
BDBA	DCAC	BDBA	DCAC	BDBA	DCAC
ABCB	CBCD	ABCB	CBCD	ABCB	CBCD
BADA	DADC	BADA	DADC	BADA	DADC
ACAB	CDBD	ACAB	CDBD	ACAB	CDBD
BACA	DBDC	BACA	DBDC	BACA	DBDC
CDAD	ADAB	CDAD	ADAB	CDAD	ADAB

Son opposé diagonalement.

BADA	DADC	BADA	DADC	BADA	DADC
CDBD	ACAB	CDBD	ACAB	CDBD	ACAB
DBDC	BACA	DBDC	BACA	DBDC	BACA
CDAD	ADAB	CDAD	ADAB	CDAD	ADAB
DCBC	BCBA	DCBC	BCBA	DCBC	BCBA
CACD	ABDB	CACD	ABDB	CACD	ABDB
DCAC	BDBA	DCAC	BDBA	DCAC	BDBA
ABCB	CBCD	ABCB	CBCD	ABCB	CBCD
BADA	DADC	BADA	DADC	BADA	DADC
CDBD	ACAB	CDBD	ACAB	CDBD	ACAB
DBDC	BACA	DBDC	BACA	DBDC	BACA
CDAD	ADAB	CDAB	CDAB	CDAD	ADAB
DCBC	BCBA	DCBA	DCBA	DCBC	BCBA
CACD	ABDB	CACD	ABDB	CACD	ABDB
DCAC	BDBA	DCAC	BDBA	DCAC	BDBA
ABCB	CBCD	ABCB	CBCD	ABCB	CBCD
BADA	DADC	BADA	DADC	BADA	DADC
CDBD	ACAB	CDBD	ACAB	CDBD	ACAB
DBDC	BACA	DBDC	BACA	DBDC	BACA
CDAD	ADAB	CDAD	ADAB	CDAD	ADAB
DCBC	BCBA	DCBC	BCBA	DCBC	BCBA
CACD	ABDB	CACD	ABDB	CACD	ABDB
DCAC	BDBA	DCAC	BDBA	DCAC	BDBA
ABCB	CBCD	ABCB	CBCD	ABCB	CBCD

Son opposé horisontalement.

ABCB	CBCD	ABCB	CBCD	ABCB	CBCD
DCAC	BDBA	DCAC	BDBA	DCAC	BDBA
CACD	ABDB	CACD	ABDB	CACD	ABDB
DCBC	BCBA	DCBC	BCBA	DCBC	BCBA
CDAD	ADAB	CDAD	ADAB	CDAD	ADAB
DBDC	BACA	DBDC	BACA	DBDC	BACA
CDBD	ACAB	CDBD	ACAB	CDBD	ACAB
BADA	DADC	BADA	DADC	BADA	DADC
ABCB	CBCD	ABCB	CBCD	ABCB	CBCD
DCAC	BDBA	DCAC	BDBA	DCAC	BDBA
CACD	ABDB	CACD	ABDB	CACD	ABDB
DCBC	BCBA	DCBA	DCBA	DCBC	BCBA
CDAD	ADAB	CDAB	CDAB	CDAD	ADAB
DBDC	BACA	DBDC	BACA	DBDC	BACA
CDBD	ACAB	CDBD	ACAB	CDBD	ACAB
BADA	DADC	BADA	DADC	BADA	DADC
ABCB	CBCD	ABCB	CBCD	ABCB	CBCD
DCAC	BDBA	DCAC	BDBA	DCAC	BDBA
CACD	ABDB	CACD	ABDB	CACD	ABDB
DCBC	BCBA	DCBC	BCBA	DCBC	BCBA
CDAD	ADAB	CDAD	ADAB	CDAD	ADAB
DBDC	BACA	DBDC	BACA	DBDC	BACA
CDBD	ACAB	CDBD	ACAB	CDBD	ACAB
BADA	DADC	BADA	DADC	BADA	DADC

Son opposé perpendiculairement.

CDAD	ADAB	CDAD	ADAB	CDAD	ADAB
BACA	DBDC	BACA	DBDC	BACA	DBDC
ACAB	CDBD	ACAB	CDBD	ACAB	CDBD
BADA	DADC	BADA	DADC	BADA	DADC
ABCB	CBCD	ABCB	CBCD	ABCB	CBCD
BDBA	DCAC	BDBA	DCAC	BDBA	DCAC
ABDB	CACD	ABDB	CACD	ABDB	CACD
DCBC	BCBA	DCBC	BCBA	DCBC	BCBA
CDAD	ADAB	CDAD	ADAB	CDAD	ADAB
BACA	DBDC	BACA	DBDC	BACA	DBDC
ACAB	CDBD	ACAB	CDBD	ACAB	CDBD
BADA	DADC	BADC	BADC	BADA	DADC
ABCB	CBCD	ABCD	ABCD	ABCB	CBCD
BDBA	DCAC	BDBA	DCAC	BDBA	DCAC
ABDB	CACD	ABDB	CACD	ABDB	CACD
DCBC	BCBA	DCBC	BCBA	DCBC	BCBA
CDAD	ADAB	CDAD	ADAB	CDAD	ADAB
BACA	DBDC	BACA	DBDC	BACA	DBDC
ACAB	CDBD	ACAB	CDBD	ACAB	CDBD
BADA	DADC	BADA	DADC	BADA	DADC
ABCB	CBCD	ABCB	CBCD	ABCB	CBCD
BDBA	DCAC	BDBA	DCAC	BDBA	DCAC
ABDB	CACD	ABDB	CACD	ABDB	CACD
DCBC	BCBA	DCBC	BCBA	DCBC	BCBA

Soixante-ſixiéme Deſſein.

BBDA	DACC	BBDA	DACC	BBDA	DACC
BDBC	BCAC	BDBC	BCAC	BDBC	BCAC
DBBA	DCCA	DBBA	DCCA	DBBA	DCCA
CACB	CBDB	CACD	ABDB	CACB	CBDB
DBDA	DACA	DBDC	BACA	DBDA	DACA
CAAB	CDDB	CAAB	CDDB	CAAB	CDDB
ACAD	ADBD	ACAD	ADBD	ACAB	ADBD
AACB	CBDD	AACB	CBDD	AACB	CBDD
BBDA	DACC	BBDA	DACC	BBDA	DACC
BDBC	BCAC	BDBC	BCAC	BDBC	BCAC
DBBA	DCCA	DBDD	AACA	DBBA	DCCA
CACD	ABDB	CADD	AADB	CACD	ABDB
DBDC	BACA	DBCC	BBCA	DBDC	BACA
CAAB	CDDB	CACC	BBDB	CAAB	CDDB
ACAD	ADBD	ACAD	ADBD	ACAD	ADBD
AACB	CBDD	AACB	CBDD	AACB	CBDD
BBDA	DACC	BBDA	DACC	BBDA	DACC
BDBC	BCAC	BDBC	BCAC	BDBC	BCAC
DBBA	DCCA	DBBA	DCCA	DBBA	DCCA
CACB	CBDB	CACD	ABDB	CACB	CBDB
DBDA	DACA	DBDC	BACA	DBDA	DACA
CAAB	CDDB	CAAB	CDDB	CAAB	CDDB
ACAD	ADBD	ACAD	ADBD	ACAD	ADBD
AACB	CBDD	AACB	CBDD	AACB	CBDD

Son opposé diagonalement.

DDBC	BCAA	DDBC	BCAA	DDBC	BCAA
DBDA	DACA	DBDA	DACA	DBDA	DACA
BDDC	BAAC	BDDC	BAAC	BDDC	BAAC
ACAD	ADBD	ACAB	CDBD	ACAD	ADBD
BDBC	BCAC	BDBA	DCAC	BDBC	BCAC
ACCD	ABBD	ACCD	ABBD	ACCD	ABBD
CACB	CBDB	CACB	CBDB	CACB	CBDB
CCAD	ADBB	CCAD	ADBB	CCAD	ADBB
DDBC	BCAA	DDBC	BCAA	DDBC	BCAA
DBDA	BCAA	DBDA	DACA	DBDA	DACA
BDDC	BAAC	BDBB	CCAC	BDDC	BAAC
ACAB	CDBD	ACBB	CCBD	ACAB	CDBD
BDBA	DCAC	BDAA	DDAC	BDBA	DCAC
ACCD	ABBD	ACAA	DDBD	ACCD	ABBD
CACB	CBDB	CACB	CBDB	CACB	CBDB
CCAD	ADBB	CCAD	ADBB	CCAD	ADBB
DDBC	BCAA	DDBC	BCAA	DDBC	BCAA
DBDA	DACA	DBDA	DACA	DBDA	DACA
BDDC	BAAC	BDDC	BAAC	BDDC	BAAC
ACAD	ADBD	ACAB	CDBD	ACAD	ADBD
BDBC	BCAC	BDBA	DCAC	BDBC	BCAC
ACCD	ABBD	ACCD	ABBD	ACCD	ABBD
CACB	CBDB	CACB	CBDB	CACB	CBDB
CCAD	ADBB	CCAD	ADBB	CCAD	ADBB

Son opposé horisontalement.

CCAD	ADBB	CCAD	ADBB	CCAD	ADBB
CACB	CBDB	CACB	CBDB	CACB	CBDB
ACCD	ABBD	ACCD	ABBD	ACCD	ABBD
BDBC	BCAC	BDBA	DCAC	BDBC	BCAC
ACAD	ADBD	ACAB	CDBD	ACAD	ADBD
BDDC	BAAC	BDDC	BAAC	BDDC	BAAC
DBDA	DACA	DBDA	DACA	DBDA	DACA
DDBC	BCAA	DDBC	BCAA	DDBC	BCAA
CCAD	ADBB	CCAD	ADBB	CCAD	ADBB
CACB	CBDB	CACB	CBDB	CACB	CBDB
ACCD	ABBD	ACAA	DDBD	ACCD	ABBD
BDBA	DCAC	BDAA	DDAC	BDBA	DCAC
ACAB	CDBD	ACBB	CCBD	ACAB	CDBD
BDDC	BAAC	BDBB	CCAC	BDDC	BAAC
DBDA	DACA	DBDA	DACA	DBDA	DACA
DDBC	BCAA	DDBC	BCAA	DDBC	BCAA
CCAD	ADBB	CCAD	ADBB	CCAD	ADBB
CACB	CBDB	CACB	CBDB	CACB	CBDB
ACCD	ABBD	ACCD	ABBD	ACCD	ABBD
BDBC	BCAC	BDBA	DCAC	BDBC	BCAC
ACAD	ADBD	ACAB	CDBD	ACAD	ADBD
BDDC	BAAC	BDDC	BAAC	BDDC	BAAC
DBDA	DACA	DBDA	DACA	DBDA	DACA
DDBC	BCAA	DDBC	BCAA	DDBC	BCAA

Son

Son opposé perpendiculairement.

AACB	CBDD	AACB	CBDD	AACB	CBDD
ACAD	ADBD	ACAD	ADBD	ACAD	ADBD
CAAB	CDDB	CAAB	CDDB	CAAB	CDDB
DBDA	DACA	DBDC	BACA	DBDA	DACA
CACB	CBDB	CACD	ABDB	CACB	CBDB
DBBA	DCCA	DBBA	DCCA	DBBA	DCCA
BDBC	BCAC	BDBC	BCAC	BDBC	BCAC
BBDA	DACC	BBDA	DACC	BBDA	DACC
AACB	CBDD	AACB	CBDD	AACB	CBDD
ACAD	ADBD	ACAD	ADBD	ACAD	ADBD
CAAB	CDDB	CACC	BBDB	CAAB	CDDB
DBDC	BACA	DBCC	BBCA	DBDC	BACA
CACD	ABDB	CADD	AADB	CACD	ABDB
DBBA	DCCA	DBDD	AACA	DBBA	DCCA
BDBC	BCAC	BDBC	BCAC	BDBC	BCAC
BBDA	DACC	BBDA	DACC	BBDA	DACC
AACB	CBDD	AACB	CBDD	AACB	CBDD
ACAD	ADBD	ACAD	ADBD	ACAD	ADBD
CAAB	CDDB	CAAB	CDDB	CAAB	CDDB
DBDA	DACA	DBDC	BACA	DBDA	DACA
CACB	CBDB	CACD	ABDB	CACB	CBDB
DBBA	DCCA	DBBA	DCCA	DBBA	DCCA
BDBC	BCAC	BDBC	BCAC	BDBC	BCAC
BBDA	DACC	BBDA	DACC	BBDA	DACC

Soixante-ſeptiéme Deſſein.

BBDC	ACBD	BACC	BBDC	ACBD	BACC
BBBD	CADB	ACCC	BBBD	CADB	ACCC
DBBB	DCBA	CCCA	DBBB	DCBA	CCCA
ADBB	BDAC	CCAD	ADBB	BDAC	CCAD
CADB	BBCC	CADB	CADB	BBCC	CADB
ACAD	BBCC	ADBD	ACAD	BBCC	ADBD
BDBC	AADD	BCAC	BDBC	AADD	BCAC
DBCA	AADD	DBCA	DBCA	AADD	DBCA
BCAA	ACBD	DDBC	BCAA	ACBD	DDBC
CAAA	CDAB	DDDB	CAAA	CDAB	DDDB
AAAC	DBCA	BDDD	AAAC	DBCA	BDDD
AACD	BDAC	ABDD	AACD	BDAC	ABDD
BBDC	ACBD	BACC	BBDC	ACBD	BACC
BBBD	CADB	ACCC	BBBD	CADB	ACCC
DBBB	DCBA	CCCA	DBBB	DCBA	CCCA
ADBB	BDAC	CCAD	ADBB	BDAC	CCAD
CADB	BBCC	CADB	CADB	BBCC	CADB
ACAD	BBCC	ADBD	ACAD	BBCC	ADBD
BDBC	AADD	BCAC	BDBC	AADD	BCAC
DBCA	AADD	DBCA	DBCA	AADD	DBCA
BCAA	ACBD	DDBC	BCAA	ACBD	DDBC
CAAA	CDAB	DDDB	CAAA	CDAB	DDDB
AAAC	DBCA	BDDD	AAAC	DBCA	BDDD
AACD	BDAC	ABDD	AACD	BDAC	ABDD

Son opposé diagonalement.

DDBA	CADB	DCAA	DDBA	CADB	DCAA
DDDB	ACBD	CAAA	DDDB	ACBD	CAAA
BDDD	BADC	AAAC	BDDD	BADC	AAAC
CBDD	DBCA	AACB	CBDD	DBCA	AACB
ACBD	DDAA	ACBD	ACBD	DDAA	ACBD
CACB	DDAA	CBDB	CACB	DDAA	CBDB
DBDA	CCBB	DACA	DBDA	CCBB	DACA
BDAC	CCBB	BDAC	BDAC	CCBB	BDAC
DACC	CADB	BBDA	DACC	CADB	BBDA
ACCC	ABCD	BBBD	ACCC	ABCD	BBBD
CCCA	BDAC	DBBB	CCCA	BDAC	DBBB
CCAB	DBCA	CDBB	CCAB	DBCA	CDBB
DDBA	CADB	DCAA	DDBA	CADB	DCAA
DDDB	ACBD	CAAA	DDDB	ACBD	CAAA
BDDD	BADC	AAAC	BDDD	BADC	AAAC
CBDD	DBCA	AACB	CBDD	DBCA	AACB
ACBD	DDAA	ACBD	ACBD	DDAA	ACBD
CACB	DDAA	CBDB	CACB	DDAA	CBDB
DBDA	CCBB	DACA	DBDA	CCBB	DACA
BDAC	CCBB	BDAC	BDAC	CCBB	BDAC
DACC	CADB	BBDA	DACC	CADB	BBDA
ACCC	ABCD	BBBD	ACCC	ABCD	BBBD
CCCA	BDAC	DBBB	CCCA	BDAC	DBBB
CCAB	DBCA	CDBB	CCAB	DBCA	CDBB

Son opposé diametralement.					
CCAB	DBCA	CDBB	CCAB	DBCA	CDBB
CCCA	BDAC	DBBB	CCCA	BDAC	DBBB
ACCC	ABCD	BBBD	ACCC	ABCD	BBBD
DACC	CADB	BBDA	DACC	CADB	BBDA
BDAC	CCBB	BDAC	BDAC	CCBB	BDAC
DBDA	CCBB	DACA	DBDA	CCBB	DACA
CACB	DDAA	CBDB	CACB	DDAA	CBDB
ACBD	DDAA	ACBD	ACBD	DDAA	ACBD
CBDD	DBCA	AACB	CBDD	DBCA	AACB
BDDD	BADC	AAAC	BDDD	BADC	AAAC
DDDB	ACBD	CAAA	DDDB	ACBD	CAAA
DDBA	CADB	DCAA	DDBA	CADB	DCAA
CCAB	DBCA	CDBB	CCAB	DBCA	CDBB
CCCA	BDAC	DBBB	CCCA	BDAC	DBBB
ACCC	ABCD	BBBD	ACCC	ABCD	BBBD
DACC	CADB	BBDA	DACC	CADB	BBDA
BDAC	CCBB	BDAC	BDAC	CCBB	BDAC
DBDA	CCBB	DACA	DBDA	CCBB	DACA
CACB	DDAA	CBDB	CACB	DDAA	CBDB
ACBD	DDAA	ACBD	ACBD	DDAA	ACBD
CBDD	DBCA	AACB	CBDD	DBCA	AACB
BDDD	BADC	AAAC	BDDD	BADC	AAAC
DDDB	ACBD	CAAA	DDDB	ACBD	CAAA
DDBA	CADB	DCAA	DDBA	CADB	DCAA

Son opposé perpendiculairement.

AACD	BDAC	ABDD	AACD	BDAC	ABDD
AAAC	DBCA	BDDD	AAAC	DBCA	BDDD
CAAA	CDAB	DDDB	CAAA	CDAB	DDDB
BCAA	ACBD	DDBC	BCAA	ACBD	DDBC
DBCA	AADD	DBCA	DBCA	AADD	DBCA
BDBC	AADD	BCAC	BDBC	AADD	ACAC
ACAD	BBCC	ADBD	ACAD	BBCC	ADBD
CADB	BBCC	CADB	CADB	BBCC	CADB
ADBB	BDAC	CCAD	ADBB	BDAC	CCAD
DBBB	DCBA	CCCA	DBBB	DCBA	CCCA
BBBD	CADB	ACCC	BBBD	CADB	ACCC
BBDC	ACBD	BACC	BBDC	ACBD	BACC
AACD	BDAC	ABDD	AACD	BDAC	ABDD
AAAC	DBCA	BDDD	AAAC	DBCA	BDDD
CAAA	CDAB	DDDB	CAAA	CDAB	DDDB
BCAA	ACBD	DDBC	BCAA	ACBD	DDBC
DBCA	AADD	DBCA	DBCA	AADD	DBCA
BDBC	AADD	BCAC	BDBC	AADD	BCAC
ACAD	BBCC	ADBD	ACAD	BBCC	ADBD
CADB	BBCC	CADB	CADB	BBCC	CADB
ADBB	BDAC	CCAD	ADBB	BDAC	CCAD
DBBB	DCBA	CCCA	DBBB	DCBA	CCCA
BBBD	CADB	ACCC	BBBD	CADB	ACCC
BBDC	ACBD	BACC	BBDC	ACBD	BACC

Soixante-huitiéme Deſſein.

BACA	CDAB	DBDC	BACA	CDAB	DBDC
CBBB	DBCA	CCCB	CBBB	DBCA	CCCB
ABBD	BDAC	ACCD	ABBD	BDAC	ACCD
CBDB	DBCA	CACB	CBDB	DBCA	CACB
ADBD	DDAA	ACAD	ADBD	DDAA	ACAD
DBDB	DBCA	CACA	DBDB	DBCA	CACA
CACA	CADB	DBDB	CACA	CADB	DBDB
BCAC	CCBB	BDBC	BCAC	CCBB	BDBC
DACA	CADB	DBDA	DACA	CADB	DBDA
BAAC	ACBD	BDDC	BAAC	ACBD	BDDC
DAAA	CADB	DDDA	DAAA	CADB	DDDA
ABDB	DCBA	CACD	ABDB	DCBA	CACD
BACA	CDAB	DBDC	BACA	CDAB	DBDC
CBBB	DBCA	CCCB	CBBB	DBCA	CCCB
ABBD	BDAC	ACCD	ABBD	BDAC	ACCD
CBDB	DBCA	CACB	CBDB	DBCA	CACB
ADBD	DDAA	ACAD	ADBD	DDAA	ACAD
DBDB	DBCA	CACA	DBDB	DBCA	CACA
CACA	CADB	DBDB	CACA	CADB	DBDB
BCAC	CCBB	BDBC	BCAC	CCBB	BDBC
DACA	CADB	DBDA	DACA	CADB	DBDA
BAAC	ACBD	BDDC	BAAC	ACBD	BDDC
DAAA	CADB	DDDA	DAAA	CADB	DDDA
ABDB	DCBA	CACD	ABDB	DCBA	CACD

Son opposé diagonalement.

DCAC	ABCD	BDBA	DCAC	ABCD	BDBA
ADDD	BDAC	AAAD	ADDD	BDAC	AAAD
CDDB	DBCA	CAAB	CDDB	DBCA	CAAB
ADBD	BDAC	ACAD	ADBD	BDAC	ACAD
CBDB	BBCC	CACB	CBDB	BBCC	CACB
BDBD	BDAC	ACAC	BDBD	BDAC	ACAC
ACAC	ACBD	BDBD	ACAC	ACBD	BDBD
DACA	AADD	DBDA	DACA	AADD	DBDA
BCAC	ACBD	BDBC	BCAC	ACBD	BDBC
DCCA	CADB	DBBA	DCCA	CADB	DBBA
BCCC	ACBD	BBBC	BCCC	ACBD	BBBC
CDBD	BADC	ACAB	CDBD	BADC	ACAB
DCAC	ABCD	BDBA	DCAC	ABCD	BDBA
ADDD	BDAC	AAAD	ADDD	BDAC	AAAD
CDDB	DBCA	CAAB	CDDB	DBCA	CAAB
ADBD	BDAC	ACAD	ADBD	BDAC	ACAD
CBDB	BBCC	CACB	CBDB	BBCC	CACB
BDBD	BDAC	ACAC	BDBD	BDAC	ACAC
ACAC	ACBD	BDBD	ACAC	ACBD	BDBD
DACA	AADD	DBDA	DACA	AADD	DBDA
BCAC	ACBD	BDBC	BCAC	ACBD	BDBC
DCCA	CADB	DBBA	DCCA	CADB	DBBA
BCCC	ACBD	BBBC	BCCC	ACBD	BBBC
CDBD	BADC	ACAB	CDBD	BADC	ACAB

Son opposé diametralement.

CDBD	BADC	ACAB	CDBD	BADC	ACAB
BCCC	ACBD	BBBC	BCCC	ACBD	BBBC
DCCA	CADB	DBBA	DCCA	CADB	DBBA
BCAC	ACBD	BDBC	BCAC	ACBD	BDBC
DACA	AADD	DBDA	DACA	AADD	DBDA
ACAC	ACBD	BDBD	ACAC	ACBD	BDBD
BDBD	BDAC	ACAC	BDBD	BDAC	ACAC
CBDB	BBCC	CACB	CBDB	BBCC	CACB
ADBD	BDAC	ACAD	ADBD	BDAC	ACAD
CDDB	DBCA	CAAB	CDDB	DBCA	CAAB
ADDD	BDAC	AAAD	ADDD	BDAC	AAAD
DCAC	ABCD	BDBA	DCAC	ABCD	BDBA
CDBD	BADC	ACAB	CDBD	BADC	ACAB
BCCC	ACBD	BBBC	BCCC	ACBD	BBBC
DCCA	CADB	DBBA	DCCA	CADB	DBBA
BCAC	ACBD	BDBC	BCAC	ACBD	BDBC
DACA	AADD	DBDA	DACA	AADD	DBDA
ACAC	ACBD	BDBD	ACAC	ACBD	BDBD
BDBD	BDAC	ACAC	BDBD	BDAC	ACAC
CBDB	BBCC	CACB	CBDB	BBCC	CACB
ADBD	BDAC	ACAD	ADBD	BDAC	ACAD
CDDB	DBCA	CAAB	CDDB	DBCA	CAAB
ADDD	BDAC	AAAD	ADDD	BDAC	AAAD
DCAC	ABCD	BDBA	DCAC	ABCD	BDBA

Son opposé perpendiculairement.

ABDB	DCBA	CACD	ABDB	DCBA	CACD
DAAA	CADB	DDDA	DAAA	CADB	DDDA
BAAC	ACBD	BDDC	BAAC	ACBD	BDDC
DACA	CADB	DBDA	DACA	CADB	DBDA
BCAC	CCBB	BDBC	BCAC	CCBB	BDBC
CACA	CADB	DBDB	CACA	CADB	DBDB
DBDB	DBCA	CACA	DBDB	DBCA	CACA
ADBD	DDAA	ACAD	ADBD	DDAA	ACAD
CBDB	DBCA	CACB	CBDB	DBCA	CACB
ABBD	BDAC	ACCD	ABBD	BDAC	ACCD
CBBB	DBCA	CCCB	CBBB	DBCA	CCCB
BACA	CDAB	DBDC	BACA	CDAB	DBDC
ABDB	DCBA	CACD	ABDB	DCBA	CACD
DAAA	CADB	DDDA	DAAA	CADB	DDDA
BAAC	ACBD	BDDC	BAAC	ACBD	BDDC
DACA	CADB	DBDA	DACA	CADB	DBDA
BCAC	CCBB	BDBC	BCAC	CCBB	BDBC
CACA	CADB	DBDB	CACA	CADB	DBDB
DBDB	DBCA	CACA	DBDB	DBCA	CACA
ADBD	DDAA	ACAD	ADBD	DDAA	ACAD
CBDB	DBCA	CACB	CBDB	DBCA	CACB
ABBD	BDAC	ACCD	ABBD	BDAC	ACCD
CBBB	DBCA	CCCB	CBBB	DBCA	CCCB
BACA	CDAB	DBDC	BACA	CDAB	DBDC

Soixante-neuviéme Desſein.

BDAC	CCBB	BDAC	BDAC	CCBB	BDAC
DBDA	CCBB	DACA	DBDA	CCBB	DACA
CDBD	ACBD	ACAB	CDBD	ACBD	ACAB
ACDB	DADA	CABD	ACDB	DADA	CABD
AACD	BDAC	ABDD	AACD	BDAC	ABDD
AAAC	DBCA	BDDD	AAAC	DBCA	BDDD
BBBD	CADB	ACCC	BBBD	CADB	ACCC
BBDC	ACBD	BACC	BBDC	ACBD	BACC
BDCA	CBCB	DBAC	BDCA	CBCB	DBAC
DCAC	BDAC	BDBA	DCAC	BDAC	BDBA
CACB	DDAA	CBDB	CACB	DDAA	CBDB
ACBD	DDAA	ACBD	ACBD	DDAA	ACBD
BDAC	CCBB	BDAC	BDAC	CCBB	BDAC
DBDA	CCBB	DACA	DBDA	CCBB	DACA
CDBD	ACBD	ACAB	CDBD	ACBD	ACAB
ACDB	DADA	CABD	ACDB	BADA	CABD
AACD	BDAC	ABDD	AACD	BDAC	ABDD
AAAC	DBCA	BDDD	AAAC	DBCA	BDDD
BBBD	CADB	ACCC	BBBD	CADB	ACCC
BBDC	ACBD	BACC	BBDC	ACBD	BACC
BDCA	CBCB	DBAC	BDCA	CBCB	BDAC
DCAC	BDAC	BDBA	DCAC	BDAC	BDBA
CACB	DDAA	CBDB	CACB	DDAA	CBDB
ACBD	DDAA	ACBD	ACBD	DDAA	ACBD

Son opposé diagonalement.

DBCA	AADD	DBCA	DBCA	AADD	DBCA
BDBC	AADD	BCAC	BDBC	AADD	BCAC
ABDB	CADB	CACD	ABDB	CADB	CACD
CABD	BCBC	ACDB	CABD	BCBC	ACDB
CCAB	DBCA	CDBB	CCAB	DBCA	CDBB
CCCA	BDAC	DBBB	CCCA	BDAC	DBBB
DDDB	ACBD	CAAA	DDDB	ACBD	CAAA
DDBA	CADB	DCAA	DDBA	CADB	DCAA
DBAC	ADAD	BDCA	DBAC	ADAD	BDCA
BACA	DBCA	DBDC	BACA	DBCA	DBDC
ACAD	BBCC	ADBD	ACAD	BBCC	ADBD
CADB	BBCC	CADB	CADB	BBCC	CADB
DBCA	AADD	DBCA	DBCA	AADD	DBCA
BDBC	AADD	BCAC	BDBC	AADD	BCAC
ABDB	CADB	CACD	ABDB	CADB	CACD
CABD	BCBC	ACDB	CABD	BCBC	ACDB
CCAB	DBCA	CDBB	CCAB	DBCA	CDBB
CCCA	BDAC	DBBB	CCCA	BDAC	DBBB
DDDB	ACBD	CAAA	DDDB	ACBD	CAAA
DDBA	CADB	DCAA	DDBA	CADB	DCAA
DBAC	ADAD	BDCA	DBAC	ADAD	BDCA
BACA	DBCA	DBDC	BACA	DBCA	DBDC
ACAD	BBCC	ADBD	ACAD	BBCC	ADBD
CADB	BBCC	CADB	CADB	BBCC	CADB

Son oppoſé diametralement.

CADB	BBCC	CADB	CADB	BBCC	CADB
ACAD	BBCC	ADBD	ACAD	BBCC	ADBD
BACA	DBCA	DBDC	BACA	DBCA	DBDC
DBAC	ADAD	BDCA	DBAC	ADAD	BDCA
DDBA	CADB	DCAA	DDBA	CADB	DCAA
DDDB	ACBD	CAAA	DDDB	ACBD	CAAA
CCCA	BDAC	DBBB	CCCA	BDAC	DBBB
CCAB	DBCA	CDBB	CCAB	DBCA	CDBB
CABD	BCBC	ACDB	CABD	BCBC	ACDB
ABDB	CADB	CACD	ABDB	CADB	CACD
BDBC	AADD	BCAC	BDBC	AACD	BCAC
DBCA	AADD	DBCA	DBCA	AADD	DBCA
CADB	BBCC	CADB	CADB	BBCC	CADB
ACAD	BBCC	ADBD	ACAD	BBCC	ADBD
BACA	DBCA	DBDC	BACA	DBCA	DBDC
DBAC	ADAD	BDCA	DBAC	ADAD	BDCA
DDBA	CADB	DCAA	DDBA	CADB	DCAA
DDDB	ACBD	CAAA	DDDB	ACBD	CAAA
CCCA	BDAC	DBBB	CCCA	BDAC	DBBB
CCAB	DBCA	CDBB	CCAB	DBCA	CDBB
CABD	BCBC	ACDB	CABD	BCBC	ACDB
ABDB	CADB	CACD	ABDB	CADB	CACD
BDBC	AADD	BCAC	BDBC	AADD	BCAC
DBCA	AADD	DBCA	DBCA	AADD	DBCA

Son opposé perpendiculairement.

ACBD	DDAA	ACBD	ACBD	DDAA	ACBD
CACB	DDAA	CBDB	CACB	DDAA	CBDB
DCAC	BDAC	BDBA	DCAC	BDAC	BDBA
BDCA	CBCB	DBAC	BDCA	CBCB	BDAC
BBDC	ACBD	BACC	BBDC	ACBD	BACC
BBBD	CADB	ACCC	BBBD	CADB	ACCC
AAAC	DBCA	BDDD	AAAC	DBCA	BDDD
AACD	BDAC	ABDD	AACD	BDAC	ABDD
ACDB	DADA	CABD	ACDB	BADA	CABD
CDBD	ACBD	ACAB	CDBD	ACBD	ACAB
DBDA	CCBB	DACA	DBDA	CCBB	DACA
BDAC	CCBB	BDAC	BDAC	CCBB	BDAC
ACBD	DDAA	ACBD	ACBD	DDAA	ACBD
CACB	DDAA	CBDB	CACB	DDAA	CBDB
DCAC	BDAC	BDBA	DCAC	BDAC	BDBA
BDCA	CBCB	DBAC	BDCA	CBCB	DBAC
BBDC	ACBD	BACC	BBDC	ACBD	BACC
BBBD	CADB	ACCC	BBBD	CADB	ACCC
AAAC	DBCA	BDDD	AAAC	DBCA	BDDD
AACD	BDAC	ABDD	AACD	BDAC	ABDD
ACDB	DADA	CABD	ACDB	DADA	CABD
CDBD	ACBD	ACAB	CDBD	ACBD	ACAB
DBDA	CCBB	DACA	DBDA	CCBB	DACA
BDAC	CCBB	BDAC	BDAC	CCBB	BDAC

Soixante-dixiéme Dessein.

DCBD	ACBD	ACBA	DCBD	ACBD	ACBA
ABDB	DADA	CACD	ABDB	DADA	CACD
BDBD	BCBC	ACAC	BDBD	BCBC	ACAC
DBDB	DADA	CACA	DBDB	DADA	CACA
CDBD	BCBC	ACAB	CDBD	BCBC	ACAB
ACAC	ABCD	BDBD	ACAC	ABCD	BDBD
BDBD	BADC	ACAC	BDBD	BADC	ACAC
DCAC	ADAD	BDBA	DCAC	ADAD	BDBA
CACA	CBCB	DBDB	CACA	CBCB	DBDB
ACAC	ADAD	BDBD	ACAC	ADAD	BDBD
BACA	CBCB	DBDC	BACA	CBCB	DBDC
CDAC	BDAC	BDAB	CDAC	BDAC	BDAB
DCBD	ACBD	ACBA	DCBD	ACBD	ACBA
ABDB	DADA	CACD	ABDB	DADA	CACD
BDBD	BCBC	ACAC	BDBD	BCBC	ACAC
DBDB	DADA	CACA	DBDB	DADA	CACA
CDBD	BCBC	ACAB	CDBD	BCBC	ACAB
ACAC	ABCD	BDBD	ACAC	ABCD	BDBD
BDBD	BADC	ACAC	BDBD	BADC	ACAC
DCAC	ADAD	BDBA	DCAC	ADAD	BDBA
CACA	CBCB	DBDB	CACA	CBCB	DBDB
ACAC	ADAD	BDBD	ACAC	ADAD	BDBD
BACA	CBCB	DBDC	BACA	CBCB	DBDC
CDAC	BDAC	BDAB	CDAC	BDAC	BDAB

Son opposé diagonalement.

BADB	CADB	CADC	BADB	CADB	CADC
CDBD	BCBC	ACAB	CDBD	BCBC	ACAB
DBDB	DADA	CACA	DBDB	DADA	CACA
BDBD	BCBC	ACAC	BDBD	BCBC	ACAC
ABDB	DADA	CACD	ABDB	DADA	CACD
CACA	CDAB	DBDB	CACA	CDAB	DBDB
DBDB	DCBA	CACA	DBDB	DCBA	CACA
BACA	CBCB	DBDC	BACA	CBCB	DBDC
ACAC	ADAD	BDBD	ACAC	ADAD	BDBD
CACA	CBCB	DBDB	CACA	CBCB	DBDB
DCAC	ADAD	BDBA	DCAC	ADAD	BDBA
ABCA	DBCA	DBCD	ABCA	DBCA	DBCD
BADB	CADB	CADC	BADB	CADB	CADC
CDBD	BCBC	ACAB	CDBD	BCBC	ACAB
DBDB	DADA	CACA	DBDB	DADA	CACA
BDBD	BCBC	ACAC	BDBD	BCBC	ACAC
ABDB	DADA	CACD	ABDB	DADA	CACD
CACA	CDAB	DBDB	CACA	CDAB	DBDB
DBDB	DCBA	CACA	DBDB	DCBA	CACA
BACA	CBCB	DBDC	BACA	CBCB	DBDC
ACAC	ADAD	BDBD	ACAC	ADAD	BDBD
CACA	CBCB	DBDB	CACA	CBCB	DBDB
DCAC	ADAD	BDBA	DCAC	ADAD	BDBA
ABCA	DBCA	DBCD	ABCA	DBCA	DBCD

Son opposé horisontalement.

ABCA	DBCA	DBCD	ABCA	DBCA	DBCD
DCAC	ADAD	BDBA	DCAC	ADAD	BDBA
CACA	CBCB	DBDB	CACA	CBCB	DBDB
ACAC	ADAD	BDBD	ACAC	ADAD	BDBD
BACA	CBCB	DBDC	BACA	CBCB	DBDC
DBDB	DCBA	CACA	DBDB	DCBA	CACA
CACA	CDAB	DBDB	CACA	CDAB	DBDB
ABDB	DADA	CACD	ABDB	DADA	CACD
BDBD	BCBC	ACAC	BDBD	BCBC	ACAC
DBDB	DADA	CACA	DBDB	DADA	CACA
CDBD	BCBC	ACAB	CDBD	BCBC	ACAB
BADB	CADB	CADC	BADB	CADB	CADC
ABCA	DBCA	DBCD	ABCA	DBCA	DBCD
DCAC	ADAD	BDBA	DCAC	ADAD	BDBA
CACA	CBCB	DBDB	CACA	CBCB	DBDB
ACAC	ADAD	BDBD	ACAC	ADAD	BDBD
BACA	CBCB	DBDC	BACA	CBCB	DBDC
DBDB	DCBA	CACA	DBDB	DCBA	CACA
CACA	CDAB	DBDB	CACA	CDAB	DBDB
ABDB	DADA	CACD	ABDB	DADA	CACD
BDBD	BCBC	ACAC	BDBD	BCBC	ACAC
DBDB	DADA	CACA	DBDB	DADA	CACA
CDBD	BCBC	ACAB	CDBD	BCBC	ACAB
BADB	CADB	CADC	BADB	CADB	CADC

Son

Son opposé perpendiculairement.

CDAC	BDAC	BDAB	CDAC	BDAC	BDAB
BACA	CBCB	DBDC	BACA	CBCB	DBDC
ACAC	ADAD	BDBD	ACAC	ADAD	BDBD
CACA	CBCB	DBDB	CACA	CBCB	DBDB
DCAC	ADAD	BDBA	DCAC	ADAD	BDBA
BDBD	BADC	ACAC	BDBD	BADC	ACAC
ACAC	ABCD	BDBD	ACAC	ABCD	BDBD
CDBD	BCBC	ACAB	CDBD	BCBC	ACAB
DBDB	DADA	CACA	DBDB	DADA	CACA
BDBD	BCBC	ACAC	BDBD	BCBC	ACAC
ABDB	DADA	CACD	ABDB	DADA	CACD
DCBD	ACBD	ACBA	DCBD	ACBD	ACBA
CDAC	BDAC	BDAB	CDAC	BDAC	BDAB
BACA	CBCB	DBDC	BACA	CBCB	DBDC
ACAC	ADAD	BDBD	ACAC	ADAD	BDBD
CACA	CBCB	DBDB	CACA	CBCB	DBDB
DCAC	ADAD	BDBA	DCAC	ADAD	BDBA.
BDBD	BADC	ACAC	BDBD	BADC	ACAC
ACAC	ABCD	BDBD	ACAC	ABCD	BDBD
CDBD	BCBC	ACAB	CDBD	BCBC	ACAB
DBDB	DADA	CACA	DBDB	DADA	CACA
BDBD	BCBC	ACAC	BDBD	BCBC	ACAC
ABDB	DADA	CACD	ABDB	DADA	CACD
DCBD	ACBD	ACBA	DCBD	ACBD	ACBA

Soixante-onziéme Deſſein.

BADA	DBCA	DADC	BADA	DBCA	DADC
CDBD	BADC	ACAB	CDBD	BADC	ACAB
DBDB	DBCA	CACA	DBDB	DBCA	CACA
CDBD	BADC	ACAB	CDBD	BADC	ACAB
DBDB	DCBA	CACA	DBDB	DCBA	CACA
BCBC	ADAD	BCBC	BCBC	ADAD	BCBC
ADAD	BCBC	ADAD	ADAD	BCBC	ADAD
CACA	CDAB	DBDB	CACA	CDAB	DBDB
DCAC	ABCD	BDBA	DCAC	ABCD	BDBA
CACA	CADB	DBDB	CACA	CADB	DBDB
DCAC	ABCD	BDBA	DCAC	ABCD	BDBA
ABCB	CADB	CBCD	ABCB	CADB	CBCD
BADA	DBCA	DADC	BADA	DBCA	DADC
CDBD	BADC	ACAB	CDBD	BADC	ACAB
DBDB	DBCA	CACA	DBDB	DBCA	CACA
CDBD	BADC	ACAB	CDBD	BADC	ACAB
DBDB	DCBA	CACA	DBDB	DCBA	CACA
BCBC	ADAD	BCBC	BCBC	ADAD	BCBC
ADAD	BCBC	ADAD	ADAD	BCBC	ADAD
CACA	CDAB	DBDB	CACA	CDAB	DBDB
DCAC	ABCD	BDBA	DCAC	ABCD	BDBA
CACA	CADB	DBDB	CACA	CADB	DBDB
DCAC	ABCD	BDBA	DCAC	ABCD	BDBA
ABCB	CADB	CBCD	ABCB	CADB	CBCD

Son opposé diagonalement.

DCBC	BDAC	BCBA	DCBC	BDAC	BCBA
ABDB	DCBA	CACD	ABDB	DCBA	CACD
BDBD	BDAC	ACAC	BDBD	BDAC	ACAC
ABDB	DCBA	CACD	ABDB	DCBA	CACD
BDBD	BADC	ACAC	BDBD	BADC	ACAC
DADA	CBCB	DADA	DADA	CBCB	DADA
CBCB	DADA	CBCB	CBCB	DADA	CBCB
ACAC	ABCD	BDBD	ACAC	ABCD	BDBD
BACA	CDAB	DBDC	BACA	CDAB	DBDC
ACAC	ACBD	BDBD	ACAC	ACBD	BDBD
BACA	CDAB	DBDC	BACA	CDAB	DBDC
CDAD	ACBD	ADAB	CDAD	ACBD	ADAB
DCBC	BDAC	BCBA	DCBC	BDAC	BCBA
ABDB	DCBA	CACD	ABDB	DCBA	CACD
BDBD	BDAC	ACAC	BDBD	BDAC	ACAC
ABDB	DCBA	CACD	ABDB	DCBA	CACD
BDBD	BADC	ACAC	BDBD	BADC	ACAC
DADA	CBCB	DADA	DADA	CBCB	DADA
CBCB	DADA	CBCB	CBCB	DADA	CBCB
ACAC	ABCD	BDBD	ACAC	ABCD	BDBD
BACA	CDAB	DBDC	BACA	CDAB	DBDC
ACAC	ACBD	BDBD	ACAC	ACBD	BDBD
BACA	CDAB	DBDC	BACA	CDAB	DBDC
CDAD	ACBD	ADAB	CDAD	ACBD	ADAB

Son opposé horisontalement.

CDAD	ACBD	ADAB	CDAD	ACBD	ADAB
BACA	CDAB	DBDC	BACA	CDAB	DBDC
ACAC	ACBD	BDBD	ACAC	ACBD	BDBD
BACA	CDAB	DBDC	BACA	CDAB	DBDC
ACAC	ABCD	BDBD	ACAC	ABCD	BDBD
CBCB	DADA	CBCB	CBCB	DADA	CBCB
DADA	CBCB	DADA	DADA	CBCB	DADA
BDBD	BADC	ACAC	BDBD	BADC	ACAC
ABDB	DCBA	CACD	ABDB	DCBA	CACD
BDBD	BDAC	ACAC	BDBD	BDAC	ACAC
ABDB	DCBA	CACD	ABDB	DCBA	CACD
DCBC	BDAC	BCBA	DCBC	BDAC	BCBA
CDAD	ACBD	ADAB	CDAD	ACBD	ADAB
BACA	CDAB	BDDC	BACA	CDAB	DBDC
ACAC	ACBD	BDBD	ACAC	ACBD	BDBD
BACA	CDAB	DBDC	BACA	CDAB	DBDC
ACAC	ABCD	BDBD	ACAC	ABCD	BDBD
CBCB	DADA	CBCB	CBCB	DADA	CBCB
DADA	CBCB	DADA	DADA	CBCB	DADA
BDBD	BADC	ACAC	BDBD	BADC	ACAC
ABDB	DCBA	CACD	ABDB	DCBA	CACD
BDBD	BDAC	ACAC	BDBD	BDAC	ACAC
ABDB	DCBA	CACD	ABDB	DCBA	CACD
DCBC	BDAC	BCBA	DCBC	BDAC	BCBA

Son opposé perpendiculairement.

ABCB	CADB	CBCD	ABCB	CADB	CBCD
DCAC	ABCD	BDBA	DCAC	ABCD	BDBA
CACA	CADB	DBDB	CACA	CADB	DBDB
DCAC	ABCD	BDBA	DCAC	ABCD	BDBA
CACA	CDAB	DBDB	CACA	CDAB	DBDB
ADAD	BCBC	ADAD	ADAD	BCBC	ADAD
BCBC	ADAD	BCBC	BCBC	ADAD	BCBC
DBDB	DCBA	CACA	DBDB	DCBA	CACA
CDBD	BADC	ACAB	CDBD	BADC	ACAB
DBDB	DBCA	CACA	DBDB	DBCA	CACA
CDBD	BADC	ACAB	CDBD	BADC	ACAB
BADA	DBCA	DADC	BADA	DBCA	DADC
ABCB	CADB	CBCD	ABCB	CADB	CBCD
DCAC	ABCD	BDBA	DCAC	ABCD	BDBA
CACA	CADB	DBDB	CACA	CADB	DBDB
DCAC	ABCD	BDBA	DCAC	ABCD	BDBA
CACA	CDAB	DBDB	CACA	CDAB	DBDB
ADAD	BCBC	ADAD	ADAD	BCBC	ADAD
BCBC	ADAD	BCBC	BCBC	ADAD	BCBC
DBDB	DCBA	CACA	DBDB	DCBA	CACA
CDBD	BADC	ACAB	CDBD	BADC	ACAB
DBDB	DBCA	CACA	DBDB	DBCA	CACA
CDBD	BADC	ACAB	CDBD	BADC	ACAB
BADA	DBCA	DADC	BADA	DBCA	DADC

Soixante-douziéme Dessein.

BDDB	DDAA	CAAC	BDDB	DDAA	CAAC
DBDD	BDAC	AACA	DBDD	BDAC	AACA
DDBD	DBCA	ACAA	DDBD	DBCA	ACAA
BDDB	DDAA	CAAC	BDDB	DDAA	CAAC
DBDD	BDAC	AACA	DBDD	BDAC	AACA
DDBD	DBCA	ACAA	DDBD	DBCA	ACAA
CCAC	CADB	BDBB	CCAC	CADB	BDBB
CACC	ACBD	BBDB	CACC	ACBD	BBDB
ACCA	CCBB	DBBD	ACCA	CCBB	DBBD
CCAC	CADB	BDBB	CCAC	CADB	BDBB
CACC	ACBD	BBDB	CACC	ACBD	BBDB
ACCA	CCBB	DBBD	ACCA	CCBB	DBBD
BDDB	DDAA	CAAC	BDDB	DDAA	CAAC
DBDD	BDAC	AACA	DBDD	BDAC	AACA
DDBD	DBCA	ACAA	DDBD	DBCA	ACAA
BDDB	DDAA	CAAC	BDDB	DDAA	CAAC
DBDD	BDAC	AACA	DBDD	BDAC	AACA
DDBD	DBCA	ACAA	DDBD	DBCA	ACAA
CCAC	CADB	BDBB	CCAC	CADB	BDBB
CACC	ACBD	BBDB	CACC	ACBD	BBDB
ACCA	CCBB	DBBD	ACCA	CCBB	DBBD
CCAC	CADB	BDBB	CCAC	CADB	BDBB
CACC	ACBD	BBDB	CACC	ACBD	BBDB
ACCA	CCBB	DBBD	ACCA	CCBB	DBBD

Son opposé diagonalement.

DBBD	BBCC	ACCA	DBBD	BBCC	ACCA
BDBB	DBCA	CCAC	BDBB	DBCA	CCAC
BBDB	BDAC	CACC	BBDB	BDAC	CACC
DBBD	BBCC	ACCA	DBBD	BBCC	ACCA
BDBB	DBCA	CCAC	BDBB	DBCA	CCAC
BBDB	BDAC	CACC	BBDB	BDAC	CACC
AACA	ACBD	DBDD	AACA	ACBD	DBDD
ACAA	CADB	DDBD	ACAA	CADB	DDBD
CAAC	AADD	BDDB	CAAC	AADD	BDDB
AACA	ACBD	DBDD	AACA	ACBD	DBDD
ACAA	CADB	DDBD	ACAA	CADB	DDBD
CAAC	AADD	BDDB	CAAC	AADD	BDDB
DBBD	BBCC	ACCA	DBBD	BBCC	ACCA
BDBB	DBCA	CCAC	BDBB	DBCA	CCAC
BBDB	BDAC	CACC	BBDB	BDAC	CACC
DBBD	BBCC	ACCA	DBBD	BBCC	ACCA
BDBB	DBCA	CCAC	BDBB	DBCA	CCAC
BBDB	BDAC	CACC	BBDB	BDAC	CACC
AACA	ACBD	DBDD	AACA	ACBD	DBDD
ACAA	CADB	DDBD	ACAA	CADB	DDBD
CAAC	AADD	BDDB	CAAC	AADD	BDDB
AACA	ACBD	DBDD	AACA	ACBD	DBDD
ACAA	CADB	DDBD	ACAA	CADB	DDBD
CAAC	AADD	BDDB	CAAC	AADD	BDDB

Son opposé horisontalement.

CAAC	AADD	BDDB	CAAC	AADD	BDDB
ACAA	CADB	DDBD	ACAA	CADB	DDBD
AACA	ACBD	DBDD	AACA	ACBD	DBDD
CAAC	AADD	BDDB	CAAC	AADD	BDDB
ACAA	CADB	DDBD	ACAA	CADB	DDBD
AACA	ACBD	DBDD	AACA	ACBD	DBDD
BBDB	BDAC	CACC	BBDB	BDAC	CACC
BDBB	DBCA	CCAC	BDBB	DBCA	CCAC
DBBD	BBCC	ACCA	DBBD	BBCC	ACCA
BBDB	BDAC	CACC	BBDB	BDAC	CACC
BDBB	DBCA	CCAC	BDBB	DBCA	CCAC
DBBD	BBCC	ACCA	DBBD	BBCC	ACCA
CAAC	AADD	BDDB	CAAC	AADD	BDDB
ACAA	CADB	DDBD	ACAA	CADB	DDBD
AACA	ACBD	DBDD	AACA	ACBD	DBDD
CAAC	AADD	BDDB	CAAC	AADD	BDBB
ACAA	CADB	DDBD	ACAA	CADB	DDBD
AACA	ACBD	DBDD	AACA	ACBD	DBDD
BBDB	BDAC	CACC	BBDB	BDAC	CACC
BDBB	DBCA	CCAC	BDBB	DBCA	CCAC
DBBD	BBCC	ACCA	DBDB	BBCC	ACCA
BBDB	BDAC	CACC	BBDB	BDAC	CACC
BDBB	DBCA	CCAC	BDBB	DBCA	CCAC
DBBD	BBCC	ACCA	DBBD	BBCC	ACCA

Son opposé perpendiculairement.

ACCA	CCBB	DBBD	ACCA	CCBB	DBBD
CACC	ACBD	BBDB	CACC	ACBD	BBDB
CCAC	CADB	BDBB	CCAC	CADB	BDBB
ACCA	CCBB	DBBD	ACCA	CCBB	DBBD
CACC	ACBD	BBDB	CACC	ACBD	BBDB
CCAC	CADB	BDBB	CCAC	CADB	BDBB
DDBD	DBCA	ACAA	DDBD	DBCA	ACAA
DBDD	BDAC	AACA	DBDD	BDAC	AACA
BDDB	DDAA	CAAC	BDDB	DDAA	CAAC
DDBD	DBCA	ACAA	DDBD	DBCA	ACAA
DBDD	BDAC	AACA	DBDD	BDAC	AACA
BDDB	DDAA	CAAC	BDDB	DDAA	CAAC
ACCA	CCBB	DBBD	ACCA	CCBB	DBBD
CACC	ACBD	BBDB	CACC	ACBD	BBDB
CCAC	CADB	BDBB	CCAC	CADB	BDBB
ACCA	CCBB	DBBD	ACCA	CCBB	DBBD
CACC	ACBD	BBDB	CACC	ACBD	BBDB
CCAC	CADB	BDBB	CCAC	CADB	BDBB
DDBD	DBCA	ACAA	DDBD	DBCA	ACAA
DBDD	BDAC	AACA	DBDD	BDAC	AACA
BDDB	DDAA	CAAC	BDDB	DDAA	CAAC
DDBD	DBCA	ACAA	DDBD	DBCA	ACAA
DBDD	BDAC	AACA	DBDD	BDAC	AACA
BDDB	DDAA	CAAC	BDDB	DDAA	CAAC

Remarquez que les desseins diagonalement opposez sont generalement tous bons.

Remarquez aussi que le carreau mi-parti de deux couleurs par une ligne diagonale, pourroit recevoir encore quatre autres differentes dispositions, en le plaçant comme une losange de cette maniere 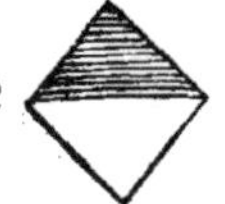 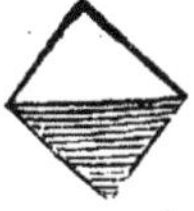 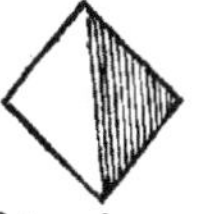 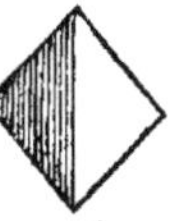 ce qui est inutile ; car si l'on veut un dessein dans ce goût, l'on n'a qu'à se mouler sur les desseins figurez dans ce Livre, en les regardant par la ligne diagonale : d'ailleurs m'étant proposé de montrer ce qui peut être fait avec le carreau entier, je sortirois de mon sistême ; puisque dans cette hypotese il faudroit necessairement se servir de demi-carreaux pour finir un dessein ou compartiment.

TABLE

Contenant deux cens cinquante-ſix Deſſeins differens, qui ſera d'un grand uſage pour trouver les centres & angles des Deſſeins plus compoſez.

1	2	3	4	5	6
DDAA	BBCC	AADD	CCBB	DDAA	BBCC
DDAA	BBCC	AADD	CCBB	DADA	BCBC
CCBB	AADD	BBCC	DDAA	CBCB	ADAD
CCBB	AADD	BBCC	DDAA	CCBB	AADD

7	8	9	10	11	12
AADD	CCBB	DDAA	BBCC	AADD	CCBB
ADAD	CBCB	DBCA	BDAC	ACBD	CADB
BCBC	DADA	CADB	ACBD	BDAC	DBCA
BBCC	DDAA	CCBB	AADD	BBCC	DDAA

13	14	15	16	17	18
DDAA	BBCC	AADD	CCBB	DDAA	BBCC
DCBA	BADC	ABCD	CDAB	ADAD	CBCB
CDAB	ABCD	BADC	DCBA	BCBC	DADA
CCBB	AADD	BBCC	DDAA	CCBB	AADD

19	20	21	22	23	24
AADD	CCBB	DDAA	BBCC	AADD	CCBB
DADA	BCBC	BDAC	DBCA	CADB	ACBD
CBCB	ADAD	ACBD	CADB	DBCA	BDAC
BBCC	DDAA	CCBB	AADD	BBCC	DDAA

25	26	27	28	29	30
DDAA	BBCC	AADD	CCBB	DADA	BCBC
CDAB	ABCD	BADC	DCBA	DDAA	BBCC
DCBA	BADC	ABCD	CDAB	CCBB	AADD
CCBB	AADD	BBCC	DDAA	CBCB	ADAD

31	32	33	34	35	36
ADAD	CBCB	DBCA	BDAC	ACBD	CADB
AADD	CCBB	DDAA	BBCC	AADD	CCBB
BBCC	DDAA	CCBB	AADD	BBCC	DDAA
BCBC	DADA	CADB	ACBD	BDAC	DBCA
37	38	39	40	41	42
DCBA	BADC	ABCD	CDAB	DDAA	BBCC
DDAA	BBCC	AADD	CCBB	AADD	CCBB
CCBB	AADD	BBCC	DDAA	BBCC	DDAA
CDAB	ABCD	BADC	DCBA	CCBB	AADD
43	44	45	46	47	48
AADD	CCBB	DDAA	BBCC	AADD	CCBB
DDAA	BBCC	BBCC	DDAA	CCBB	AADD
CCBB	AADD	AADD	CCBB	DDAA	BBCC
BBCC	DDAA	CCBB	AADD	BBCC	DADA
49	50	51	52	53	54
DDAA	BBCC	AADD	CCBB	DADA	BCBC
CCBB	AADD	BBCC	DDAA	DADA	BCBC
DDAA	BBCC	AADD	CCBB	CBCB	ADAD
CCBB	AADD	BBCC	DDAA	CBCB	ADAD
55	56	57	58	59	60
ADAD	CBCB	DBCA	BDAC	ACBD	CADB
ADAD	CBCB	DBCA	BDAC	ACBD	CADB
BCBC	DADA	CADB	ACBD	BDAC	DBCA
BCBC	DADA	CADB	ACBD	BDAC	DBCA
61	62	63	64	65	66
DCBA	BADC	ABCD	CDAB	DADA	BCBC
DCBA	BADC	ABCD	CDAB	ADAD	CBCB
CDAB	ABCD	BADC	DCBA	BCBC	DADA
CDAB	ABCD	BADC	DCBA	CBCB	ADAD
67	68	69	70	71	72
ADAD	CBCB	DBCA	BDAC	ACBD	CADB
DADA	BCBC	BDAC	DBCA	CADB	ACBD
CBCB	ADAD	ACBD	CADB	DBCA	BDAC
BCBC	DADA	CADB	ACBD	BDAC	DBCA

73	74	75	76	77	78
DCBA	BADC	ABCD	CDAB	DDAA	BBCC
CDAB	ABCD	BADC	DCBA	ABCD	CDAB
DCBA	BADC	ABCD	CDAB	BADC	DCBA
CDAB	ABCD	BADC	DCBA	CCBB	AADD
79	80	81	82	83	84
AADD	CCBB	DDAA	BBCC	AADD	CCBB
DCBA	BADC	BADC	DCBA	CDAB	ABCD
CDAB	ABCD	ABCD	CDAB	DCBA	BADC
BBCC	DDAA	CCBB	AADD	BBCC	DDAA
85	86	87	88	89	90
DDAA	BBCC	AADD	CCBB	DDAA	BBCC
BCBC	DADA	CBCB	ADAD	CBCB	ADAD
ADAD	CBCB	DADA	BCBC	DADA	BCBC
CCBB	AADD	BBCC	DDAA	CCBB	AADD
91	92	93	94	95	96
AADD	CCBB	DDAA	BBCC	AADD	CCBB
BCBC	DADA	ACBD	CADB	DBCA	BDAC
ADAD	CBCB	BDAC	DBCA	CADB	ACBD
BBCC	DDAA	CCBB	AADD	BBCC	DDAA
97	98	99	100	101	102
DDAA	BBCC	AADD	CCBB	DADA	BCBC
CADB	ACBD	BDAC	DBCA	DBCA	BDAC
DBCA	BDAC	ACBD	CADB	CADB	ACBD
CCBB	AADD	BBCC	DDAA	CBCB	ADAD
103	104	105	106	107	108
ADAD	CBCB	DBCA	BDAC	ACBD	CADB
ACBD	CADB	DADA	BCBC	ADAD	CBCB
BDAC	DBCA	CBCB	ADAD	BCBC	DADA
BCBC	DADA	CADB	ACBD	BDAC	DBCA
109	110	111	112	113	114
DADA	BCBC	ADAD	CBCB	DCBA	BADC
DCBA	BADC	ABCD	CDAB	DADA	BCBC
CDAB	ABCD	BADC	DCBA	CBCB	ADAD
CBCB	ADAD	BCBC	ADAD	CDAB	ABCD

115	116	117	118	119	120
ABCD	CDAB	DBCA	BDAC	ACBD	CADB
ADAD	CBCB	DCBA	BADC	ABCD	CDAB
BCBC	DADA	CDAB	ABCD	BADC	DCBA
BADC	DCBA	CADB	ACBD	BDAC	DBCA

121	122	123	124	125	126
DCBA	BADC	ABCD	CDAB	DADA	BCBC
DBCA	BDAC	ACBD	CADB	BDAC	DBCA
CADB	ACBD	BDAC	DBCA	ACBD	CADB
CDAB	ABCD	BADC	DCBA	CBCB	ADAD

127	128	129	130	131	132
ADAD	CBCB	DBCA	BDAC	ACBD	CADB
CADB	ACBD	ADAD	CBCB	DADA	BCBC
DBCA	BDAC	BCBC	DADA	CBCB	ADAD
BCBC	DADA	CADB	ACBD	BDAC	DBCA

133	134	135	136	137	138
DADA	BCBC	ADAD	CBCB	DCBA	BADC
CDAB	ABCD	BADC	DCBA	ADAD	CBCB
DCBA	BADC	ABCD	CDAB	BCBC	DADA
CBCB	ADAD	BCBC	DADA	CDAB	ABCD

139	140	141	142	143	144
ABCD	CDAB	DBCA	BDAC	ACBD	CADB
DADA	BCBC	CDAB	ABCD	BADC	DCBA
CBCB	ADAD	DCBA	BADC	ABCD	CDAB
BADC	DCBA	CADB	ACBD	BDAC	DBCA

145	146	147	148	149	150
DCBA	BADC	ABCD	CDAB	DADA	BCBC
BDAC	DBCA	CADB	ACBD	AADD	CCBB
ACBD	CADB	DBCA	BDAC	BBCC	DDAA
CDAB	ABCD	BADC	DCBA	CBCB	ADAD

151	152	153	154	155	156
ADAD	CBCB	DBCA	BDAC	ACBD	CADB
DDAA	BBCC	BBCC	DDAA	CCBB	AADD
CCBB	AADD	AADD	CCBB	DDAA	BBCC
BCBC	DADA	CADB	ACBD	BDAC	DBCA

157	158	159	160	161	162
DCBA	BADC	ABCD	CDAB	DADA	BCBC
CCBB	AADD	BBCC	DDAA	ABCD	CDAB
DDAA	BBCC	AADD	CCBB	BADC	DCBA
CDAB	ABCD	BADC	DCBA	CBCB	ADAD
163	164	165	166	167	168
ADAD	CBCB	DADA	BCBC	ADAD	CBCB
DCBA	BADC	ACBD	CADB	DBCA	BDAC
CDAB	ABCD	BDAC	DBCA	CADB	ACBD
BCBC	DADA	CBCB	ADAD	BCBC	DADA
169	170	171	172	173	174
DBCA	BDAC	ACBD	CADB	DBCA	BDAC
BADC	DCBA	CDAB	ABCD	BCBC	DADA
ABCD	CDAB	DCBA	BADC	ADAD	CBCB
CADB	ACBD	BDAC	DBCA	CADB	ACBD
175	176	177	178	179	180
ACBD	CADB	DCBA	BADC	ABCD	CDAB
CBCB	ADAD	CADB	ACBD	BDAC	DBCA
DADA	BCBC	DBCA	BDAC	ACBD	CADB
BDAC	DBCA	CDAB	ABCD	BADC	DCBA
181	182	183	184	185	186
DCBA	BADC	ABCD	CDAB	DBCA	BDAC
CBCB	ADAD	BCBC	DADA	AADD	CCBB
DADA	BCBC	ADAD	CBCB	BBCC	DDAA
CDAB	ABCD	BADC	DCBA	CADB	ACBD
187	188	189	190	191	192
ACBD	CADB	DCBA	BADC	ABCD	CDAB
DDAA	BBCC	AADD	CCBB	DDAA	BBCC
CCBB	AADD	BBCC	DDAA	CCBB	AADD
BDAC	DBCA	CDAB	ABCD	BADC	DCBA
193	194	195	196	197	198
DADA	BCBC	ADAD	CBCB	DCBA	BADC
BBCC	DDAA	CCBB	AADD	BBCC	DDAA
AADD	CCBB	DDAA	BBCC	AADD	CCBB
CBCB	ADAD	BCBC	DADA	CDAB	ABCD

199	200	201	202	203	204
ABCD	CDAB	DADA	BCBC	ADAD	CBCB
CCBB	AADD	CCBB	AADD	BBCC	DDAA
DDAA	BBCC	DDAA	BBCC	AADD	CCBB
BADC	DCBA	CBCB	ADAD	BCBC	DADA
205	206	207	208	209	210
DBCA	BDAC	ACBD	CADB	DADA	BCBC
CCBB	AADD	BBCC	DDAA	BADC	DCBA
DDAA	BBCC	AADD	CCBB	ABCD	CDAB
CADB	ACBD	BDAC	DBCA	CBCB	ADAD
211	212	213	214	215	216
ADAD	CBCB	DADA	BCBC	ADAD	CBCB
CDAB	ABCD	CADB	ACBD	BDAC	ACBD
DCBA	BADC	DBCA	BDAC	ACBD	BDAC
BCBC	DADA	CBCB	ADAD	BCBC	ADAD
217	218	219	220	221	222
DBCA	BDAC	ACBD	CADB	DBCA	BDAC
ABCD	CDAB	DCBA	BADC	CBCB	ADAD
BADC	DCBA	CDAB	ABCD	DADA	BCBC
CADB	ACBD	BDAC	DBCA	CADB	ACBD
223	224	225	226	227	228
ACBD	CADB	DCBA	BADC	ABCD	CDAB
BCBC	DADA	ACBD	CADB	DBCA	BDAC
ADAD	CBCB	BDAC	DBCA	CADB	ACBD
BDAC	DBCA	CDAB	ABCD	BADC	DCBA
229	230	231	232	233	234
DCBA	BADC	ABCD	CDAB	DADA	BCBC
BCBC	DADA	CBCB	ADAD	BCBC	DADA
ADAD	CBCB	DADA	BCBC	ADAD	CBCB
CDAB	ABCD	BADC	DCBA	CBCB	ADAD
235	236	237	238	239	240
ADAD	CBCB	DCBA	BADC	ABCD	CDAB
CBCB	ADAD	ABCD	CDAB	DCBA	BADC
DADA	BCBC	BADC	DCBA	CDAB	ABCD
BCBC	DADA	CDAB	ABCD	BADC	DCBA

241	242	243	244	245	246
DCBA	BADC	ABCD	CDAB	DBCA	BDAC
BADC	DCBA	CDAB	ABCD	ACBD	CADB
ABCD	CDAB	DCBA	BADC	BDAC	DBCA
CDAB	ABCD	BADC	DCBA	CADB	ACBD

247	248	249	250	251	252
ACBD	CADB	DADA	BCBC	ADAD	CBCB
DBCA	BDAC	CBCB	ADAD	BCBC	DADA
CADB	ACBD	DADA	BCBC	ADAD	CBCB
BDAC	DBCA	CBCB	ADAD	BCBC	DADA

253	254	255	256
DBCA	BDAC	ACBD	CADB
CADB	ACBD	BDAC	DBCA
DBCA	BDAC	ACBD	CADB
CADB	ACBD	BDAC	DBCA

FIN.

De l'Imprimerie de JACQUES QUILLAU, rue Galande 1722.

www.ingramcontent.com/pod-product-compliance
Ingram Content Group UK Ltd.
Pitfield, Milton Keynes, MK11 3LW, UK
UKHW021130260726
13994UKWH00001B/85